*PAULO AFFONSO LEME MACHADO*

# *DIREITO À INFORMAÇÃO E MEIO AMBIENTE*

*2ª edição*
*revista, ampliada e atualizada*



MALHEIROS EDITORES

# *DIREITO À INFORMAÇÃO E MEIO AMBIENTE*



*1ª edição, 2006.*

*Direitos reservados desta edição por*
*MALHEIROS EDITORES LTDA.*
*Rua Paes de Araújo, 29, conjunto 171*
*CEP 04531-940 — São Paulo — SP*
*Tel.: (0xx11) 3078-7205 – Fax: (0xx11) 3168-5495*
*URL:* www.malheiroseditores.com.br
*e-mail:* malheiroseditores@terra.com.br

*Composição*
Acqua Estúdio Gráfico Ltda.

*Capa*
*Criação*: Vânia Lúcia Amato
*Arte*: PC Editorial Ltda.

Impresso no Brasil
*Printed in Brazil*
01.2018

Dados Internacionais de Catalogação na Publicação (CIP)

M149d Machado, Paulo Affonso Leme.
Direito à informação e meio ambiente / Paulo Affonso Leme Machado. – 2. ed., rev., ampl. e atual. – São Paulo : Malheiros, 2018.
296 p. ; 21 cm.

Inclui bibliografia e índice.
ISBN 978-85-392-0395-6

1. Direito à informação – Meio ambiente. 2. Direito constitucional. 3. Meio ambiente – Legislação. 4. Direito ambiental. I. Título.

CDU 343.504
CDD 342

**Índice para catálogo sistemático:**
1. Direito à informação : Meio ambiente 342.504

(Bibliotecária responsável: Sabrina Leal Araujo – CRB 10/1507)

Aos estimados casais ALEXANDRE e HELÈNE KISS (*in memorian*),
ÁLVARO e SUZANA MALHEIROS, GERD WINTER e ULRIKE NAGEL,
MICHEL e BERNADETTE PRIEUR, ROGER e MAURICETTE JAILLET,
TULLIO SCOVAZZI e ADELAIDE SALA,
pelo apoio e pelo acolhimento.

# *APRECIAÇÃO DO LIVRO PELO PROFESSOR ALEXANDRE KISS*[1]

É difícil de imaginar uma obra mais completa e mais bem documentada que este livro consagrado ao direito à informação. Após uma análise minuciosa e detalhada da noção mesma e do conteúdo desse direito, o Autor passa em revista todas as disposições que o proclamam em benefício de qualquer indivíduo, sejam instrumentos internacionais ou nacionais.

A obra começa por uma interrogação sobre o significado de informação nesse contexto. A informação deve corresponder àquilo que existe: trata-se de uma transmissão de conhecimentos. Devendo ser isenta da vontade de espionar ou servir para manipulações, a informação entra no quadro da liberdade de expressão e de opinião e constitui um elemento importante nas relações humanas. Ela é a condição da participação dos cidadãos na vida pública, participação espontânea como também institucionalizada.

Após ter enfatizado o caráter fundador do *Bill of Rights* americano e da Declaração francesa dos direitos humanos, o Autor analisa os instrumentos internacionais de caráter geral que, garantindo os direitos humanos, reconhecem o direito à informação. Da mesma forma, as legislações nacionais – brasileiras e outras – são passadas em revista e

1. Alexandre-Charles Kiss, *Revue Juridique de l'Environnement-RJE* n. 3, 2007, p. 413. Alexandre-Charles Kiss nasceu na Hungria, em 1925 e morreu na França, em 2007. Integrou o *Centre National de Recherches Scientifiques*-CNRS (França), tendo tido o cargo de Diretor, em Strasbourg. Foi Professor do Mestrado de Direito Ambiental, Planejamento Urbano e Ordenamento Territorial da Faculdade de Direito da antiga Universidade de Strasbourg III, atualmente Universidade Robert Schuman. Autor do livro *Droit International de l'Environnement*, Paris, Éditions A. Pedone, 1989.

analisadas. O Autor examina também cerca de cinquenta tratados internacionais, reconhecendo explicitamente o direito à informação. Voltando-se para os problemas que possam causar a confidencialidade de certas informações, visualiza ele, com propriedade, a oposição possível entre o interesse geral e os interesses de certas empresas. Sublinha a importância de reconhecer-se a segurança da sociedade, em particular nos Estados democráticos.

Pela soma de conhecimentos que fornece, como pelas reflexões que estas inspiram ao Autor, a obra do PROFESSOR MACHADO, que ensina no Brasil, mas que é também diplomado pela Faculdade de Direito de Estrasburgo, reveste-se de caráter fundamental e não pode ser ignorada, uma vez que trata dos pilares da proteção do meio ambiente: o direito à informação ambiental.

## *COMPTE RENDU SUR LE LIVRE*
# DROIT À L'INFORMATION ET L' ENVIRONNEMENT

PAULO AFFONSO LEME MACHADO, *Direito à Informação e Meio Ambiente*, São Paulo, Malheiros Editores, 2006, 288 pp. (*Droit à l'Information et Environnement*)

Il est difficile d'imaginer un ouvrage plus complet et mieux documenté que ce livre consacré au droit à l'information. Après une analyse minutieuse détaillée de la notion même et du contenu de ce droit, l'auteur passe en revue toutes les dispositions le proclamant au bénéfice de tout individu, qu'il s'agisse d'instruments internationaux ou nationaux.

L'ouvrage commence par une interrogation sur la signification de l'information dans ce contexte. L'information doit correspondre à ce qui existe: il s'agit d'une transmission de connaissances qui crée par elle-même des connaissances. Devant être exempte de volonté d'espionner ou de servir des manipulations, l'information entre dans le cadre de la liberté d'expression et d'opinion et constitue un élément important des relations humaines. Elle est la condition de la participation des citoyens à la vie publique, participation spontanée aussi bien qu'institutionnalisée.

Après avoir relevé le caractère fondateur du *Bill of Rights* américain et de la Déclaration française des droits de l'homme, l'auteur analyse les instruments internationaux de caractère général, qui, en garantissant les droits de l'homme reconnaissent le droit à l'information. De même, des législations nationales – brésiliennes et autres – sont passées en revue et analysées. L'auteur examine aussi cinquante traités internationaux reconnaissant explicitement le droit à l'information. En se tournant aux problèmes que peut poser la confidentialité de certaines informations il envisage, à juste titre, l'opposition possible entre l'intérêt général et des intérêts de certaines entreprises. Il souligne l'importance de reconnaître la sécurité de la société, en particulier dans des États démocratiques.

Pour les trésors de connaissance qu'il apporte, comme pour les réflexions que celles-ci inspirent à l'auteur, l'ouvrage du PROFESSEUR MACHADO, qui enseigne au Brésil mais qui est aussi diplômé de la Faculté de Droit de Strasbourg, revêt un caractère fondamental et ne peut pas être ignoré lorsqu'il s'agit d'un des piliers de la protection de l'environnement : le droit à l'information environnemental.

A.-C. KISS

# *SUMÁRIO*

# *INTRODUÇÃO*

O tema geral – *Direito à Informação e Meio Ambiente* – é dividido em sete capítulos: "A Informação", "Direito à Informação", "Direito à Informação e Meio Ambiente", "Direito Internacional Ambiental e Informação", "Direito à Informação Ambiental na Legislação Brasileira", "Os Limites à Informação e o Meio Ambiente" e "A Interpretação do Direito à Informação Ambiental e do Direito ao Segredo: Interesse Social e Interesse Empresarial".

Os objetivos do trabalho são os de fornecer uma noção geral do conceito de informação e de meio ambiente; mostrar o estado atual da legislação internacional e brasileira sobre o acesso à informação ambiental; analisar os obstáculos ao livre acesso da informação, expressos na várias formas de segredo e, por fim, discutir uma hipótese jurídica: se o interesse social à informação sobre meio ambiente pode prevalecer sobre o segredo empresarial.

No tema informação houve a busca do relacionamento desse tema com matérias próximas. Trata-se da transmissão do conhecimento, curiosidade, espionagem, devassa, relações humanas, tecnologia da informação, manipulação da informação, liberdade de expressão, a informação e a participação. As convenções internacionais foram trazidas para mostrar-se o nascimento e a consolidação da informação como um direito. A democracia foi analisada no pensamento de seis autores, procurando-se saber e demonstrar a sua necessidade para a concretização da informação. Fez-se uma abordagem propositiva – o Estado de informação democrática de direito: a informação deve ser transmitida e não ser secreta (Estado de informação); deve ser comunicada a todos e não só a um grupo (Estado democrático) e, por fim, a informação deve ser divulgada segundo normas, que respeitem determinados valores (Estado de direito).

A Constituição brasileira é analisada em seus aspectos referentes à informação, deixando-se o sigilo para ser enfocado em outro capítulo. O espaço público e o espaço privado são expostos, em seus conteúdos e em suas fronteiras, interagindo com a informação.

Tratando do direito à informação ambiental, procuram-se os fundamentos do direito do meio ambiente e ao meio ambiente nas Constituições em diversos países. Transposto este encontro constitucional, emolduram-se as características do direito à informação voltada para o meio ambiente. A Administração Pública é visualizada na gestão das informações sobre meio ambiente, registra-se a atuação das associações ambientais e levanta-se, por fim, a questão da inexistência da exclusividade dos órgãos públicos na captação dos dados ambientais.

O direito internacional do meio ambiente é objeto de análise e, para isso, foram analisadas diversas convenções, tratados e protocolos internacionais e a Declaração Rio/92. É realmente significativa essa viagem da história do direito ambiental, que se procura colocar em foco na construção da obrigação de informar entre os países, através de acordos multilaterais. Especificamente sobre os direitos de informação, de participação e de acesso ao judiciário surge a *Convenção de Aarhus*, que consolida e faz avançar as aspirações das populações sequiosas de melhoria do meio ambiente.

O Brasil tem história no direito à informação e meio ambiente. Caminha-se, em ordem cronológica, pela Lei de Política Nacional do Meio Ambiente, Lei da Ação Civil Pública, Constituição Federal e dos Estados, Lei de Agrotóxicos, Lei de Política Nacional de Recursos Hídricos, Lei específica de informação ambiental e Lei de Biossegurança ou de Engenharia Genética. Em meio às manifestações internacionais, o Brasil tem uma legislação que instiga conhecê-la e implementar.

Enfrenta-se a questão dos limites à informação. Nem todas as áreas da vida humana ficam transparentes pelo só efeito do direito. Estudam-se a Constituição Federal, a legislação infraconstitucional e o acordo internacional - o Acordo dos direito de propriedade Intelectual relacionados ao comércio (ADPICs). Na legislação infraconstitucional é abordada a lei sobre direitos da propriedade industrial, a lei sobre a proteção de informação não divulgada, submetida para a aprovação de comercialização de produtos e a lei que regula a parte final do disposto no inciso XXXIII do *caput* do art. 5º da Constituição Federal, tratando do segredo de Estado e sistema administrativo de classificação de atos sigilosos.

A exposição dos temas é finalizada ao tratar dos problemas jurídicos da interpretação do direito à informação e do direito ao sigilo. É feita uma revisão dos direitos fundamentais em que se protege o direito à informação. Olha-se com maior profundidade sobre a função social da empresa e o desenvolvimento. Apresenta-se o posicionamento de tribunais acerca dos interesses coletivos e gerais e dos interesses privados, refletidos na saúde pública e no meio ambiente. Possíveis antinomias entre o direito à informação e o direito ao segredo industrial e comercial são apreciadas à luz da Constituição Federal.

# *Capítulo 1*
# *A INFORMAÇÃO*

*1.1 Dos vários conceitos de "informação": 1.1.1 Informação: o registro do que existe – 1.1.2 "Informar" como transmissão de conhecimento – 1.1.3 A informação como criadora de conhecimentos – 1.1.4 Informação e curiosidade – 1.1.5 Informação e espionagem – 1.1.6 Informação e devassa – 1.1.7 Informação e comunicação – 1.1.8 Informação e manipulação da informação – 1.1.9 Informação e liberdade de expressão e de opinião – 1.1.10 Informação e relações humanas – 1.1.11 Informação e tecnologia da informação – 1.1.12 Informação e participação. 1.2 Informação nas convenções internacionais: 1.2.1 Pioneirismo de duas Constituições nacionais: 1.2.1.1* The Bill of Rights of 1779, *dos Estados Unidos da América do Norte – 1.2.1.2* La Déclaration de Droits de l'Homme de 1789, *da França. 1.2.2 A Declaração Universal dos Direitos Humanos – 1.2.3 O Pacto Internacional dos Direitos Civis e Políticos – 1.2.4 Direito à informação na Convenção Europeia para a Proteção dos Direitos Humanos e das Liberdades Fundamentais – 1.2.5 Direito à informação na Convenção Americana de Direitos Humanos. 1.3 Democracia e liberdade de acesso à informação: 1.3.1 Conceito de "democracia": 1.3.1.1 Democracia, segundo Aristóteles – 1.3.1.2 Democracia, segundo Alexis de Tocqueville – 1.3.2 Democracia e informação: 1.3.2.1 Democracia e informação, segundo Jürgen Habermas – 1.3.2.2 Democracia e informação, segundo Amartya Sen – 1.3.2.3 Democracia e informação, segundo John Rawls – 1.3.2.4 Democracia e mídia, segundo John B. Thompson. 1.4 Liberdade de acesso à informação e democracia: por um Estado da Informação Democrática de Direito.*

## 1.1 Dos vários conceitos de "informação"

### *1.1.1 Informação: o registro do que existe*

A *informação* é um registro do que existe ou do que está em processo de existir. Antes de pensar nos fins da informação, ela é aqui entendida como "dados acerca de alguém ou de algo".[1] Porat aponta dois elementos da informação – "dados que foram organizados e comunicados".[2] Ainda que nesta acepção se enfoque só o primeiro elemento, a informação organiza os dados existentes. A filosofia da informação diz respeito a "como a informação pode ser adequadamente criada, processada, administrada e usada" – consoante Floridi.[3]

Inicialmente, ao se conceituar "informação", não se aborda a quem ela pertence, onde ela se encontra e nem qual a finalidade de sua existência, mas um primeiro aspecto: os informes são identificados e organizados, isto é, não ficam dispersos ou de difícil manuseio.

### *1.1.2 "Informar" como transmissão de conhecimento*

*Informar* é transmitir conhecimento. Quando se informa, dá-se ciência ou notícia de um fato existente. "*Information*. N. 1. The act of informing or the condition of being informed; communication of the knowledge."[4] "Información: (...). 7. *Comunic*. Comunicación o adquisición de conocimientos que permiten ampliar o precisar los que se poseen sobre una materia determinada. 8. *Comunic*. Conocimientos así comunicados o adquiridos."[5]

*Conhecimento* "é um conjunto de declarações organizadas sobre fatos ou ideias, apresentando um julgamento ponderado ou resultado experimental, que é transmitido a outros por intermédio de algum meio de comunicação, de alguma forma sistematizada" – conforme Bell.[6]

1. Aurélio Buarque de Holanda Ferreira, *Novo Aurélio Século XXI: o Dicionário da Língua Portuguesa*, 3ª ed. (CD-ROM).

2. Porat, *apud* Manuel Castells, *A Sociedade em Rede*, 7ª ed., p. 64.

3. Luciano Floridi, "What is the philosophy of information", *Metaphilosophy* 33/123-145, 2002, *apud* Don Fallis, "Epistemic value theory and information ethics", *Minds and Machines* 14/101-117.

4. William Morris (ed.), *The American Heritage Dictionary of the Language*, 1970.

5. *Diccionario de la Lengua Española – Real Academía Española*, 21ª ed., vol. I, 1992.

6. *Apud* Manuel Castells, *A Sociedade em Rede*, cit., 7ª ed., p. 64.

"Informação: dados, processados ou não, que podem ser utilizados para produção e transmissão de conhecimento, contidos em qualquer meio, suporte ou formato".[7]

### *1.1.3 A informação como criadora de conhecimentos*

Esta conceituação surge através da etimologia. No Latim vemos "*informandus, a, um*: que se deve formar, instruir; *informatio, onis*: f. Cic: debuxo, primeira forma, ideia ou imagem que se forma de alguma coisa".[8] "*Informer*: donner une forme, au fig. Instruire, d'où en Français: mettre au courant."[9]

A informação, ao passar conhecimentos, vai ensejar da parte do informado a criação de novos saberes, através do estudo, da comparação ou da reflexão.

Para fazer evoluir a cultura científica "importa que o público seja bem informado e participe, com conhecimento de causa, em debates. Promover a cultura científica faz parte de uma 'boa higiene democrática'. É indispensável para permitir ao público compreender e orientar o progresso".[10] "O progresso tecnológico transformou a informação em um bem jurídico capaz não só de satisfazer a necessidade de saber, como também de influir decisivamente no seu uso. Proteger a capacidade de reflexão é o que se propõe o direito de informação."[11]

Duas concepções foram expostas: transmissão de conhecimentos e transmissão de notícias pelos chamados *meios de comunicação*.

7. Brasil, Lei 12.527, de 18.11.2011 (art. 4º, I).

8. José Cretella Jr. e Geraldo Ulhoa Cintra, *Dicionário Latino-Português*, p. 550.

9. Albert Dauzat, *Dictionnaire Étymologique*, p. 407.

10. Philippe Busquin (Commissaire Européen de la Recherche Culturale Scientifique, Citoyenneté et Gouvernance Européennes), "Biologie moderne et visions de l'Humanité" (conferência), *Gênes* 22.3.2004, disponível na Internet: *http://europa.eu.int/rapid/start/cg1/guesttr.ksh?p_action.g.../143/0/RAPID&lg=FR&display*, acesso em 6.4.2004.

11. Luiz G. G. C. Carvalho, *Liberdade de Informação e o Direito Difuso à Informação Verdadeira*, 2ª ed., pp. 209-210.

### *1.1.4 Informação e curiosidade*

*Aceder à informação* não é sinônimo de agir com *curiosidade*. A curiosidade deseja qualquer informação. Não tem necessariamente estabelecido, desde o início, um propósito deliberado de conquistar um conhecimento específico.

O curioso tem, geralmente, uma mente aberta para novidades, sejam quais forem. De uma simples curiosidade pode nascer uma séria e profunda busca de conhecimentos.

A curiosidade, por si só, a meu ver, não enseja um juízo de valor negativo. Pode, contudo, resvalar para a bisbilhotice, quando invade um terreno que não lhe diz respeito, usando a indiscrição ou o atrevimento.

### *1.1.5 Informação e espionagem*

A *espionagem* é a busca da informação que está vedada pela lei ou pelos costumes. O acesso à informação como direito não se confunde com qualquer manobra para dela se apossar através de atos ocultos, ardilosos ou enganadores.

O espião age na sombra e pode atuar pela corrupção, pressão, chantagem e até pela amizade. O informado legalmente ou pretendente da informação age de forma aberta e franca. John Le Carré (pseudônimo de David Cornwell), antigo diplomata, que chegou a praticar a espionagem, literato de sucesso, ao discorrer sobre o tema, diz: "Quando se fala de serviços de espionagem, as pessoas tendem a transportar-se para um mundo estranho. Na verdade, estamos falando da busca de informação em meio ao comportamento humano mais comezinho. É muito próximo ao jornalismo".[12]

### *1.1.6 Informação e devassa*

A *devassa* é a busca de informação de forma invasiva ou até hostil. *Devassar* geralmente é o escancarar um fato que está ou se quer encoberto ou não noticiado. O silêncio de um fato e até sua não revelação

12. John Le Carré, "A humanidade não avança", revista *Veja* 1.911, 29.6.2005, p. 15.

podem ter amparo legal, configurando, nesse caso, um ilícito o conhecimento desse fato.

A existência da informação e sua transmissão não ensejam ordinariamente qualquer ato de força ou de invasão para seu apossamento. A tensão e a hostilidade devem ser situações inexistentes no cotidiano da informação, sendo exceções.

Quando houver a negativa de fornecimento de informação que legalmente se deva transmitir ou fornecer, é possível a prolação de ordem administrativa e/ou judicial para a efetivação da medida.

### *1.1.7 Informação e comunicação*

Na *comunicação* há um envolvimento entre quem comunica e quem recebe a comunicação. A mensagem passa a estabelecer uma espécie de "bem comum" entre o emitente e o receptor.

Na *informação* nem sempre há esse relacionamento, pois o conteúdo da mensagem pode estar armazenado, bastando que o interessado a procure ou acesse. A informação diz respeito ao conteúdo dos fatos, e a comunicação trata principalmente do procedimento de transmissão do conteúdo.

"A transmissão da informação é o motor (e *conditio sine qua non*) de toda sociedade animal, porque toda vida social requer comunicação, não só para manter o grupo social, como para que este e a própria espécie sobrevivam, acumulando e transmitindo a seus congêneres e crias, de uma parte, sinais de alarme frente aos perigos e, de outra, conhecimentos de adaptação ao meio sem os quais toda a espécie acabaria desaparecendo" – conforme Remedio Sánchez Ferriz.[13] "Informar e comunicar é compartilhar o que se sabe de boa-fé, é cooperar com o outro" – segundo Ossola e Vallespinos.[14]

13. Remedio Sánchez Ferriz, "El derecho de la información como ordenación", in Ignacio Bel Mallen e Loreto Corredoira y Alfonso (orgs.), *Derecho de la Información*, p. 32 (minha a tradução).

14. Ossola e Vallespinos, *apud* Remedio Sánchez Ferriz, "El derecho de la información como ordenación", cit., in Ignacio Bel Mallen e Loreto Corredoira y Alfonso (orgs.), *Derecho de la Información*, p. 32 (minha a tradução).

Modernamente, a noção de *comunicação* está se desligando da transmissão da informação por via de cartas ou, mesmo, de livros. Passa a ficar ligada à tecnologia. D'Arcy (1983) afirma que "o processo de comunicação é operado como um sistema unificado de tecnologias que implica interatividade. Anawalt (1985) e Neshat (2003) entendem que há uma noção única de comunicação, inter-relacionada com a mídia de massa, com a Internet e os meios digitais, teletransmissores radiofônicos e televisivos a cabo e por satélite".[15]

Não basta comunicar, mas é preciso sopesar os efeitos da comunicação. Por isso, "a comunicação só pode ser considerada libertadora se ela favorece a emergência de condições objetivas para que o ser humano possa construir uma relação mais compreensiva da realidade".[16]

### *1.1.8 Informação e manipulação da informação*

A informação pode ser direcionada em diversos sentidos, sendo um deles a sua massificação. Christopher Lasch assinala que: "A comunicação de massa reforça a cadeia de montagem da concentração do poder e a estrutura hierárquica da sociedade industrial. Ela não o faz difundindo uma ideologia autoritária, mas destruindo a memória coletiva, (...) tratando todas as ideias, todas as controvérsias e todos os conflitos como assuntos igualmente dignos de interesse do ponto de vista da atualidade, igualmente dignos de reter a atenção distraída do espectador e, em consequência, tratando a notícia como igualmente esquecível e desprovida de significação".[17]

A *manipulação da informação* pode ter origem nos governos ou nas empresas privadas, usando-se de artifícios ou de manobras. Não se recusa a informação, mas a mesma não é transmitida na sua integralidade e nem é aprofundada. Não se deixa tempo nem aptidão para a reflexão da infor-

15. José Adércio Leite Sampaio, *Direitos Fundamentais: Retórica e Historicidade*, p. 299.

16. Éric George, "Du concept d'espace public à celui de rélations publiques généralisées", disponível na Internet: *http://www.commposite.org./99.1/articles/george4.htm*, acesso em 25.5.2005 (minha a tradução).

17. Christopher Lasch, *Culture de Masse ou Culture Populaire?*, p. 56 (minha a tradução).

mação recebida. De outro lado, não só se nivelam as notícias, como só se transmitem informações selecionadas, que chegam como avalanchas, submergindo os informados.

### *1.1.9 Informação e liberdade de expressão e de opinião*

A liberdade é um anseio natural do ser humano. Ser livre é poder pensar e agir sem pressões ou constrangimentos exteriores ao próprio ser. A liberdade individual total ou infinita é impossível, pois ela se realiza numa sociedade. Devem integrar-se duas liberdades: a individual e a social.

A liberdade supõe uma relação consigo mesmo e com os outros. A liberdade pessoal inicialmente se concretiza através da sanidade física e psíquica do ser, espraiando-se pelo ambiente de família, de trabalho e da sociedade política. "Uma relação de liberdade diz respeito a uma série de, no mínimo, duas ações ou a tipos de ações alternativas. Eu sou não-livre para fazer algo; eu sou livre para fazer isto ou aquilo."[18] Continua Oppenheim dizendo que "a liberdade política é uma subcategoria da liberdade social e normalmente se refere à liberdade dos cidadãos ou das associações em relação ao governo. O interesse pela liberdade política, em diferentes momentos históricos, concentrou-se na liberdade de religião, de palavra e de imprensa, de associação e de participação no processo político".[19]

A *liberdade de expressão* é, sem dúvida, um dos direitos fundamentais imprescindíveis, mas não esgota em si mesma a prática da democracia. "Os princípios de liberdade de expressão e de reunião, por exemplo, só se tornaram direitos sagrados e inalienáveis no exato momento em que se estabeleceu que a expressão e a reunião públicas não seriam meios reais para se tomarem decisões políticas, mas no máximo meios de protestar contra decisões tomadas pelos governantes."[20]

Sem liberdade, aquele que produz a informação ou quem a transmite não poderá assegurar a idoneidade e a veracidade dessa informa-

18. Felix E. Oppenheim, "Liberdade", in Norberto Bobbio, Nicola Matteucci e Gianfranco Pasquino (orgs.), *Dicionário de Política*, 12ª ed., vol. 2, p. 708.

19. Idem, p. 709.

20. David Graeber, "O Carnaval está em marcha", *Folha de S. Paulo* 14.8.2005, "Caderno Mais!", pp. 5-6.

ção. Sem liberdade não se consegue organizar a informação, pois todos os envolvidos no processo estarão submetidos a pressões íntimas ou exteriores para deturpar o conteúdo dos fatos e das mensagens. "A única maneira de exercer-se o direito à informação e de cumprir o dever de informar – outra forma de falar do que essencialmente é responsabilidade ética – é fazê-lo livremente."[21]

Focalizando-se a dignidade humana, vê-se que ela deve estar centrada no viver em livre comunicação um com o outro. O que deveria ser dito é que a liberdade de um começa onde começa a liberdade do outro, e não onde termina a liberdade do outro. Assim, cada indivíduo passa a ser visto como em ente comunicativo, uma unidade agente/paciente numa rede de conexões.[22]

Não se põe em dúvida o valor da *liberdade de expressão e de opinião*, inclusive com a necessária consequência da liberdade de informação. Contudo, essa liberdade fica incompleta se não desembocar na liberdade de participação.

### *1.1.10 Informação e relações humanas*

Tanto a presença da informação pode agir para libertar o ser humano, como a ausência da informação poderá ser causa de opressão e de subordinação.

No emaranhado das profissões e das relações humanas encontramos diversas situações em que a transmissão da informação tem um papel a ser considerado. Na relação professor/aluno encontra-se, algumas vezes, a vontade inconsciente do professor de não passar toda a informação para o aluno, para conservar uma superioridade nessa relação. Outras vezes o professor só transmite a informação consoante seus pontos de vista, recusando-se a informar outras opiniões, deixando de

21. Carlos Soria, "La responsabilidad ética en el campo de la información", in Ignacio Bel Mallen e Loreto Corredoira y Alfonso (orgs.), *Derecho de la Información*, cit., p. 215 (minha a tradução).

22. Tércio Sampaio Ferraz Jr., "A liberdade como autonomia recíproca de acesso à informação", in M. A. Greco e Ives Gandra da Silva Martins (coords.), *Direito e Internet: Relações Jurídicas na Sociedade Informatizada*, pp. 241-247.

capacitar os alunos na compreensão da diversidade de opiniões – uma das bases da sociedade democrática.

Na relação médico/paciente encontram-se dificuldades para estabelecer uma franca informação. A situação de deficiência de informação tem sua origem em épocas onde havia uma desigualdade intensa entre a cultura dos médicos e a dos pacientes. A maior escolarização, em escala mundial, começa a mudar essa situação, constatando-se atualmente uma mudança maior diante do acesso à informação via Internet e meios de comunicação. A relação médico/paciente, na parte da informação, precisa aprofundar-se acerca das causas e dos efeitos das patologias e das soluções terapêuticas. A prescrição de medicamento envolve não só a adequação do produto ao paciente, mas o grau de atualização dos conhecimentos do profissional e de sua independência frente à indústria farmacêutica.

Na relação produtor/consumidor é onde se registra maior progresso na informação (como acentuado no item 5.6).

### *1.1.11 Informação e tecnologia da informação*

Giovanni Sartori expõe que a cultura contemporânea sofre a debilidade da idolatria da imagem. A imagem, com a facilidade da sugestão visual, substituiu o esforço cansativo – mas fecundo – do pensamento e da análise conceitual. Estamos defronte a uma radical mudança antropogênica: o *homo sapiens*, fruto de séculos de sofisticada cultura escrita, está sendo substituído pelo *homo videns*, cuja aprovação pode ser facilmente manipulada pelos estímulos dos *mass media*.[23] Desenvolvendo o pensamento de Sartori, a idolatria do terreno da comunicação caminhou – ou, na linguagem da Informática, "navegou" – para a idolatria da comunicação através da rede eletrônica.

Ao fazer esta constatação não se intenta diminuir as múltiplas vantagens ocorridas com a informatização de várias áreas da atividade humana. Mas se há de insistir na rapidez das soluções sobre o controle social da informação eletrônica, pois já se vem debatendo o tema. Deveria haver privacidade plena das comunicações via Internet, ou haver

23. Giovanni Sartori, "La parola-chiave per garantire il futuro dell'Occidente: democrazia", *Corriere della Sera* 5.10.2004, "Cultura" (minha a tradução).

censura prévia, concomitante ou *a posteriori*?[24] Se houver concordância com a censura, quem será o censor? Outra questão é a possibilidade do autoritarismo eletrônico global, afastando a atuação dos Estados menos desenvolvidos tecnologicamente.

Em 1996 Gerd Winter expressava a seguinte reflexão: a informação tem "se tornado um meio de produção, uma *commodity* e um produto de *marketing* no sistema econômico. O sistema político/administrativo, por outro lado, aprendeu a usar a informação como um método mais sofisticado de poder que o método tradicional de leis sancionadas. O que emergiu combina com uma tentativa de tornar privado o que foi previamente da esfera pública. Há uma grande variedade de ferramentas legais que são usadas no suporte deste processo, incluindo a privatização das telecomunicações, a captura comercial da Ciência por *joint-ventures* entre universidades e indústrias privadas e a extensão de leis de patentes para informações genéticas".[25]

### *1.1.12 Informação e participação*

A qualidade e a quantidade de informação irão traduzir o tipo e a intensidade da *participação* na vida social e política. Quem estiver mal informado nem por isso estará impedido de participar, mas a qualidade de sua participação será prejudicada. A ignorância gera apatia ou inércia dos que teriam legitimidade para participar.

Em regimes políticos onde não se permita uma razoável participação dos cidadãos na vida política se irá procurar diminuir, impedir ou direcionar a informação. Contudo, como é praticamente impossível, na atualidade, impedir completamente a transmissão de dados de interesse geral ou difuso, mesmo o cidadão deficientemente informado acabará por postular um mínimo de participação. Como ressalta Amartya Sen, "bloquear oportunidades de participação informada é em si uma imensa perda de liberdade".[26]

24. "EUA intimam Google a revelar registros. Alegando combate à pornografia, Governo quer ver dados de buscas de internautas; empresa se nega a colaborar" (*Folha de S. Paulo* 21.1.2006, "Caderno A", p. 10).

25. Gerd Winter, "Freedom of environmental information", in Gerd Winter (ed.), *European Environmental Law – A Comparative Perspective*, pp. 81-94 (minha a tradução).

26. Amartya Sen, "Por que é necessário preservar a coruja pintada", *Folha de S. Paulo* 14.3.2004, "Caderno Mais!", p. 18.

Frydman e Haarscher acentuam que: "A vida democrática moderna não se limita às instituições representativas". A opinião pública "dispõe de um poder permanente de crítica e de influência e de controle dos governantes. Os atores da sociedade civil que animam o debate público, como as associações e os movimentos, assim também os intelectuais e os jornalistas cumprem, desse ponto de vista, uma missão importante, na medida em que contribuem para informar e mobilizar a opinião, estruturar as tomadas de posição e, finalmente, tornar audíveis, perante os governantes, as reivindicações dos cidadãos".[27]

A participação dos cidadãos e das associações não merece ser entendida como uma desconfiança contra os integrantes da Administração Pública. Essa participação não é substitutiva da atuação do Poder Público.[28]

O engajamento político ativo dos cidadãos é de relevante importância, registrando-se o acesso a outros fóruns centrais da subpolítica – o judiciário e a mídia –, visando a tomar consciência de seus interesses (na proteção do meio ambiente, no movimento contra a energia nuclear, no domínio da Informática e das liberdades) – consoante Ulrich Beck, ao falar de uma "nova cultura política".[29]

## *1.2 Informação nas convenções internacionais*

### *1.2.1 Pioneirismo de duas Constituições nacionais*

#### 1.2.1.1 The Bill of Rights of 1779, *dos Estados Unidos da América do Norte*

*The Ten Original Amendments: The Bill of Rights. Passed by Congres September 25, 1789. Ratified December 15, 1791*: "1. Congress shall make no law respecting an establishment of religion, or prohibiting the free exercise thereof; or abridging the freedom of speech, or of

27. Benoit Frydman e Guy Haarscher, *Philosophie du Droit*, 2ª ed., p. 62 (minha a tradução).

28. Paulo Affonso Leme Machado, "Nuove strade dopo Rio e Stocolma", *Rivista Giuridica dell'Ambiente* 1/169-177, Ano XVII (minha a tradução).

29. Ulrich Beck, *La Société du Risque: sur la Voie d'une Autre Modernité*, p. 420 (minha a tradução).

the press; or the right of the people peaceably to assemble, and to petition the government for a redress of grievances".[30]

#### 1.2.1.2 La Déclaration de Droits de l'Homme de 1789, *da França*

"Art. 11. La libre communication des pensées et des opinions est un des droits les plus précieux de l'Homme: tout Citoyen peut donc parler, écrire, imprimer librement, sauf à répondre à l'abus de cette liberté dans les cas déterminés par la Loi."[31]

### *1.2.2 A Declaração Universal dos Direitos Humanos*

"A Declaração Universal dos Direitos Humanos foi adotada em 10.12.1948, pela aprovação unânime de 48 Estados, com 8 abstenções. A inexistência de qualquer questionamento ou reserva feita pelos Estados aos princípios da Declaração e a inexistência de qualquer voto contrário às suas disposições conferem à Declaração Universal o significado de um código e plataforma comum de ação."[32]

No que interessa ao direito de informação, é de ser invocada a *Declaração Universal dos Direitos Humanos*, que diz: "Art. 19. Toda pessoa tem direito à liberdade de opinião e expressão; este direito inclui a liberdade de, sem interferências, ter opiniões e de procurar receber e transmitir informações e ideias por quaisquer meios e independentemente de fronteiras".[33]

30. "O Congresso não pode elaborar leis relativas ao estabelecimento de religião, ou proibir seu livre exercício; ou restringir a liberdade de expressão, ou de imprensa; ou o direito do povo de reunir-se pacificamente, e de peticionar ao Governo para reparar os agravos" (minha a tradução).

31. "Art. 11. A livre comunicação dos pensamentos e das opiniões é um dos direitos mais preciosos do Homem: todo Cidadão pode, portanto, falar, escrever, imprimir livremente, com a ressalva de responder pelo abuso desta liberdade, nos casos determinados pela Lei" (minha a tradução).

32. Flávia Piovesan, *Direitos Humanos e o Direito Constitucional Internacional*, 7ª ed., p. 130.

33. *Apud* Flávia Piovesan, *Direitos Humanos e o Direito Constitucional Internacional*, cit., 7ª ed., p. 353.

Como se vê, a Declaração situa primordialmente a recepção da informação e sua transmissão no campo do exercício da liberdade, seguindo o *Bill of Rights* e a *Déclaration des Droits de l'Homme et du Citoyen*.

"Lamentavelmente, a Declaração Universal dos Direitos Humanos não concede aos indivíduos o direito de ação ou de petição ante os órgãos competentes da ONU para assegurar a realização efetiva de tais direitos, nem estabelece qualquer outro mecanismo jurídico de controle. Sem embargo, a Declaração tem um indubitável valor programático e, neste sentido, tem tido um impacto primordial em outras resoluções da Assembleia-Geral, do Conselho de Segurança, do Conselho Econômico e Social e outros órgãos das Nações Unidas."[34]

### *1.2.3 O Pacto Internacional dos Direitos Civis e Políticos*

O Pacto, vindo a lume em 1966, somente entrou em vigor em 1976, "tendo em vista que somente nessa data alcançou-se o número de ratificações necessário para tanto".[35]

O art. 19 do Pacto trata da liberdade das opiniões e da liberdade de informação:

"Art. 19-1. Ninguém poderá ser molestado por suas opiniões.

"2. Toda pessoa terá direito à liberdade de expressão; esse direito incluirá a liberdade de procurar, receber e difundir informações e ideias de qualquer natureza, independentemente de considerações de fronteiras, verbalmente ou por escrito, de forma impressa ou artística, ou por meio de sua escolha.

"3. O exercício do direito previsto no parágrafo 2 do presente artigo implicará deveres e responsabilidades especiais. Consequentemente, poderá estar sujeito a certas restrições, que devem, entretanto, ser expressamente previstas em lei e que se façam necessárias para:

34. Luis Escobar de la Serna, "El proceso de configuración del derecho a la información", in Ignacio Bel Mallen e Loreto Corredoira y Alfonso (orgs.), *Derecho de la Información*, cit., p. 77 (minha a tradução).

35. Flávia Piovesan, *Direitos Humanos e o Direito Constitucional Internacional*, cit., 7ª ed., p. 154.

a) assegurar o respeito dos direitos e da reputação das demais pessoas; b) proteger a segurança nacional, a ordem, a saúde ou a moral públicas."[36]

*O Pacto Internacional dos Direitos Civis e Políticos* traz uma novidade em relação à Declaração Internacional de Direitos Humanos, prevendo a possibilidade de a liberdade de informação ser restringida. Os motivos da limitação à informação serão examinados em outro capítulo.

O próprio Pacto não somente assegura o direito das pessoas à informação, como institui um sistema de informações para o cumprimento dos direitos nele apontados. O art. 40 afirma que os Estados-Partes comprometem-se a apresentar relatórios sobre as medidas por eles apresentadas para tornar efetivos os direitos reconhecidos no Pacto.

### *1.2.4 Direito à informação na Convenção Europeia para a Proteção dos Direitos Humanos e das Liberdades Fundamentais*

A Convenção foi firmada em Roma, em 4.11.1950, sendo que atualmente ela é integrada por 22 países da Europa Ocidental.

"Art. 10. Toda pessoa tem direito à liberdade de expressão. Este direito compreende a liberdade de opinião e a liberdade de receber ou de comunicar informações ou ideias sem que possa haver ingerência de autoridades públicas e sem consideração de fronteiras. O presente artigo não impede que os Estados submetam as empresas de radiodifusão, de cinematografia ou de televisão a um regime de autorização prévia. 2. O exercício destas liberdades, que acarretam deveres e responsabilidades, poderá ser submetido a certas formalidades, condições, restrições ou sanções, previstas pela lei e que constituam medidas necessárias em uma sociedade democrática, para a segurança nacional, a integridade territorial ou a segurança pública, a defesa da ordem e a prevenção do delito, a proteção da saúde ou da moral, a proteção da reputação ou dos direitos alheiros, para impedir a divulgação

36. *Apud* Flávia Piovesan, *Direitos Humanos e o Direito Constitucional Internacional*, cit., 7ª ed., p. 362.

de informações confidenciais ou para garantir a autoridade e a imparcialidade do poder judicial."[37]

### *1.2.5 Direito à informação na Convenção Americana de Direitos Humanos*

A *Convenção Americana de Direitos Humanos*, também denominada *Pacto de San José da Costa Rica*, foi assinada em 1969, entrando em vigor em 1978.

Seu art. 13 trata da liberdade de pensamento e de expressão: "1. Toda pessoa tem direito à liberdade de pensamento e de expressão. Esse direito inclui a liberdade de procurar, receber e difundir informações e ideias de qualquer natureza, sem considerações de fronteiras, verbalmente ou por escrito, ou em forma impressa ou artística ou por qualquer meio de sua escolha. 2. O exercício do direito previsto no inciso precedente não pode estar sujeito a censura prévia, mas às responsabilidades ulteriores, que devem ser expressamente previstas em lei e que se façam necessárias para assegurar: a) O respeito dos direitos e da reputação das demais pessoas. b) A proteção da segurança nacional, da ordem pública ou da saúde ou da moral públicas. 3. Não se pode restringir o direito de expressão por vias e meios indiretos, tais como o abuso de controles oficiais ou particulares de papel de imprensa, de frequências radioelétricas ou de equipamentos e aparelhos usados na difusão de informação, nem por quaisquer outros meios destinados a obstar à comunicação e à circulação de ideias e opiniões. 4. A lei pode submeter os espetáculos públicos a censura prévia, com o objetivo exclusivo de regular o acesso a eles, para proteção moral da infância e da adolescência, sem prejuízo do disposto no inciso 2. 5. A lei deve proibir toda propaganda a favor da guerra, bem como toda apologia ao ódio nacional, racial ou religioso que constitua incitamento à discriminação, à hostilidade, ao crime ou à violência".

A Corte Interamericana de Direitos Humanos afirma que a liberdade de expressão permite o debate aberto sobre os valores morais e so-

37. *Apud* Luis Escobar de la Serna, "El proceso de configuración del derecho a la información", cit., in Ignacio Bel Mallen e Loreto Corredoira y Alfonso (orgs.), *Derecho de la Información*, pp. 79-80 (minha a tradução).

ciais e facilita o discurso político, essencial para a consolidação da democracia.[38]

Um dos casos mais relevantes que chegou à Corte Interamericana de Direitos Humanos foi acerca da situação de mexicanos moradores, presos nos Estados Unidos da América do Norte, no concernente ao seu relacionamento com os agentes consulares de seu país de origem. Um dos juízes, o brasileiro Cançado Trindade, assim se expressou: "Na *civitas maxima gentium* de nossos dias, tornou-se imprescindível proteger os estrangeiros detidos contra um tratamento discriminatório, vinculando assim o direito à informação sobre a assistência consular com as garantias do devido processo legal que estão consagradas nos instrumentos de proteção internacional dos direitos humanos".[39]

A Corte Interamericana de Direitos Humanos emitiu a Opinião Consultiva OC-16/1999, de 1.10.1999, solicitada pelos Estados Unidos Mexicanos (México), tratando do "direito à informação sobre a assistência consular no âmbito das garantias do devido processo legal".[40] A Corte exarou sua opinião consultiva no sentido de que: "A não observância do direito à informação do estrangeiro detido, reconhecido no art. 36-1-b da Convenção de Viena sobre Relações Consulares, afeta as garantias do devido processo legal, e, nestas circunstâncias, a imposição da pena de morte constitui uma violação do direito a não ser 'arbitrariamente' privado da vida, nos termos das disposições relevantes do tratados dos direitos humanos (*v.g.*, Convenção Americana sobre os Direitos Humanos, art. 4; Pacto Internacional dos Direitos Civis e Políticos, art. 6), com as consequências jurídicas inerentes a uma violação desta natureza, ou seja, as atinentes à responsabilidade internacional do Estado e ao dever de reparação".[41]

38. Corte Interamericana de Direitos Humanos (IDH), caso "Baruch Ivcher", sentença de 6.2.2001, parágrafo 143 (e), disponível na Internet: *htpp://www.cidh.org/Relatoria/showarticle.asp?artID=453&IID=4*, acesso em 30.10.2005.

39. São Paulo (Estado), Procuradoria-Geral do Estado/Grupo de Trabalho de Direitos Humanos, *Sistema Interamericano de Proteção dos Direitos Humanos: Legislação e Jurisprudência*, 856 pp.

40. Idem, pp. 289-349.

41. Idem, p. 326.

## *1.3 Democracia e liberdade de acesso à informação*

### *1.3.1 Conceito de "democracia"*

#### 1.3.1.1 *Democracia, segundo Aristóteles*

*A Política* é o livro em que Aristóteles trata, entre outros temas, do conceito de *democracia* e do modo de exercê-la. Em sua maior parte, as obras desse autor "assemelham-se a compilações de várias 'lições' acerca dos diferentes assuntos, às vezes sem muita concatenação para formar, em conjunto, um tratado abrangente. Esta observação aplica-se essencialmente à *Política*, aparentemente constituída de três grupos de exposições, aos quais faltou o toque final, por isto eles não estão suficientemente entrosados e se sobrepõem parcialmente".[42]

Destacam-se, aqui, quatro pontos de vista do filósofo grego, sobre a liberdade, a justiça, a igualdade e o governo constitucional.

Aristóteles afirma que "um princípio fundamental da forma democrática de governo é a liberdade – a liberdade, segundo a opinião dominante, somente pode ser desfrutada nesta forma de governo, pois se diz que ela é o objetivo de toda democracia". "Um princípio de liberdade é governar e ser governado alternadamente, pois o conceito popular de justiça é a observância da igualdade baseada no princípio da maioria e não no mérito, e, se este é o conceito de justiça dominante, a maioria deve ser necessariamente soberana, e a decisão da maioria deve ser final e constituir a 'justiça', pois se costuma dizer que cada cidadão deve ter uma participação igual."[43]

Ao afirmar que a decisão da maioria deve constituir a justiça, Aristóteles "alimenta o *tópos* clássico sobre o critério para a classificação das Constituições" na busca da melhor *politeia*[44] – da mais justa, conforme salienta Lima Vaz.[45]

42. Aristóteles, *A Política*, tradução, notas e apresentação de Mário da Gama Kury, 3ª ed., p. 8.

43. Idem, p. 204.

44. A origem e o uso do termo remontam ao último quartel do século V a.C., em Atenas. A convivência dos *polítai* constitui a *pólis*, e a soma das suas funções e atividades a *politeia*.

45. Cláudio Henrique de Lima Vaz, "Democracia e dignidade humana", in Cláudia Toledo e Luiz Moreira (orgs.), *Ética e Direito*, p. 356.

A igualdade, consoante Aristóteles, não é absoluta. "Pensa-se que a justiça é igualdade – e de fato é, embora não o seja para todos, mas somente para aqueles que são iguais entre si; também se pensa que a desigualdade pode ser justa, e de fato pode, embora não para todos, mas somente para aqueles que são desiguais entre si; os defensores dos dois princípios, todavia, omitem a qualificação das pessoas às quais eles se aplicam, e por isso julgam mal; a causa disto é que eles julgam tomando-se a si mesmos como exemplo, e quase sempre se é um mau juiz em causa própria."[46]

Acrescenta Aristóteles que "a igualdade implica em que os pobres não tenham uma participação no governo maior do que a dos ricos e em que a supremacia não seja exercida somente por eles, mas todos governem igualmente, pois somente assim se poderá dizer que há igualdade e liberdade na cidade".[47]

No livro *A Política* Aristóteles afirma que "a tirania é a menos constitucional de todas as formas de governo".[48] O filósofo não preconiza uma Constituição somente democrática, não é "o cantor da democracia, mas tampouco a despreza como fez Platão", segundo Goyard-Fabre.[49] Aristóteles afirma que "o governo constitucional, em poucas palavras, é uma mescla de oligarquia e democracia", isto é, "a mescla não vai além da tentativa de harmonizar os ricos e os pobres, a riqueza e a liberdade"; mas, como há três elementos – liberdade, riqueza e mérito –, "é óbvio que a mescla das duas partes – ricos e pobres – deve ser intitulada governo constitucional, enquanto a mescla de três merece o nome de aristocracia".[50]

Simone Goyard-Fabre salienta que "é notável que Aristóteles, em seu tempo, e, portanto, bem antes de Hobbes e Rousseau, sublinhe a diferença existente entre o povo considerado como uma soma de indivíduos e o povo considerado como um corpo político: embo-

46. Aristóteles, *A Política*, cit., 3ª ed., pp. 92-93.

47. Idem, p. 205.

48. Idem, p. 137.

49. Simone Goyard-Fabre, *O que É Democracia? A Genealogia Filosófica de uma Grande Aventura Humana*, p. 87.

50. Aristóteles, *A Política*, cit., 3ª ed., p. 138.

ra os indivíduos que compõem uma massa popular tendam, *ut singuli*, a ceder às paixões e a seus excessos, o povo, em sua globalidade, não é desprovido de lucidez e de discernimento político.[51] Isto não significaria, desde aquela época, que o risco que a democracia corre reside nos efeitos deletérios do individualismo e que se, ao contrário, ela autoriza alguma esperança para os povos, é sob a condição expressa de que estes sufoquem a conflagração destrutiva dos interesses privados?"[52]

### 1.3.1.2 *Democracia, segundo Alexis de Tocqueville*

Ao tratar da ideia dos direitos nos Estados Unidos, na segunda parte do 1º volume de seu livro *A Democracia na América*, Alexis de Tocqueville afirma que "a ideia dos direitos nada mais é que a ideia da virtude introduzida no mundo político. Sem respeito aos direitos não há grande povo – pode-se dizer que não há sociedade, pois o que é uma reunião de seres racionais e inteligentes, cujo único vínculo é a força?".[53] Continua dizendo que, "na América, o homem do povo concebeu uma ideia elevada dos direitos políticos, porque tem direitos políticos; ele não ataca os direitos alheios para que não violem os seus".[54]

Aos que descreem da eficiência de se introduzir os direitos democráticos enquanto a situação legal e política não estiver consolidada, Tocqueville responde: "Quando me dizem que as leis são fracas e os governados turbulentos; que as paixões são vivas e a virtude impotente; e que, nessa situação, não se deve pensar em aumentar os direitos da democracia, respondo que é por causa disso mesmo que creio que se deve, sim, pensar em aumentá-los – e, na verdade, acho que os gover-

51. V. Aristóteles, *A Política*, cit., 3ª ed., p. 98.

52. Simone Goyard-Fabre, *O que É Democracia? A Genealogia Filosófica de uma Grande Aventura Humana*, cit., p. 87.

53. Alexis de Tocqueville (1805-1859), *A Democracia na América: Leis e Costumes – De Certas Leis e Certos Costumes Políticos que Foram Naturalmente Sugeridos aos Americanos por seu Estado Social Democrático*, "Livro I – Leis e Costumes", pp. 277-278.

54. Idem, ibidem.

nos têm ainda mais interesse nisso que a sociedade, pois os governos perecem, mas a sociedade não poderia morrer".[55]

Tocqueville, nessa sua obra tão forte em argumentação, enfoca a democracia sob diversos ângulos. Parece-me útil transcrever o seguinte: "A democracia, ainda que as circunstâncias locais permitam-lhe manter-se, não apresenta a visão da regularidade administrativa e da ordem metódica no governo. A liberdade democrática não executa seus empreendimentos com a mesma perfeição que o despotismo inteligente; muitas vezes ela os abandona antes de ter colhido os seus frutos, ou arrisca empreitadas perigosas".

Continua o autor, na sua comparação entre democracia e despotismo: "Mas ela acaba produzindo mais do que ele; faz menos bem cada coisa, mas faz mais coisas. Sob o seu império, não é o que executa a Administração Pública que é grande, mas sobretudo o que se executa sem ela e fora dela. A democracia não proporciona ao povo o governo mais hábil, mas faz o que o governo mais hábil é incapaz de criar; ela difunde em todo o corpo social uma atividade inquieta, uma força superabundante, uma energia, que nunca existem sem ela e que, por pouco que sejam favoráveis as circunstâncias, podem gerar maravilhas".[56]

Se, de um lado, Tocqueville aponta as vantagens da democracia, ele não deixa de indicar a possibilidade de contradições no comportamento das pessoas, afirmando que o individualismo é de origem democrática. Individualismo que, segundo ele, "é um sentimento refletido e tranquilo que dispõe cada cidadão a se isolar da massa de seus semelhantes e a se retirar isoladamente com sua família e seus amigos; de tal modo que, depois de ter criado assim uma pequena sociedade para seu uso, abandona de bom grado a grande sociedade a si mesma. O individualismo só esgota, a princípio, a fonte das virtudes públicas; mas, com o tempo, ataca e destrói todas as outras e termina se absorvendo no egoísmo".[57]

55. Alexis de Tocqueville, *A Democracia na América: Leis e Costumes – De Certas Leis e Certos Costumes Políticos que Foram Naturalmente Sugeridos aos Americanos por seu Estado Social Democrático*, cit., p. 279.

56. Idem, p. 285.

57. Alexis de Tocqueville, *A Democracia na América: Sentimentos e Opiniões – De uma Profusão de Sentimentos e Opiniões que o Estado Social Democrático Faz Nascer entre os Americanos*, p. 119.

Marcelo Jasmin e Otávio Frias Filho comentam a obra de Alexis de Tocqueville. Jasmin ataca também o individualismo, dizendo que: "O diagnóstico de Tocqueville afirma justamente que o individualismo inerente ao Estado Social Democrático e o consequente confinamento dos indivíduos na privacidade implicavam uma crescente indiferença cívica, que constitui o caldo de cultura da emergência do novo tipo de despotismo, uma dominação política inédita, suave e tutelar, que degradaria os homens sem atormentá-los, uma espécie de pátrio poder que obrigaria os indivíduos à eterna menoridade política".[58]

Para Frias Filho, Tocquevile aponta o perigo da "tirania da maioria", mas ressalta que na sociedade norte-americana três aspectos são capazes de afastar esse risco: o primeiro é o autogoverno da comuna; o segundo é o costume da livre associação dos indivíduos, para fins coletivos e sem permissão da autoridade; e o terceiro é a liberdade de imprensa.[59]

### *1.3.2 Democracia e informação*

#### 1.3.2.1 *Democracia e informação, segundo Jürgen Habermas*

"São os cidadãos eles mesmos que deliberam e que – em seu papel de legislador constitucional – decidem a maneira como os direitos, que conferem ao princípio da discussão a forma jurídica de um princípio democrático, devem ser criados. Segundo o princípio da discussão, as normas suscetíveis de pretender a validade são precisamente aquelas que poderiam encontrar a adesão de todas as pessoas potencialmente interessadas, desde que estas simplesmente tomassem parte em discussões racionais."[60]

Continua o filósofo alemão: "Pelo fato de o uso da liberdade comunicacional chegar à juridicidade numa perspectiva de igualdade, isso

58. Marcelo Jasmin, "As Américas de Tocqueville: a comunidade e o autointeresse", in Jessé Souza (org.), *Democracia Hoje: Novos Desafios para a Teoria Democrática Contemporânea*, p. 207.

59. Otávio Frias Filho, "O conservador visionário", *Folha de S. Paulo* 31.7.2005, "Caderno Mais!", p. 4.

60. Jürgen Habermas, *Droit et Démocratie – Entre Faits et Normes*, pp. 144-145 (minha a tradução).

corresponde à institucionalização de uma formação de opinião e de vontade políticas na qual o princípio de discussão se vê aplicado".[61]

Tratando ainda do princípio da discussão, ensina Habermas: "Este princípio tem um sentido cognitivo, a saber, aquele de filtrar as contribuições e os temas, as razões invocadas e as informações, de modo a que os resultados obtidos obtenham a presunção de uma aceitação racional; o princípio democrático, quanto a ele, tem por função fundamentar a legitimidade do Direito. Mas, no espaço público político como nos organismos parlamentares, o caráter discursivo da formação de opinião e da vontade tem igualmente um sentido prático, a saber, aquele de criar relações de entendimento, no sentido em que afirma H. Arendt, despojadas de 'violência' e que desencadeiam a força produtiva da liberdade comunicacional".[62]

### 1.3.2.2 *Democracia e informação, segundo Amartya Sen*

O economista e filósofo hindu Amartya Sen[63] aponta exemplo de comportamentos democráticos na Índia e no Japão, e não só na Grécia. Na Índia, a partir do século VI a.C., criaram-se conselhos onde os diferentes pontos de vista podiam ser discutidos. O Imperador Ashoka, no século III a.C., agasalhou o maior desses conselhos, na cidade de Patna, tentando codificar e promover aquilo que seriam modernamente as regras para o debate público. No Japão, uma chamada "Constituição dos 17 artigos", no ano 604, insistia, com o mesmo espírito que inspirou a "Magna Carta", que "as decisões relativas a questões importantes não devem ser tomadas por uma só pessoa. Devem ser discutidas por diversos indivíduos".

Analisando a questão da democracia contemporânea no mundo oriental, afirma que entre os requisitos da democracia está o desenvolvimento de um confronto mais participativo. Isto significa promover os

61. Idem, p. 145 (minha a tradução).

62. Idem, pp. 169-170 (minha a tradução).

63. Amartya Sen, "Democrazia, l'Ocidente non ha il monopolio – Noi e il mondo arabo", *Corriere della Sera*, disponível na Internet: *http://www.corriere.it./edicola/index.jsp?path=PRIMA_PAGINA&doc=ASEN*, acesso em 16.5.2005 (minha a tradução).

direitos civis, assegurar estruturas destinadas aos encontros públicos e maior liberdade de informação.

"O alcance e a eficácia do diálogo aberto frequentemente são subestimados quando se avaliam problemas sociais e políticos. Por exemplo, as discussões públicas têm um papel importante a desempenhar na redução das altas taxas de fecundidade que caracterizam muitos países em desenvolvimento. Há, com efeito, muitas provas de que o declínio das taxas de fecundidade, verificado nos Estados Indianos com maiores proporções de pessoas alfabetizadas, foi muito influenciado pela discussão pública dos efeitos danosos das taxas de fecundidade altas, especialmente sobre a vida das mulheres jovens e, também, sobre toda a fecundidade. Se, digamos, em Kerala ou Tamil Nadu emergiu a concepção de que uma família feliz nos tempos atuais é uma família pequena, é porque houve muita discussão e debate para que essas perspectivas se formassem."[64]

### 1.3.2.3 *Democracia e informação, segundo John Rawls*

John Rawls, em seu livro *O Direito dos Povos*, em continuação à sua obra *Teoria da Justiça*, aprofunda as discussões sobre o Estado Democrático. Diz o autor:

"Uma sociedade democrática constitucional razoavelmente justa é uma sociedade que combina e ordena os dois valores básicos da liberdade e da igualdade" em função de alguns princípios, sendo que os "dois primeiros princípios especificam direitos, liberdades e oportunidades básicos".[65]

"O terceiro princípio é a garantia de meios suficientes, a todos os propósitos, para capacitar todos os cidadãos a fazer uso inteligente e eficaz de suas liberdades." Rawls enfatiza que, sem a garantia de meios suficientes, a liberdade e a igualdade não serão realizadas, tornando-se uma "forma empobrecida de Liberalismo", podendo haver desigualdades econômicas e sociais excessivas. Apresenta cinco pontos como sendo essenciais para a "estabilidade democrática liberal": (a) certa igual-

64. Amartya Sen, *Desenvolvimento como Liberdade*, p. 181.

65. John Rawls, *O Direito dos Povos*, 2ª tir., p. 63.

dade imparcial de oportunidades, especialmente na educação; (b) uma distribuição decente de renda e riqueza; (c) a sociedade como empregador de última instância, por meio do governo geral ou local ou de outras políticas sociais e econômicas; (d) assistência médica básica assegurada para todos os cidadãos; (e) financiamento público das eleições e maneiras de assegurar a disponibilidade de informação pública em questões de política.[66]

Ainda que Rawls não se estenda sobre as questões da "disponibilidade de informação pública", ele afirma que uma "sociedade decente" contém estruturas básicas que incluem uma hierarquia de consulta, que protege direitos e "assegura que todos os grupos da sociedade sejam representados decentemente por corpos eleitos no sistema de consulta".[67]

### 1.3.2.4 *Democracia e mídia, segundo John B. Thompson*

John B. Thompson, em seu livro *A Mídia e a Modernidade: uma Teoria Social da Mídia*,[68] propugna pela prática da "democracia deliberativa" através da atuação da mídia. "No Capítulo 8 – A Reinvenção da Publicidade" o autor discorre sobre os seguintes itens: "publicidade além do Estado, visibilidade além da localidade, para uma ética da responsabilidade global e para uma renovação da política democrática". Neste último item ele trata do tema "democracia e mídia".

"Por democracia deliberativa entendo a concepção de democracia que trata todos os indivíduos como agentes autônomos, capazes de formar juízos razoáveis através da assimilação de informações e diferentes pontos de vista, e que institucionaliza uma variedade de mecanismos para incorporar os juízos individuais num processo coletivo de tomada de decisão. O processo de deliberação é necessariamente aberto. Quanto mais informação estiver disponível e mais os indivíduos puderem considerar os argumentos e as reivindicações dos outros, tanto mais poderão gradualmente modificar seus pontos de vista."[69]

66. Idem, pp. 64-65.

67. Idem, pp. 114-115.

68. Ob. cit., 6ª ed., p. 261.

69. John B. Thompson, *A Mídia e a Modernidade: uma Teoria Social da Mídia*, cit., 6ª ed., pp. 220-221.

O autor pondera que as instituições da mídia desempenham um papel especialmente marcante na prática da democracia deliberativa. As instituições da mídia transmitem informações possibilitando às pessoas formar suas opiniões. Afirma Thompson que "o incentivo à diversidade e ao pluralismo na mídia é uma condição essencial, não opcional ou dispensável para o desenvolvimento da democracia deliberativa", tanto como "meio de informação, como meio de expressão".[70]

Thompson, para valorizar a mídia como elemento preponderante da democracia, chega a diminuir o papel da "assembleia de cidadãos". Merece reparos esse seu posicionamento, pois a participação dos cidadãos em todos os tipos de deliberação integra a democracia deliberativa. Por melhores que sejam os mecanismos legais que pretendam resguardar a independência dos meios de comunicação, é de se ponderar que a mídia precisa introduzir um controle externo – como, por exemplo, os conselhos editoriais, que deveriam ser não só consultivos, como deliberativos, com um determinado mandato. Não se desvaloriza, contudo, a experiência, em alguns órgãos de comunicação, do *ombudsman*.

### *1.4 Liberdade de acesso à informação e democracia: por um Estado da Informação Democrática de Direito*

A expressão "Estado da Informação Democrática de Direito" pretende caracterizar a valorização de um dos direitos fundamentais – a informação –, que está também ligado aos elementos sociais e econômicos do Estado contemporâneo, na vivência da democracia. Sem informação adequada não há democracia e não há Estado de Direito.

"As três dimensões, Social, Democrático e de Direito, parecem características dos Estados contemporâneos do mundo ocidental. A experiência de Estados caracterizados constitucionalmente por essa tríplice dimensão, que hoje desfrutam de elevado nível econômico, social e de respeito aos direitos fundamentais, demonstra a possível conciliação, na prática, dos três elementos" – consoante Odete Medauar.[71]

70. Idem, pp. 222-223.

71. Odete Medauar, *O Direito Administrativo em Evolução*, 2ª ed., p. 109.

A democracia é um procedimento que possibilita, de diversas formas, a participação das pessoas no governo da sociedade. Foram expostas as diversas correntes doutrinárias sobre democracia nas mais diversas épocas. Nenhum dos autores deixa de apontar que a democracia é um procedimento de participação popular. Houve uma transformação, contudo, na qualidade, na quantidade e na forma de participar, desde a concepção de Aristóteles.

Desde o início do século XX a comunicação pública torna-se uma das funções de um Estado modernamente concebido. Vignudelli diferencia a *comunicação pública* da *informação institucional*, conceituando esta como a informação concernente à ação normativa e administrativa, que cria um conhecimento difuso sobre uma matéria e também uma forma de controle, que possibilita a averiguação de legitimidade do comportamento do sujeito público.[72]

O Estado da Informação Democrática de Direito existe não somente quando o próprio Estado está obrigado a transmitir informações, mas quando os cidadãos que agem, de qualquer forma, no espaço público devem informar ao Poder Público e, se necessário, transmitir diretamente os dados aos usuários ou consumidores.

O conceito de *Estado da Informação Democrática de Direito* abrange a informação democrática, onde a isonomia possibilite a todos, sem exceção, acessar a informação existente, ou recebê-la, em matéria de interesse público ou geral. "Estado de Direito" porque tanto o acesso como a divulgação da informação não são absolutos, estando subordinados às normas legais preexistentes e à interpretação e decisão dos tribunais, nos casos conflitantes.

Na opinião de Othon Jambeiro: "Aqui se colocam os serviços de produção e de gestão da informação, no sentido de que cabe ao Estado ter e gerir políticas específicas para bibliotecas, arquivos e museus, radiodifusão, cabodifusão, difusão via satélite, imprensa, indústrias fonográfica, cinematográfica e editorial, jornalismo e publicidade. Tais políticas devem coibir o abuso e o mau uso desses serviços, assegurar a

72. Aljs Vignudelli, "Genesi fenomenologica della communicazione pubblica dello Stato Autoritario 'secretante' alla trasparenza dello Stato Democratico", *Il Diritto dell'Informazione e dell'Informatica* 2/237-244, Ano XXI (minha a tradução).

diversidade das fontes, opiniões e pontos de vista, a competição e não o monopólio ou o oligopólio".[73]

A democracia nasce e vive na possibilidade de informar-se. O desinformado é um mutilado cívico. Haverá uma falha no sistema democrático se uns cidadãos puderem dispor de mais informações que outros sobre um assunto que todos têm o mesmo interesse de conhecer, debater e deliberar.

73. Othon Jambeiro, "O Brasil na sociedade de informação: bases para um esquema de análise", in Othon Jambeiro e outros (orgs.), *Comunicação, Informação e Cultura*, p. 71.

*Capítulo 2*

# *DIREITO À INFORMAÇÃO*

*2.1 Características do direito à informação nas Constituições Americanas: 2.1.1 Veracidade e informação – 2.1.2 Tempestividade e informação. 2.2 Direito à informação na Constituição Federal Brasileira: 2.2.1 A informação na Constituição Federal: 2.2.1.1 Art. 5º, XIV, da CF: acesso de todos à informação e o uso profissional da informação – 2.2.1.2 Art. 5º, XXXIII, da CF: direito de receber informações. 2.3 Direito à informação na Lei 12.527, de 18.11.2011. 2.4 Direito à informação e espaços público e privado. 2.5 A publicidade e a transparência da Administração: 2.5.1 A publicidade – 2.5.2 O sigilo e a publicidade: possível coexistência na sociedade democrática – 2.5.3 A transparência administrativa.*

*Informação* é, ao mesmo tempo, um estado subjetivo, é o saber ou não saber. Informação é um processo interativo, que se denomina normalmente de comunicação; informação é um conteúdo, são os dados, saberes, conhecimentos, imagens, sons, formas, palavra símbolos ou (in)formações organizadas, e – acima de tudo – informação é um direito, conforme Michael Kloepfer.[1]

## *2.1 Características do direito à informação nas Constituições Americanas*

### *2.1.1 Veracidade e informação*

A Constituição do Equador prevê expressamente que a informação seja "veraz" (art. 81, § 3º). Ainda que nem todas as Constituições che-

1. Michael Kloepfer, *Informationsrecht*, Munique, Beck, 2002, p. 29, *apud* Cláudia L. Marques, "A responsabilidade dos médicos e do hospital por falha no dever de informar ao consumidor", *RT* 827/11-48.

guem a estabelecer as qualidades da informação, não deixa de ser digno de registro que em um país já se chegou a tal avanço.

A Constituição do Paraguai indica que a informação deva ser "imparcial" (art. 28). Na Constituição da Nicarágua aponta-se que a informação deve ser "autêntica". O sentido dos termos "veracidade", "imparcialidade" e "autenticidade" não são os mesmos, mas todos carregam uma valoração de ordem moral pública importante.

"O direito a receber informação veraz protege cada pessoa, já que é a base sobre a qual tomará decisões que vão afetar seus interesses e necessidades, seja de natureza individual ou como integrante da comunidade. Chegados a este ponto, é necessário esclarecer que a veracidade exclui a manipulação da informação, o dolo, a má-fé e a negligência, porque é sabido que, ainda que se preserve a verdade formal, pode-se ocultar a verdade substancial, com o quê o direito à informação transforma-se numa mera aparência, numa mera formalidade."[2]

Para assegurar a veracidade da informação é necessário serem estruturados procedimentos que permitam controlar sua autenticidade e sua fidedignidade. Por isso, os dados fornecidos devem poder ser verificados ou cotejados, não bastando apontar-se a credibilidade da fonte como fator único da sustentação da veracidade da informação.

### *2.1.2 Tempestividade e informação*

Entre o pedido da informação e a transmissão da mesma deve haver um pequeno espaço temporal. O retardamento do conhecimento da informação causa danos potenciais e efetivos ao informado.

A informação sujeita-se a etapas de obtenção, análise e classificação para ser transmitida a terceiros. Quem coleta a informação é o primeiro informado. Muitas vezes o primeiro informado é o Poder Público. O normal é que a informação seja retransmitida a terceiros, isto é, que ela entre no domínio público.

A não retransmissão da informação ao público ou diretamente a quem a solicitar tem sido conceituada como uma infração administrati-

2. Jorge J. Zaffore, *Información Social: Derecho y Regulación*, p. 31 (minha a tradução).

va ou até como crime. No Canadá, a Lei de Acesso à Informação dá o prazo de 30 dias para a resposta do funcionário público ao pedido de informação. No mesmo sentido, no Panamá, a Lei 6, de 22.2.2002, sobre transparência do governo, dá o prazo de 30 dias para a resposta.

## *2.2 Direito à informação na Constituição Federal Brasileira*

### *2.2.1 A informação na Constituição Federal*

#### 2.2.1.1 *Art. 5º, XIV, da CF: acesso de todos à informação e o uso profissional da informação*

O art. 5º, XIV, da CF diz: "é assegurado a todos o acesso à informação e resguardado o sigilo da fonte, quando necessário ao exercício profissional". Na primeira parte do texto a informação é assegurada a todos, independentemente da profissão. Na segunda parte é dada uma garantia às profissões ligadas à informação, de guardar sigilo de suas fontes, se esse sigilo for realmente necessário para o exercício profissional. A possibilidade de livre acesso a qualquer dado ou fato ocorrido em espaço público não permite que a informação passe a ser propriedade dos que foram informados, sejam eles quem forem. Afirma-se, dessa forma, que os comunicadores sociais não podem reter em seu poder as informações de interesse geral. Os profissionais da comunicação fazem a ponte entre a fonte da notícia e seus destinatários, mas ninguém pode se transformar em proprietário dessa informação.

O direito à informação é, ao mesmo tempo, de cada um e de todos, sendo que a primeira parte do art. 5º, XIV, da CF não se direciona com exclusividade aos meios de comunicação social. A informação jornalística está tratada, de forma especial, no art. 220, *caput* e seus seis §§, da CF.

Examinando o direito do sujeito à informação, temos que, "em relação ao conteúdo do direito à informação – pesquisar, receber e difundir –, o sujeito pode assumir uma atitude ativa – pesquisar e difundir – ou passiva – receber. Essa distinção que coloca o sujeito em uma teórica posição operativa ou receptiva, respectivamente, não pode encobrir duas realidades jurídicas. Em primeiro lugar, a situação ativa ou passiva do sujeito não significa uma diferença de intensidade na titularidade do direito. O público informado não é um sujeito de direito de classe inferior ao informador. Em segundo lugar, não é mera casualidade a insistência em que a atitude passiva ou ativa não supõe mais que uma diferença teórica de posição. Até o sujeito mais ativo da informação é também passivo e vice-versa" – afirma José María Desantes Guanter.[3]

O acesso à informação tratado no art. 5º, XIV, da CF difere do direito à informação apontado no art. 5º, XXXIII. No inciso XIV afirma-se a possibilidade de conhecimento de fatos da esfera pública, sejam eles oriundos de particulares ou dos órgãos públicos. A esfera pública da informação é aquela que não está na zona da intimidade e da vida privada das pessoas ou da imagem e da honra das mesmas (art. 5º, X), mas diz respeito a outras atividades das pessoas, como também do próprio Estado.

É oportuno registrar as experiências do Direito Comparado. No direito constitucional espanhol, a Constituição de 1978 afirma o direito de informação nos seguintes termos: "a comunicar o recibir libremente información por cualquier medio de difusión" (art. 20-1-d). "Trata-se de um direito do qual são titulares os diferentes meios de comunicação, isto é, os proprietários e trabalhadores dos mesmos, porém também todos os cidadãos em geral. Justamente por isso, porque é um direito de todos os cidadãos, sem exceção, é que tem uma importância e projeção imensas."[4]

O Tribunal Constitucional da Espanha decidiu, em uma de suas primeiras decisões (a de n. 6/1981): "O art. 20 da Constituição, em seus diferentes parágrafos, dá garantia à manutenção de uma comunicação pública livre, sem a qual ficariam esvaziados de conteúdo real os outros direitos que a Constituição consagra, reduzidas a formas vazias as instituições representativas e absolutamente falsificado o princípio da legitimidade democrática, que enuncia o art. 1-2 da Constituição, e que é a base de toda nossa ordenação jurídico-política".[5]

3. José María Desantes Guanter, *La Información como Derecho*, pp. 43-44 (minha a tradução).

4. Javier Pérez Royo, *Curso de Derecho Constitucional*, 4ª ed., p. 301 (minha a tradução).

5. *Apud* Javier Pérez Royo, *Curso de Derecho Constitucional*, cit., 4ª ed., p. 301 (minha a tradução).

"O direito à informação relaciona-se com a liberdade de dar notícia dos acontecimentos e dos fatos, os quais de qualquer modo possam interessar à coletividade ou parte dela, cabendo a cada um selecionar entre o de que pretende tomar conhecimento e o em que não está interessado."[6]

A pretexto de querer ser original em sua profissão, nenhum profissional (jornalista, por exemplo) pode pretender ter o uso exclusivo da informação a que teve acesso. Se ao mesmo tempo acederem à informação um profissional da comunicação social e um não profissional – isto é, um "qualquer do povo" –, ambos têm direito à informação (não interessando o uso que dela venham a fazer, posteriormente).

Eros Roberto Grau exprime-se dizendo: "Ora, é fora de dúvida que a liberdade de comunicação social e a imunidade à censura constituem um direito fundamental do homem. (...) não se trata de um direito de que seja titular a empresa jornalística, de rádio ou televisão. As empresas que exploram os meios de comunicação certamente fazem uso desse direito. Têm a fruição imediata dele. Inobstante trata-se, no caso, de um direito que é exercitado pela empresa, em nome do interesse da sociedade. O verdadeiro, o real titular da imunidade à censura é a sociedade".[7]

Vejo como uma exceção ao acesso coletivo à informação quando esta tem origem na vida privada das pessoas e estas não querem transmiti-la ao público ou querem noticiá-la somente a uma ou outra pessoa física ou jurídica.

O acesso público à informação é fundamental para a vida democrática. Assim, os profissionais da comunicação social não têm o direito de não transmitir a notícia a que tiveram acesso. Esses meios de comunicação social podem não querer fazer a inserção da informação em seus jornais, rádios ou televisões; contudo, não podem exigir que seus empregados guardem segredo da informação que obtiveram no espaço público e no exercício de sua profissão. Juntam-se, aí, direito à informação e dever de informar, pois a "liberdade de informação deixa de ser mera função individual para tornar-se função social".[8]

6. L. Arcidiacono, "La persona nella Costituzione", in L. Arcediacono, A. Carullo e G. Rizza (orgs.), *Istituzioni di Diritto Pubblico*, p. 254 (minha a tradução).

7. Eros R. Grau, *A Ordem Econômica na Constituição de 1988*, 17ª ed., pp. 208-209.

8. José Afonso da Silva, *Comentário Contextual à Constituição*, 9ª ed., p. 112.

A Constituição assegurou o sigilo da fonte, quando necessário ao exercício profissional. Só tem direito a não indicar a fonte da informação aquele que primeiramente demonstrar exercer uma profissão ligada à comunicação.

O sigilo da fonte não exime o comunicador de verificar a verossimilhança da informação transmitida por fonte que quer manter em sigilo. A confidencialidade da fonte não se pode tornar um salvo-conduto para se inventar ou noticiar fatos inverídicos ou não comprovados.

A existência do sigilo da fonte para os meios de comunicação visa a garantir que a informação possa circular sem acarretar danos ao informante. Os comunicadores, ao utilizar notícias advindas de fontes sigilosas, deverão ter a máxima atenção para não se tornarem veículos de difamação ou mensageiros de criminosos, inclusive delinquentes econômicos.

#### 2.2.1.2 *Art. 5º, XXXIII, da CF: direito de receber informações*

O art. 5º, XXXIII, da CF diz: "todos têm direito a receber dos órgãos públicos informações de seu interesse particular, ou de interesse coletivo ou geral, que serão prestadas no prazo da lei, sob pena de responsabilidade, ressalvadas aquelas cujo sigilo seja imprescindível à segurança da sociedade e do Estado".

Poder-se-ia enxergar redundância do inciso XXXIII com relação ao inciso XIV do art. 5º da CF. Contudo, "não se vislumbra repetição ou redundância, porque, enquanto o inciso XIV possui caráter geral, assegurando o direito à informação perante o particular ou o Estado, o inciso XXXIII enfatiza o direito a acessar a informação exclusivamente perante os órgãos públicos".[9] Lúcia Valle Figueiredo afirma que este inciso "consagra definitivamente o *status civitatis*". "Decisões secretas, editais ocultos, mesmo a publicidade restrita ao mínimo exigido por lei (e conhecida de pouquíssimos), não atendem, de forma alguma, aos princípios constitucionais e, sobretudo, à transparência da Administração."[10]

A Constituição Federal trata neste inciso expressamente do direito à informação das pessoas frente aos órgãos públicos. O direito à infor-

9. Sandra Pires Barbosa, "Direito à informação e controle social da atividade econômica", *RDA* 225/57-73.

10. Lúcia Valle Figueiredo, *Curso de Direito Administrativo*, 9ª ed., pp. 62-63.

mação é fundamentado no interesse particular das pessoas ou no interesse coletivo ou geral de quem quer ser informado. "O cidadão pode exigir informações relacionadas à sua própria pessoa ou a interesse coletivo ou geral (documentos da Administração Pública em geral, históricos etc.). O cidadão, portanto, não tem acesso aos documentos que dizem respeito aos demais particulares. A vedação, nesse caso, tem o sentido de proteger o direito à honra, à imagem, à intimidade e à privacidade de outras pessoas."[11]

O interesse particular é aquele que se circunscreve à órbita pessoal ou familiar. Pode coexistir com os outros dois tipos de interesse – o coletivo e o geral –, ou pode estar nitidamente demarcado. O interesse coletivo é aquele que, sem ser geral, tem um espectro maior que o interesse particular, abrangendo grupo, categoria ou classe de pessoas.[12] O interesse geral é aquele que abarca um número de pessoas indefinidas, com variados interesses. Trata-se, no fundo, como assinala Paolo Maddalena, "dos valores fundamentais sobre os quais se fundamentam o progresso da coletividade e o desenvolvimento da personalidade do indivíduo, valores que estão ligados no âmbito de uma visão de coletividade e de solidariedade – fins fundamentais que a Constituição impõe à República".[13] A Constituição Federal, ao atribuir direitos em determinadas áreas, indicou que "todos" eram destinatários dos direitos à saúde (art. 196), à educação (art. 205), à cultura (art. 215) e ao meio ambiente (art. 225) – que estão, portanto, na categoria "interesse geral".

## *2.3 Direito à informação na Lei 12.527, de 18.11.2011*

A Lei 12.527 prevê os direitos de obtenção da informação.

"Art. 7º. O acesso à informação de que trata esta Lei compreende, entre outros, os direitos de obter:

11. Clémerson Merlin Clève, "Liberdade de informação – Acesso a arquivos públicos – Limites constitucionais e legais", *Boletim de Direito Administrativo* 14-8/510.

12. Brasil, Código do Consumidor, Lei 8.078, de 11.9.1990, art. 81, parágrafo único, II.

13. Paolo Maddalena, *Responsabilità Amministrativa, Danno Pubblico e Tutella dell'Ambiente*, p. 44 (minha a tradução).

"I – orientação sobre os procedimentos para a consecução de acesso, bem como sobre o local onde poderá ser encontrada ou obtida a informação almejada;

"II – informação contida em registros ou documentos, produzidos ou acumulados por seus órgãos ou entidades, recolhidos ou não a arquivos públicos;

"III – informação produzida ou custodiada por pessoa física ou entidade privada decorrente de qualquer vínculo com seus órgãos ou entidades, mesmo que esse vínculo já tenha cessado;

"IV – informação primária, íntegra, autêntica e atualizada;

"V – informação sobre atividades exercidas pelos órgãos e entidades, inclusive as relativas à sua política, organização e serviços;

"VI – informação pertinente à administração do patrimônio público, utilização de recursos públicos, licitação, contratos administrativos; e

"VII – informação relativa:

"a) à implementação, acompanhamento e resultados dos programas, projetos e ações dos órgãos e entidades públicas, bem como metas e indicadores propostos;

"b) ao resultado de inspeções, auditorias, prestações e tomadas de contas realizadas pelos órgãos de controle interno e externo, incluindo prestações de contas relativas a exercícios anteriores."

É direito de todos serem orientados como aceder à informação, devendo essa orientação indicar onde a informação pode ser encontrada. Nesse dever de orientar, quem pede informação, deve encontrar um apoio concreto e prático e não palavras evasivas ou incompletas, que dificultem ou desencorajem a busca da informação. Por isso a Lei 12.527 determina o emprego de "procedimentos objetivos e ágeis" para garantir o direito de acesso à informação (art. 5º).

As informações contidas em registros ou acumuladas em órgãos ou entidades não precisam estar recolhidas em arquivos públicos. O órgão público não pode se valer do argumento de que a informação não está organizada ou catalogada para não informar. O que é aceitável é que o órgão público, diante da dificuldade em encontrar a informação, possa pedir uma dilatação do prazo para informar. Não estando nos casos de sigilo autorizado pela Lei 12.527, é inaceitável a recusa de informar.

Há dever de informar da pessoa física ou entidade privada, quando tenham vínculo com quaisquer entidades ou órgãos públicos. O dever de informar alcança o tempo passado, quando o vínculo tenha cessado. A informação a ser transmitida pelas pessoas físicas e jurídicas privadas referidas é aquela advinda do vínculo ou da relação jurídica com os poderes públicos, não atingindo outras atividades que não estejam abarcadas no campo do contrato público existente.

A Lei 12.527, no art. 7º comentado, estabelece quatro características à informação a ser transmitida: primária, íntegra, autêntica e atualizada. As três primeiras qualidades estão definidas pela própria Lei: "autenticidade: qualidade da informação que tenha sido produzida, expedida, recebida ou modificada por determinado indivíduo, equipamento ou sistema; integridade: qualidade da informação não modificada, inclusive quanto à origem, trânsito e destino; e primariedade: qualidade da informação coletada na fonte, com o máximo de detalhamento possível, sem modificações". A informação autêntica é aquela em que se sabe quem a produziu; a informação íntegra é a informação não modificada, sem esconder nada; a informação primária é aquela coletada na própria fonte da informação, isto é, não é a informação provinda de terceiros. Informação atualizada é aquela que abrange o passado e o presente dos dados, mostrando um encadeamento dos fatos.

Os incisos V, VI e VII tratam do alargamento da informação pública, através da aplicação do princípio da publicidade e da transparência. Políticas públicas, organização e desempenho dos serviços públicos, administração do patrimônio público, utilização de recursos públicos, licitação, contratos administrativos são procedimentos administrativos que precisam chegar permanentemente ao conhecimento das pessoas e da sociedade, visando a existência de um Estado eficiente e democrático.

## *2.4 Direito à informação e espaços público e privado*

A delimitação entre os espaços público e privado requer o exame do caso concreto, ainda que cada espaço tenha características gerais próprias.

*Espaço público* é "o condensador da atenção pública de uma sociedade, em um momento determinado, e em qualquer das acepções psicossociais, culturais, comunicacionais ou políticas que possam desencadear referida condensação".[14] O espaço público sempre abarcará a gestão dos bens públicos, na acepção que os latinos já davam à *res publica*, lembrando-se que os bens ambientais fazem parte da *res communes omnium*.

"A discussão popular generalizada sobre um jogo de futebol ou sobre um programa de televisão constitui, sob um enfoque sociológico, fenômeno de opinião pública tão nítido ou genuíno, na arena do espaço público, como a discussão eleitoral ou a consideração de um escândalo político."[15]

Jürgen Habermas relata a evolução da noção de *opinião pública*. Mostra que na Inglaterra caminhou-se de conceitos como "opinião vulgar", *common opinion*, para *public opinion*, que "se constitui em discussões públicas, depois que o público, por formação e informação, torna-se apto a formular uma opinião fundamentada". Na França, Turgot e Malesherbes passam a fazer parte de um clube onde se discutiam fatos de interesse político, e acabam sendo chamados ao governo, "tendo sido os primeiros expoentes da opinião pública". O Ministro de Finanças do Rei Luís XVI, Necker, "consegue abrir uma brecha, no sistema absolutista, para o público politizado: manda publicar o balanço do orçamento nacional".[16]

Hannah Arendt trata do *domínio público*, apresentando dois significados para o termo "público": "Primeiramente, significa que tudo o que aparece em público, pode ser visto e ouvido por todos, tendo a maior publicidade possível." Afirma a filósofa que "o que é visto e ouvido por outro, como por nós mesmos, é a realidade".[17] "Em segundo lugar, a palavra 'público' designa o mundo, naquilo que nos é comum a todos. Esse mundo comum nos une, mas, também, nos impede,

14. José Luis Dader, "La democracia débil ante el populismo de la privacidad: terror panóptico y secreto administrativo frente al periodismo de rastreo informático en España", p. 156, disponível na Internet: *http://www.bib.uab.es/pub/analisi/02112175n26p145.pdf,* acesso em 23.6.2005 (minha a tradução).

15. Idem, ibidem.

16. Jürgen Habermas, *Mudança Estrutural da Esfera Pública: Investigações quanto a uma Categoria da Sociedade Burguesa*, pp. 85-89.

17. Hannah Arendt, *Condition de l'Homme Moderne*, Collection Agora, p. 89 (minha a tradução).

por assim dizer, de cairmos uns sobre os outros."[18] "É a publicidade do domínio público que sabe absorver e iluminar, de geração a geração, tudo o que os homens possam querer extrair das ruínas naturais do tempo."[19]

Reitera-se que o respeito à vida privada diz respeito à vida pessoal ou familiar. Não abrange a vida do trabalho profissional ou empresarial. São áreas que se justapõem, mas que têm repercussão diferente no corpo social e político. A ação profissional de uma pessoa afeta de forma contínua o corpo social, não sendo, portanto, indiferente a este. Já o cotidiano de uma família em sua residência normalmente não tem efeitos que transcendam os limites da propriedade, a não ser que nela haja uso nocivo ou anormal (por exemplo, ruído excessivo ou ações que configurem danos ao meio ambiente ou aos vizinhos).

O temor de uma excessiva vigilância pública é razoável, pois daria margem ao surgimento de um Estado autoritário. José Luís Dader assinala que "a vigilância está exercida mais pelas entidades comerciais e grupos particulares, sem qualquer consideração cívico-democrática: os bancos instalaram câmaras de vigilância muito antes que Prefeituras Municipais o fizessem, para defender o seu negócio; as companhias de seguros recorrem ao cruzamento estatístico de dados para melhorar seus ganhos. Uma sociedade moralmente robusta e politicamente madura não pode debater-se na esquizofrenia pendular entre o segredo oficial até para dados civis mais elementares e a curiosidade mórbida (*voyeurismo*) sobre mentes, glândulas ou epidermes ou uma estranha mistura de ambas as coisas".[20]

Sem se tratar, aqui, da proteção de determinados atos ou áreas pelo sigilo, enfatiza-se que cabe ao Poder Público ocupar-se da gestão da informação que diga respeito ao espaço público e assinala-se que os cidadãos têm direito constitucional a serem informados sobre o que concerne ao mencionado espaço público.

18. Idem, p. 92.

19. Idem, p. 95.

20. José L. Dader, "La democracia débil ante el populismo de la privacidad: terror panóptico y secreto administrativo frente al periodismo de rastreo informático en España", cit., pp. 158 e 166, disponível na Internet: *http://www.bib.uab.es/pub/analisi/02112175n26p145.pdf*, acesso em 23.6.2005 (minha a tradução).

## *2.5 A publicidade e a transparência da Administração*

### *2.5.1 A publicidade*

Merece ser aceita a exigência da *publicidade* em todas as áreas do procedimento legislativo e do procedimento administrativo, na esteira do que afirmou Kant: "São injustas todas as ações que se referem ao direito de outros homens cujas máximas não se harmonizem com a publicidade".[21] A *Öffentlichkeit*, de que falava Kant, é "a publicidade crítica que supõe a possibilidade de ser obtida a informação solicitada sobre o funcionamento do Estado, para que este possa ser examinado e criticado pelo olhar da opinião pública".[22] No mesmo sentido René Ariel Dotti, ao ressaltar que "a informação deve preparar suficientemente a todos para que se permita o exercício de outro direito de grande significação social e política: o *direito de crítica*".[23]

"É certo que se diz: a liberdade de falar ou de escrever pode ser-nos retirada por um poder superior, mas não a liberdade de pensar. Até que ponto, porém, e com que grau de correção iríamos pensar se não pudéssemos fazê-lo de algum modo em comunhão com os outros, aos quais comunicaríamos os nossos pensamentos e vice-versa?" – afirmou Kant.[24] Na sua filosofia política, "a soberania das leis é conseguida através da publicidade, ou seja, através de uma esfera pública cuja capacidade funcional é imposta sobretudo com a base natural do Estado de Direito".[25]

Norberto Bobbio analisa o pensamento de Kant, dizendo: "Para que este princípio da publicidade não só possa ser descrito pelo filósofo, mas também realizado pelo político", "é preciso que o poder político seja controlável. Porém, em que outra forma de governo pode ocorrer esse controle, a não ser naquela em que o povo tem direito de tomar parte

21. Immanuel Kant, *A Paz Perpétua e outros Opúsculos*, pp. 119-171.

22. Alain Letourneau, "Espace public", disponível na Internet: *http://agora.qc.ca/mot.nsf/Dossiers/Espace_public*, acesso em 18.6.2005 (minha a tradução).

23. René Ariel Dotti, *Proteção da Vida Privada e Liberdade de Informação*, p. 164.

24. *I. Kants Werke*, vol. VI, Berlim, ed. Ernst Cassirer, p. 467, apud Jürgen Habermas, *Mudança Estrutural da Esfera Pública: Investigações quanto a uma Categoria da Sociedade Burguesa*, cit., p. 128.

25. Jürgen Habermas, *Mudança Estrutural da Esfera Pública: Investigações quanto a uma Categoria da Sociedade Burguesa*, cit., p. 140.

ativa na vida política? Ao afirmar que a paz perpétua só pode ser assegurada por uma confederação de Estados que tenham a mesma forma – República – de governo, ele justifica a democracia com o famoso argumento de que só com o controle popular a guerra deixa de ser um capricho de príncipes ou, ainda segundo a expressão kantiana, um 'jogo de prazer'".[26]

A publicidade não só é um dos pilares da democracia, como representa a possibilidade de um sistema de governo onde haja moralidade e prestação de contas dos atos da Administração Pública.

"O máximo de corrupção corresponde ao máximo de segredo. O pagamento de um contrato regular deve ocorrer sob a luz do sol; o dinheiro dado ao corrupto é dado nas sombras. O contrato juridicamente legal é público; a relação de corrupção acontece em segredo. Mais os corruptos sentem-se protegidos dos olhares, mais se sentem seguros para cumprir atos ilícitos."[27]

A publicidade afirma que determinado fato ou área é espaço público, e não privado; a publicidade atesta uma sociedade política aberta; a publicidade enseja a criação de instrumentos de conhecimento e de verificação dos atos administrativos. Para que o conceito político da *transparência* não caia em descrédito ou se converta em termo desgastado pelo uso, mas não implementado, faz-se necessária uma educação cívica que forme pessoas que saibam respeitar a linha divisória entre o patrimônio público e o patrimônio privado e passem a ver a função pública como uma oportunidade para servir a todos, e não só a si mesmos.

Merece destaque o Tratado de Amsterdã, de 1997, dando uma nova estrutura jurídica e política à Comunidade Europeia, que, em seu art. 255, afirma que "qualquer cidadão da União e qualquer pessoa, física ou jurídica, que residam ou tenham sede social em um Estado-membro têm direito de acesso aos documentos do Parlamento Europeu, do Conselho e da Comissão".[28] O Tratado foi implementado com a assinatura do Regulamento 1.049, de 30.5.2001.[29]

26. Norberto Bobbio, in José Fernández Santillán (org. e apresentação), *Norberto Bobbio: o Filósofo e o Político – Antologia/Democracia e Segredo*, pp. 307-308.

27. Norberto Bobbio e Maurizio Viroli, *Diálogo em Torno da República: os Grandes Temas da Política e da Cidadania*, p. 111.

28. Andréa Santini, *Il Principio di Trasparenza nell'Ordinamento dell'Unione Europea*, p. 190 (minha a tradução).

29. Idem, p. 191.

A publicidade abre as portas da Administração Pública e a transparência vai conservar essas portas abertas e manter a circulação da informação pelas referidas portas. A publicidade estrutura o manuseio da informação, e a transparência operacionaliza a fruição do direito à informação frente à Administração Pública e àqueles que usam de bens comuns da coletividade.

A Lei 12.527, de 18 de novembro de 2011, determina:

"Art. 8º. É dever dos órgãos e entidades públicas promover, independentemente de requerimentos, a divulgação em local de fácil acesso, no âmbito de suas competências, de informações de interesse coletivo ou geral por eles produzidas ou custodiadas.

"§ 1º. Na divulgação das informações a que se refere o *caput*, deverão constar, no mínimo:

"I – registro das competências e estrutura organizacional, endereços e telefones das respectivas unidades e horários de atendimento ao público;

"II – registros de quaisquer repasses ou transferências de recursos financeiros;

"III – registros das despesas;

"IV – informações concernentes a procedimentos licitatórios, inclusive os respectivos editais e resultados, bem como a todos os contratos celebrados;

"V – dados gerais para o acompanhamento de programas, ações, projetos e obras de órgãos e entidades; e

"VI – respostas a perguntas mais frequentes da sociedade."

Entendo que *publicidade* e *transparência* são princípios autônomos, mas que se completam e interagem.[30] A publicidade, se existir sozinha, já por si só tem uma função de alta relevância. Quando há a obrigação de ser publicado o pedido de um licenciamento no jornal oficial, já se atinge um estágio de publicidade satisfatório. Se esse mesmo pedido

30. Wallace Martins Jr., *Transparência Administrativa: Publicidade, Motivação e Participação Popular*, p. 33. O autor entende que "a ampla e efetiva publicidade da atuação administrativa, a motivação de seus atos e a participação do administrado na condução dos negócios públicos são subprincípios (e instrumentos) do princípio da transparência".

também for noticiado na Internet, aí, se estará implementando o princípio da transparência.

### 2.5.2 *O sigilo e a publicidade: possível coexistência na sociedade democrática*

Nem todo o sigilo ofende a sociedade democrática. A democracia pressupõe liberdade de expressão e liberdade de escolha política. O exercício dessa liberdade – direito fundamental – muitas vezes necessita ser protegido da pressão ou da interferência dos demais concidadãos. Por isso, ao se partilhar o direito de voto nas democracias políticas consagrou-se, ao mesmo tempo, o direito de exercer-se o direito do voto de forma sigilosa (art. 14, *caput,* da CF). É um sigilo protetor da cidadania. Contudo, a propaganda partidária e eleitoral é pública, como público é o julgamento as questões eleitorais na Justiça Eleitoral.

Numa das mais tradicionais formas de participação popular na prestação jurisdicional – o Tribunal do Júri, competente para o julgamento dos crimes dolosos contra a vida, é assegurado o sigilo das votações (art. 5º, XXXVIII, *b*, da CF). Garante-se com esse direito de sigilo individual a plena independência do juiz, originário de qualquer segmento da sociedade. Ressalte-se que o membro do Júri não detém as atribuições de inamovibilidade, irredutibilidade de subsídio e de vitaliciedade dos Juízes Togados (art. 95 da CF). No Tribunal do Júri mesclam-se publicidade na escolha dos jurados, produção das provas e desenrolar dos debates com o sigilo da votação, em sala especial, com a previsão explícita dos presentes (art. 485 do CPP).

A manifestação cívica do voto nas eleições e o exercício do múnus de jurado no Júri devem retratar o pleno exercício da liberdade individual, social e política, afastando-se qualquer possibilidade de pressões indevidas ou atividades de controle totalitário dos jurados e dos eleitores.

### 2.5.3 *A transparência administrativa*

A transparência é um sistema que pretende deixar a Administração Pública visível a qualquer hora e em qualquer momento. Não visa a mostrar só o que é bom e esconder o que é mau ou sofrível.

"Os conceitos vinculados ao da transparência republicana – responsabilidade, abertura, integridade, confiança – adquirem autêntico significado nos entornos democráticos republicanos, onde a sociedade é soberana e os agentes do Estado são seus servidores. Ditos conceitos exibem só um caráter virtual quando os valores, crenças e condutas dominantes invertem a relação *soberano/servidor*, convertendo a Administração em soberana e o cidadão em mero *súdito*: *público*, *administrado*, *requerente*, *solicitante*, *beneficiário*, *usuário*, *consumidor* ou *contribuinte*. Na maior parte das sociedades latino-americanas, o uso difundido dos vocábulos 'outorgar', 'conceder', 'conferir' ou 'dispensar', com relação às prestações de bens ou serviços públicos ('benefícios'), constitui um eloquente indicador da tradicional atitude de *obséquio patriarcal* da burocracia do *Estado benfeitor* frente ao *seduzido usuário*"[31] (grifos do autor).

Seria um método vazio se não houvesse a quem mostrar ou a quem prestar contas. O destinatário da transparência é inegavelmente o público, mas os próprios integrantes da Administração querem agir enxergando o funcionamento da própria máquina de que participam, podendo analisar seus próprios atos. Dessa forma, a transparência estimula os bons funcionários e freia aqueles que não estão bem-intencionados. A transparência é meio para uma Administração eficiente e correta, não sendo ela mesma um fim, pois um excesso de luzes pode ofuscar para criar-se o gozo das notícias que emocionam, mas que não se aprofundam e nem ensejam reflexão e discussão criativa.

A transparência não só é visual, mas é, também, de conteúdo. Ela começa a operar através da linguagem. As coisas só fluem para a população se ela compreender o que lhe é transmitido. Sem ser imprecisa, a linguagem utilizada na transmissão da informação tem que ser facilmente assimilada por todos. Na maioria dos países a linguagem recheada de tecnicismos impede a real transparência administrativa.

Michel Crozier enfatiza a necessidade da abertura do conhecimento para afastar o poder da tecnocracia, dizendo: "A tecnocracia renasce sempre, a nova tecnocracia traz mais medo que a anterior, com a qual já

31. José Luis Tesoro e Dario Impala, *Transparencia Pública y Tecnologías de Gestión. La Viabilidad de Sistemas con Transparencia Inmanente en la Administración Pública*, pp. 1-93 (minha a tradução).

se conseguira conviver. O essencial não é saber se a situação atual é pior, mas ser capaz de dominá-la e transformá-la. O paradoxo é que, mais se pedem garantias contra o novo, isto é, contra o conhecimento, mais há chances de aumentar-se o poder dos tecnocratas. Estes não prosperam no livre jogo do conhecimento, pois se o saber for transparente não haverá mais tecnocracia possível. As intervenções frutuosas são aquelas que organizam as relações humanas de modo a tornar impossível o monopólio do conhecimento – não por um indivíduo, o que se tornou impossível, mas por um grupo. É preciso abrir os grupos, desmistificar o conhecimento, trabalhar os conhecimentos mais profundos contra os falsos conhecimentos ou quase falsos: é nos domínios os mais imprecisos e os menos científicos – *marketing*, educação, saúde – que os tecnocratas são mais perigosos".[32]

A transparência difere do acesso à informação, pois a comunicação deve fluir sem que se solicite. Administração Pública e utilizadores dos recursos públicos e ambientais informam, sem que lhes seja pedido. Mas, mais que isso, é a informação que corre, como um rio perene. A transparência não visa a fazer propaganda contra ou a favor de um governante ou de um partido político no poder, mas opera através de uma comunicação contínua, imparcial, plena e verossímil.

Não há uma receita universal para a transparência, pois mesmo o sol – símbolo da transparência – não é visível igualmente em todos os dias do ano e de forma uniforme em todas as regiões do planeta Terra.

O tema "transparência" diz respeito à vida pública, ao espaço público, e não à vida privada. Se tudo fosse transparente, estaríamos gerando um controle social ou governamental ilimitado e aniquilando a individualidade.

"Esta tradição republicana de vigilância dos cidadãos sobre a ação pública participa igualmente da exemplaridade dos responsáveis públicos, naquilo que ela permite apreciar os engajamentos dos decisores e de assegurar a transparência dos procedimentos. Com relação a isso, a prática chamada *open data*, entendida como a colocação em linha de um portal destinado às informações detidas ou produzidas pelas administrações públicas, em um formato aberto e facilmente reutilizável pe-

32. Michel Crozier, *On ne Change pas la Société par Décret*, pp. 176-177 (minha a tradução).

los cidadãos, 'abre perspectivas ainda largamente inexploradas em matéria de controle da ação pública'".[33]

Não se elimina totalmente o sigilo na Administração Pública transparente. Este será uma exceção, um sigilo temporário, parcial e mínimo. Exemplifique-se com a preparação de decisões de segurança social ou institucional, onde a transparência poderá converter-se em demagogia, onde os que devam decidir se omitam, ou queiram disfarçar sua incapacidade, procurando transferir a responsabilidade da decisão à população, que, na emergência, não tem ferramentas para bem decidir. Esse sigilo não pode significar uma perpétua ignorância, pois, transposto o momento excepcional da abstinência de informação, essa deverá voltar, prestando-se contas de todos os atos, passados e presentes.

Como num edifício envidraçado, a transparência requer manutenção, caso contrário os vidros ficarão embaçados. Os inimigos da transparência poderão tentar acostumar a população a não ficar informada e, gradativamente, irem deixando desabastecidas certas fontes de informação. Ou, de outro lado, poderá ocorrer uma transparência deturpada ou patológica, em que se mude o foco social da informação, para transformá-la em anestésico ou em substância tóxica.

Podem-se resumir as "avenidas" de atuação da transparência em: (a) coleta ininterrupta de informações; (b) organização completa e veraz dos dados existentes; (c) facilitação do acesso às informações; (d) respostas rápidas às demandas apresentadas; (e) transmissão contínua dos dados informativos, de tal forma que eles cheguem, sem intermediários indevidos, aos seus legítimos destinatários; (f) possibilidade de serem verificadas e discutidas as informações fornecidas.

Uma das etapas finais da transparência é a instauração da verificação e discussão das informações através de audiências públicas. A incorporação das conclusões destas audiências e sua ponderação nos procedimentos decisórios administrativos são uma das características de um sistema participativo na vida político-institucional de um país.

33. Jean-Louis Nadal, "Renouer la confiance publique", *Rapport au Président de la République sur l´exemplarité des responsables publics*, Paris, La Documentation Française, janvier 2015 (minha tradução). Disponível na Internet: *http://www.ladocumentationfrancaise.fr/var/storage/rapports-publics/154000023.pdf*, acesso em 26.1.2016.

# *Capítulo 3*

# ***DIREITO À INFORMAÇÃO E MEIO AMBIENTE***

*3.1 Conceito de "meio ambiente": 3.1.1 Conceito de "meio ambiente" no Brasil – 3.1.2 Conceito de "meio ambiente" na Espanha – 3.1.3 Conceito de "meio ambiente" nos Estados Unidos da América – 3.1.4 Conceito de "meio ambiente" na França – 3.1.5 Conceito de "meio ambiente" na Itália – 3.1.6 Conceito de "meio ambiente" na Comunidade Europeia: 3.1.6.1 Introdução – 3.1.6.2 Diretiva 2003/4 da Comunidade Europeia – 3.1.7 Conceito de "meio ambiente" no MERCOSUL – 3.1.8 Conceito de "meio ambiente" na Convenção de Aarhus de 1998. 3.2 Constitucionalização do meio ambiente: 3.2.1 Constitucionalização do direito ao meio ambiente sadio e equilibrado – 3.2.2 Constitucionalização do direito à informação sobre meio ambiente. 3.3 Características da informação ambiental: 3.3.1 Tecnicidade da informação ambiental – 3.3.2 Compreensibilidade da informação ambiental – 3.3.3 Tempestividade da informação ambiental – 3.3.4 Imprescindibilidade da informação ambiental em situação de emergência – 3.3.5 A prestação da informação independe de interesse pessoal do informado. 3.4 Administração Pública e direito à informação ambiental: 3.4.1 Da estruturação histórica da Administração Pública e a informação – 3.4.2 Da informação disponível à informação procurada e organizada: 3.4.2.1 Da informação disponível e o caso "Anna Guerra contra a Itália" – 3.4.2.2 Da informação coletada e organizada e Administração Pública Ambiental – 3.4.3 As associações ambientais e a informação – 3.4.4 A Administração Pública não é o único canal para a obtenção da informação ambiental.*

## *3.1 Conceito de "meio ambiente"*

Trago as concepções de cinco países, onde procuraremos acompanhar o desenvolvimento da legislação ambiental e, após, focalizaremos algumas convenções internacionais.

### *3.1.1 Conceito de "meio ambiente" no Brasil*

Nota-se a ausência de definição legal e/ou regular de *meio ambiente* até o advento da Lei de Política Nacional do Meio Ambiente. Conceituou-se *meio ambiente* como "o conjunto de condições, leis, influências e interações de ordem física, química e biológica, que permite, abriga e rege a vida em todas as suas formas" (art. 3º, I).

Destarte, o meio ambiente é considerado como "um patrimônio público a ser necessariamente assegurado e protegido, tendo em vista o uso coletivo" (art. 2º, I). A definição federal é ampla, pois vai atingir tudo aquilo que permite a vida, que a abriga e rege.[1] "Bem se vê que nosso legislador adotou um conceito amplo e relacional de meio ambiente, o que, em consequência, dá ao direito ambiental brasileiro um campo de aplicação mais extenso que aquele de outros países."[2]

"Acredita-se mais conveniente a existência de um conceito que, embora pecando pela qualidade técnico-conceitual, abraça um conteúdo mais amplo, ao invés de uma definição restrita, que reduz a esfera da proteção ambiental. Essa visão restrita de meio ambiente é o patrimônio natural e suas relações com os seres vivos."[3] "É de ser observado que a expressão 'meio ambiente' é hoje largamente utilizada, tanto no seio da sociedade brasileira como da legislação e dos técnicos, superando a utilização da expressão 'ecologia'."[4] "Observa-se que o conceito legal de meio ambiente está mais voltado para os aspectos biológicos, físicos e químicos. O conceito estabelecido na Constituição da República Federativa do Brasil é mais feliz, pois conjuga conceitos técnicos com conceitos sociais. De fato, o conceito jurídico de meio ambiente é amplo, como não poderia deixar de ser, pois, como se sabe, o meio ambiente possui uma amplitude extraordinária."[5] A vigente Constituição Brasileira consagra e consolida o amplo conceito

1. Paulo Affonso Leme Machado, *Direito Ambiental Brasileiro*, 25ª ed., p. 53.

2. Édis Milaré, *Direito do Ambiente*, 4ª ed., p. 104.

3. José Rubens Morato Leite, *Dano Ambiental: do Individual ao Coletivo Extrapatrimonial*, p. 82.

4. Toshio Mukai, *Direito Ambiental Sistematizado*, 4ª ed., p. 4.

5. Paulo de Bessa Antunes, *Direito Ambiental*, 7ª ed., 2ª tir., p. 270.

legal do meio ambiente com todos os recursos naturais e culturais, vivos e não vivos.[6]

"(...) a expressão 'meio ambiente' se manifesta mais rica de sentido (como conexão de valores) do que a simples palavra 'ambiente'. (...). O *conceito de meio ambiente* há de ser, pois, globalizante, abrangente de toda a Natureza original e artificial, bem como os bens culturais correlatos, compreendendo, portanto, o solo, a água, o ar, a flora, as belezas naturais, o patrimônio histórico, artístico, turístico, paisagístico e arqueológico."[7]

### *3.1.2 Conceito de "meio ambiente" na Espanha*

"Partimos do ambiente como conjunto de elementos naturais objeto de uma proteção jurídica específica, porém não temos determinado que elementos seriam estes. Um primeiro dado caracterizador é oriundo da natureza jurídica desses elementos, na qual sobressai seu caráter de bens, de um lado, e de comuns, de outro. Cremos que o miolo da problemática ambiental moderna está na defesa de uns fatores que, inicialmente, poderiam ser qualificados como *res nullius*, suscetíveis de utilização sem limites pelos indivíduos, que, posteriormente, transformam-se em bens comuns sobre os quais uma mais intensa utilização irá ameaçar as condições indispensáveis de sua utilização coletiva" – assinala Ramón Martín Mateo. Conclui dizendo: "Segundo nossa versão sobre o âmbito conceitual do ambiente, incluem-se aqueles elementos naturais de titularidade comum e de características dinâmicas: a água e o ar, veículos básicos de transmissão, suporte e fatores essenciais para a existência do homem sobre a Terra".[8]

Jordano Jesus Fraga entende que a concepção de Martín Mateo é por demais restritiva.[9] Abraça o conceito que existe na regulamentação

6. Helita Barreira Custódio, *Direito Ambiental e Questões Jurídicas Relevantes*, p. 578.

7. José Afonso Silva, *Direito Ambiental Constitucional*, 10ª ed., p. 20.

8. Ramón Martín Mateo, *Tratado de Derecho Ambiental*, vol. I, pp. 85-86 (minha a tradução). Interessa enfatizar que o autor mantém a mesma opinião de seu livro *Derecho Ambiental*, p. 78.

9. Jordano J. Fraga, *La Protección de Derecho a un Medio Ambiente Adecuado*, pp. 57-58 (minha a tradução).

do Estudo de Impacto Ambiental, dizendo que: "Daí pode-se extrair uma definição de meio ambiente ampla, mas com contornos precisos. Esta inclui, como não poderia ser de outro modo, o homem, os restantes seres vivos, a flora e fauna; os elementos naturais de 'titularidade comum', que fazem possível a vida: o solo, a água e o ar; os processos de interação entre ditos elementos e o seres vivos, como a paisagem e o clima; e, por último, o meio humano ou construído, formado pelos distintos bens materiais e o patrimônio histórico e artístico".[10]

### *3.1.3 Conceito de "meio ambiente" nos Estados Unidos da América*

"O direito ambiental não concerne somente ao meio ambiente natural – a condição física da terra, do ar e da água. Abrange, também, o meio ambiente humano – a saúde, o social e outras condições afetando os seres humanos na Terra." A Lei de Política Nacional do Meio Ambiente de 1969 amarra suas exigências para a preparação dos relatórios de impacto à "maior parte das ações federais que significativamente afetam a qualidade do meio ambiente humano".[11]

O Conselho da Qualidade Ambiental (*Council on Environmental Quality*) disse, em seu primeiro relatório anual: "Nossa natureza física, nossa saúde mental, nossa cultura e instituições, nossas oportunidades para os desafios e desempenhos, nossa verdadeira sobrevivência – tudo isto está diretamente relacionado e afetado pelo meio ambiente no qual vivemos".[12]

### *3.1.4 Conceito de "meio ambiente" na França*

Yves Jégouzo afirma que: "As preocupações ambientais não escaparam totalmente das 'gerações passadas': não se pode esquecer que muitos procedimentos atuais do direito ambiental são herdeiros de dispositivos mais antigos, tais como a polícia de manufaturas e oficinas

10. Idem, p. 94.

11. William Rodgers Jr., *Environmental Law*, p. 1 (minha a tradução).

12. *Apud* William Rodgers Jr., *Environmental Law*, cit., p. 2 (minha a tradução).

insalubres, incômodas ou perigosas do decreto de 15.10.1810, a legislação sobre sítios, da lei de 2.5.1930 etc. Mas o meio ambiente não tinha sido, ainda, individualizado como objetivo global e distinto das preocupações de segurança e de salubridade pública".[13]

O conceito de *meio ambiente* comporta uma discussão sobre a dimensão ou os limites dessa área do conhecimento. Autores chegaram a sustentar que o *meio ambiente* é "tudo o que o homem criou, tudo o que está ao seu redor, tudo o que ele apreendeu e tudo aquilo de que ele se recorda".[14] Uma concepção tão vaga, onde o meio ambiente seria tudo, acabaria ficando flexibilizada para qualquer utilização racional.

Michel Despax assinala que: "O meio humano, porque é em relação ao homem que o problema deve ser posto e, se possível, resolvido, é ao mesmo tempo 'dado' e "construído'. O homem recebeu como herança na Terra o que se pode chamar de elementos naturais: a água, o ar, o solo, a fauna e a flora selvagem". Mas o conceito não deve limitar-se somente a isso, pois nele merecem ser inseridas as modificações que o homem faz em seu ambiente, de forma positiva e negativa.[15]

Jacqueline Morand-Deviller acentua que "o meio ambiente se situa entre uma concepção muito estreita – a proteção da Natureza – e uma abordagem muito global, atraindo para essa concepção os problemas tocantes à qualidade de vida".[16]

Michel Prieur anota que: "O termo *environnement* é um neologismo recente na Língua Francesa, que exprime o fato de 'estar ao redor'. Vem do substantivo inglês *environment*, fazendo sua entrada no *Grand Laurousse de la Langue Française*, que define o meio ambiente como 'conjunto de elementos naturais ou artificiais que condicionam a vida do homem'. O meio ambiente é um termo genérico que abrange três

13. Yves Jégouzo, "Quelques réflexions sur le projet de Charte de l'Environnement", *Les Cahiers du Conseil Constitutionnel* 15/127 (minha a tradução).

14. Ozbekhan, cit. por H. Bourguinat, *L'Économiste et l'Environnement – Propos Liminaires. Premiers Jalons pour une Théorie de l'Environnement*, *apud* Michel Despax, *Droit de l'Environnement*, p. XIII (minha a tradução).

15. Michel Despax, *Droit de l'Environnement*, cit., pp. XIII-XIV (minha a tradução).

16. Jacqueline Morand-Deviller, *Le Droit de l'Environnement*, 6ª ed., p. 7 (minha a tradução).

elementos: a Natureza (espaços, espécies animais e vegetais, diversidade e equilíbrio biológico); os recursos naturais e a qualidade do ar; os sítios e as paisagens".[17]

A Carta Constitucional do Meio Ambiente da França, de 2005, afirma, em seu Preâmbulo, que o meio ambiente é patrimônio comum dos seres humanos.[18] O meio ambiente na França já fazia parte do "patrimônio comum da Nação" (art. L.100-1-I do Código de Meio Ambiente).[19]

### *3.1.5 Conceito de "meio ambiente" na Itália*

A conceituação jurídica do meio ambiente apresenta dificuldades, de um lado, pela sua ductilidade e polivalência e, de outro lado, pela sugestionabilidade da utilização que se possa fazer com relação aos elementos que o compõem e que, certamente, constituem objeto dos mais heterogêneos interesses. Com respeito à realidade externa, diferenciou-se uma relação primária (homem/Natureza) e uma relação secundária (homem/ambiente). Podemos distinguir entre uma relação em sentido absoluto (homem/ambiente), onde se procura o melhor equilíbrio possível, pelo domínio da Natureza, através de todas as modificações mais ou menos válidas, e uma relação em sentido relativo (homem/ambiente). A relação absoluta é não jurídica, é uma relação de força; enquanto a relação relativa, que se prende à disponibilidade e à fruição do ambiente por parte de todos e de cada um, num quadro da realização de um equilíbrio, é jurídica, na percepção de Salvatore Palazzolo.[20]

O meio ambiente incide na tutela dos interesses fundamentais da coletividade e do indivíduo, singularmente considerado, não só o patrimônio e os recursos naturais, mas os bens culturais e ambientais; a salubridade do

17. Michel Prieur, *Droit de l'Environnement*, 5ª ed., pp. 1-2 (minha a tradução).

18. França, "Loi Constitutionnelle n. 2005-205", *Journal Officiel* 2.3.2005 (minha a tradução).

19. Michel Prieur, "Vers un droit de l'environnement renouvelé. Études et doctrine: la Constitution et l'environnement", *Les Cahiers du Conseil Constitutionnel* 15/131 (minha a tradução).

20. Salvatore Palazzolo, "Appunti di Teoria Generale del Diritto sul concetto di ambiente", in Amedeo Postiglione (org.), *Per un Tribunale Internazionale dell'Ambiente*, pp. 479-513 (minha a tradução).

ambiente e um equilibrado desenvolvimento produtivo compatível com a conservação do ambiente. Em outros termos, o ambiente é definido, em um momento estático, como espaço de vida do homem; no momento dinâmico, é definido como as condições e interações entre o homem e o ambiente natural e cultural onde vive, na acepção de Franco Giampietro.[21]

A Lei 349, de 8.7.1986, instituiu o Ministério do Meio Ambiente da Itália, dizendo, em seu art. 1º: "É competência do Ministério assegurar, em um quadro orgânico, a promoção, a conservação e a recuperação das condições ambientais conforme os interesses fundamentais da coletividade e a qualidade de vida, como também a conservação e a valorização do patrimônio natural nacional e a defesa dos recursos naturais contra a poluição".[22]

O meio ambiente é um fenômeno jurídico unitário, tutelado diretamente pelo ordenamento jurídico, e não por sua utilidade ou pelos efeitos induzidos pelas atividades humanas.[23]

A Corte Constitucional da Itália, desde os anos 80 do século passado, vem decidindo sobre a matéria.[24] Deu significativa contribuição na individualização da noção jurídica do meio ambiente. Fazendo referência aos preceitos dos arts. 9º (paisagem) e 32 (saúde), a Corte interpretou de forma evolutiva os mesmos princípios, segundo uma concepção unitária do meio ambiente, seja no sentido objetivo (como bem jurídico), seja no sentido subjetivo (como direito fundamental da pessoa). É dado reconhecimento específico à salvaguarda do ambiente como direito da pessoa e interesse fundamental da coletividade, com a criação de institutos jurídicos para sua proteção. Caminha-se para uma concepção unitária do bem ambiental, compreensiva de todos os recursos naturais e culturais, consoante a Decisão 210/1987.[25]

21. Franco Giampietro, *La Responsabilità per Danno all'Ambiente*, pp. 49-50 (minha a tradução).

22. In Amedeo Postiglione (org.), *Codice dell'Ambiente*, 3ª ed., p. 8 (minha a tradução).

23. Amedeo Postiglione, *Il Dirito all'Ambiente*, Roma, 1986, p. 49, *apud* Paolo Dell'Anno, *Manuale di Diritto Ambientale*, p. 7 (minha a tradução).

24. Marcello Cecchetti, *Principi Costituzionali per la Tutela dell'Ambiente*, p. 22 (minha a tradução).

25. Paolo Dell'Anno, *Manuale di Diritto Ambientale*, cit., p. 7 (minha a tradução).

O conceito unitário do meio ambiente vai sendo aprimorado, dizendo o Tribunal Constitucional Italiano que "o fato de o ambiente poder ser fruído de várias formas, como ser objeto de várias normas que asseguram a tutela dos diferentes aspectos em que ele se manifesta, não ataca sua natureza e sua substância de bem unitário, que o ordenamento leva em consideração. O elemento unitário refere-se à qualidade de vida, ao *habitat* natural no qual o homem vive e age, necessário à coletividade e aos cidadãos". Esse conceito abrangente prescinde de uma visão atomística e separada de cada um dos componentes do meio ambiente.[26]

A Corte Constitucional continua sua evolução sobre a concepção de meio ambiente, especialmente nas Decisões 302 e 356/1994. Exprime o caráter "polidimensional" do valor constitucional do meio ambiente, afirmando que "configura um valor de síntese, numa visão global e integrada, com uma pluralidade de aspectos e com uma série de outros valores que abarcam não somente os interesses meramente naturalísticos ou sanitários, mas ainda os interesses culturais, educativos, recreativos e de participação, todos caracterizadores da importância essencial que revestem para a vida da comunidade".[27]

### *3.1.6 Conceito de "meio ambiente" na Comunidade Europeia*

#### 3.1.6.1 *Introdução*

Nas normas do Tratado não existe definição alguma de meio ambiente. A expressão "meio ambiente", contudo, é empregada inúmeras vezes.

"Com a aprovação do Ato Único e com a inserção do Título VII dedicado ao ambiente (arts. 130 R, 130 S e 130 T) tenta-se uma definição, mas dedicando-se amplo espaço para uma definição consistente na ações em prol do ambiente (ação preventiva, correção na fontes dos danos) e na individuação dos princípios que devem sustentar a própria ação ('quem polui, paga'; a 'subsidiariedade' etc.)."[28]

26. Idem, ibidem.

27. *Apud* Marcello Cecchetti, *Principi Costituzionali per la Tutela dell'Ambiente*, cit., pp. 22-23 (minha a tradução).

28. Ada L. Cesaris, "Le politiche comunitarie in materia di ambiente", *Diritto Ambientale Comunitário*, p. 58 (minha a tradução).

Dos atuais arts. 174 e 175 (antigos artigos 130 R (1) e 130 S (2)) deduz-se que "o ambiente inclui o homem, o planejamento urbano e da paisagem, a gestão do solo, a gestão dos resíduos e da água e o uso dos recursos naturais, em particular da energia. Estas noções compreendem praticamente todos os aspectos do ambiente, em particular fauna, flora – que fazem parte dos recursos naturais – e clima; a referência ao planejamento urbano e da paisagem indica que o conceito de ambiente não se limita ao ambiente natural".[29] "A palavra 'ambiente' tem, portanto, uma dimensão geral e inclui os aspectos econômicos, sociais e estéticos, a conservação do patrimônio natural e arqueológico, o ambiente humano como o natural".[30]

### 3.1.6.2 *Diretiva 2003/4 da Comunidade Europeia*

A Diretiva 2003/4 do Parlamento Europeu e do Conselho da Comunidade Europeia, relativa ao acesso do público a informações sobre meio ambiente, foi promulgada em 28.1.2003. Revoga a Diretiva 90/313/CEE do Conselho, que tratava também de acesso à informação ambiental.

"Art. 2. Para efeitos da presente Directiva, entende-se por: 1. 'Informação sobre ambiente' quaisquer informações, sob forma escrita, visual, sonora, electrónica ou qualquer outra forma material, relativas: a) ao estado dos elementos do ambiente, como o ar e a atmosfera, a água, o solo, a terra, a paisagem e as áreas de interesse natural, incluindo as zonas húmidas, as zonas litorais e marinhas, a diversidade biológica e seus componentes, incluindo os organismos geneticamente modificados, e a interacção entre esses elementos; b) a factores como as substâncias, a energia, o ruído, as radiações ou os resíduos, incluindo os resíduos radioactivos, emissões, descargas e outras libertações para o ambiente, que afectem ou possam afectar os elementos do ambiente referidos na alínea 'a'; c) a medidas (incluindo as administrativas) como, por exemplo, as políticas, a legislação, os planos, os programas, os acordos ambientais e as acções que afectem ou possam afectar os ele-

29. Ludwig Krämer, *Manuale di Diritto Comuntario per l'Ambiente*, p. 66 (minha a tradução).

30. Idem, p. 67.

mentos referidos nas alíneas 'a' e 'b', bem como as medidas ou acções destinadas a proteger esses elementos; d) a relatórios sobre a implementação da legislação ambiental; e) à análise custos/benefícios e outras análises e cenários económicos utilizados no âmbito das medidas e actividades referidas na alínea 'c'; e f) ao estado da saúde e da segurança das pessoas, incluindo a contaminação da cadeia alimentar, quando tal seja relevante, as condições de vida, os locais de interesse cultural e construções, na medida em que sejam ou possam ser afectados pelo estado dos elementos do ambiente referidos na alínea 'a', ou, através desses elementos, por qualquer dos elementos referidos nas alíneas 'b' e 'c'."[31]

Como se vê, o campo de abrangência sobre meio ambiente da Diretiva 2003/4/CE segue a mesma linha da Convenção de Aarhus, já mencionada. Contudo, a Diretiva da Comunidade Europeia procurou especificar algumas matérias, como as áreas de interesse natural, especialmente as zonas úmidas, as zonas litorâneas, as marinhas, e ressaltou, também, como ponto de interesse, os resíduos radioativos.

### *3.1.7 Conceito de "meio ambiente" no MERCOSUL*

O Tratado de Assunção, de 16.3.1991,[32] constituiu o Mercado Comum do Sul – MERCOSUL, integrado por Argentina, Brasil, Paraguai e Uruguai. O Mercado Comum, em sua concepção inicial, tinha como objetivos: a livre circulação de bens, serviços e fatores produtivos entre os países, através, entre outras, da eliminação dos direitos alfandegários e restrições não tarifárias à circulação de mercadorias e de qualquer outra medida de efeito equivalente; o estabelecimento de uma tarifa externa comum e a adoção de uma política comercial comum em relação a terceiros Estados e a coordenação de posições em foros econômico-comerciais regionais e internacionais; a coordenação de políticas macroeconômicas e setoriais entre os Estados-Partes – de comércio exterior, agrícola, industrial, fiscal, monetária, cambial e de capitais, de serviços, alfandegária, de transportes e comunicações e outras que se

31. *Jornal Oficial da União Europeia* de 14.2.2003, p. L 41/28, disponível na Internet: *http://www.cada.pt/paginas/2003CE.pdf*, acesso em 3.9.2005.

32. Brasil, *DOU* 22.11.1991, p. 26.443.

acordem –, a fim de assegurar condições adequadas de concorrência entre eles; o compromisso dos Estados-Partes de harmonizar suas legislações, nas áreas pertinentes, para lograr o fortalecimento do processo de integração.

O MERCOSUL, na forma em que aparece no Tratado de 1991, não continha disposições ambientais. Contudo, nos "considerandos" sobre a metodologia do Tratado consta a "preservação do meio ambiente". Evidentemente que o meio ambiente não poderia ficar de fora, desde o início do MERCOSUL, pois é de se levar em conta que nesse mesmo ano de 1991 era intensa a preparação da Conferência das Nações Unidas para o Desenvolvimento e Meio Ambiente, que se realizou no Rio de Janeiro, em 1992 – preparação em que os países integrantes do Tratado também participaram.

"A Declaração de Canela/1992, subscrita pelos quatro signatários do Tratado de Assunção, mais o Chile, acentua que: 'As transações comerciais devem incluir os custos ambientais causados nas etapas produtivas sem transferi-los às gerações futuras'.[33] No ano de 1992 os países-membros do MERCOSUL reuniram-se em Las Leñas (Argentina) e definiram as metas a serem atingidas e os prazos para a consecução das mesmas. Muitas dessas metas trataram de temas ambientais. Chegou-se à estruturação do 'Subgrupo n. 6', para tratar especificamente de meio ambiente, através da 'Declaração de Taranco', em reunião dos ministros e secretários de meio ambiente dos quatro países referidos, realizada no Uruguai, em 1995."[34]

A partir daí começaram as negociações para a celebração de um Acordo Ambiental no MERCOSUL, que somente veio a lume em 22.6.2001. Esse Acordo[35] tem um marcante significado, pois estabeleceu valiosos princípios de direito ambiental, devendo os Estados-Partes incorporar a "componente ambiental nas políticas setoriais" e incluir "as considerações ambientais na tomada de decisões que se adotem no

33. "Declaração de Canela dos Presidentes dos Países do Cone Sul com vistas à Conferência das Nações Unidas sobre Meio Ambiente e Desenvolvimento", *O Estado de S. Paulo* 21.2.1992, "Caderno Cidades", p. 4.

34. Paulo Affonso Leme Machado, *Direito Ambiental Brasileiro*, cit., 25ª ed., p. 1.327.

35. Brasil, Decreto 5.208, de 17.9.2004, *DOU* 20.9.2004, pp. 2-3.

âmbito do MERCOSUL, para fortalecimento da integração" (art. 3-b do Acordo-Quadro sobre Meio Ambiente do MERCOSUL).

Esse Acordo-Quadro não definiu *meio ambiente*. Contudo, da mesma forma como ocorre na Comunidade Europeia, deve-se procurar quais as matérias relacionadas com o meio ambiente que o Acordo abrange. O Acordo-Quadro prevê quatro eixos onde se aninham as áreas temáticas: gestão sustentável dos recursos naturais; qualidade de vida e planejamento ambiental; instrumentos de política ambiental; e atividades produtivas ambientalmente sustentáveis.

Na grande "avenida" da *gestão sustentável dos recursos naturais* encontramos as seguintes áreas temáticas: fauna e flora silvestres, florestas, áreas protegidas, diversidade biológica, biossegurança, recursos hídricos, recursos ictícolas e aquícolas, conservação do solo. Já na "avenida" *qualidade de vida e planejamento ambiental* temos as áreas temáticas: saneamento básico e água potável, resíduos urbanos e industriais, resíduos perigosos, substâncias e produtos perigosos, proteção da atmosfera/qualidade do ar, planejamento do uso do solo, transporte urbano e fontes renováveis e/ou alternativas de energia. Esses dois eixos viários do Anexo do Acordo-Quadro compõem o largo campo denominado "meio ambiente".

### *3.1.8 Conceito de "meio ambiente" na Convenção de Aarhus de 1998*

Em Aarhus (Dinamarca) foi assinada a *Convenção sobre o Acesso à Informação, a Participação do Público no Processo Decisório e o Acesso à Justiça em Matéria Ambiental*. Esse documento foi elaborado sob o patrocínio da Organização das Nações Unidas – ONU, através de seu Conselho Econômico e Social para a Europa – Comitê de Políticas do Meio Ambiente. A redação final do texto da Convenção foi elaborada durante a Quarta Conferência Ministerial, "Um Meio Ambiente para a Europa", realizada de 23 a 25.6.1998. O texto foi assinado em 25.6.1998.

A Convenção entrou em vigor em 30.10.2001.[36]

36. Em 24.8.2005 a Convenção registrava 36 ratificações (conforme *www.unece.org/env/pp/ctreaty.htm*).

No art. 2 da Convenção há diversas definições de temas, sendo que no item 3 está dito: "A expressão 'informações sobre o meio ambiente' designa toda informação disponível sob forma escrita, visual, oral ou eletrônica ou sob qualquer outra forma material, sobre a: a) o estado dos elementos do meio ambiente, tais como o ar e a atmosfera, as águas, o solo, as terras, a paisagem e os sítios naturais, a diversidade biológica e seus componentes, compreendidos os organismos geneticamente modificados, e a interação entre esses elementos; b) fatores tais como as substâncias, a energia, o ruído e as radiações e atividades ou medidas, aí compreendidos medidas administrativas, acordos relativos ao meio ambiente, políticas, leis, planos e programas que tenham, ou tenham o risco de ter, incidência sobre os elementos do meio ambiente referidos na alínea 'a' acima e a análise custo/benefício e outras análises e hipóteses econômicas utilizadas no processo decisório em matéria de meio ambiente; c) o estado de saúde do ser humano, sua segurança, suas condições de vida assim como o estado dos sítios culturais e das construções na medida em que eles estão sendo, ou possam ser, alterados pelo estado dos elementos do meio ambiente, ou, através desses elementos, pelos fatores, atividades ou medidas objetivadas pela alínea 'b' suprarreferida".[37]

A conceituação de meio ambiente feita pela Convenção de Aarhus vem consagrar os posicionamentos legislativos de muitos países. Coloca a saúde humana, os sítios culturais e as construções como objeto de consideração quando esses bens forem vulnerados, ou puderem ser lesados, pelos elementos que compõem o meio ambiente.

## 3.2 Constitucionalização do meio ambiente

### 3.2.1 Constitucionalização do direito ao meio ambiente sadio e equilibrado

A partir dos anos 80 do século passado muitos países inseriram em suas Constituições o tema "meio ambiente".

37. "Convention sur l'Accès à l'Information, la Participation du Publique au Processus Decisionnel et l'Accès à la Justice en Matière d'Environnement", disponível na Internet: *www.unce.org/env/pp/documents/cep43f.pdf*, acesso em 26.8.2005 (minha a tradução).

Na *África* podem ser citados alguns países.

*África do Sul* (Constituição de 1996): "Art. 24. Toda pessoa tem direito: a) a um meio ambiente que não seja prejudicial à sua saúde e ao seu bem-estar; b) a um meio ambiente que seja preservado para o proveito das gerações presentes e futuras, através de medidas válidas de ordem legislativa ou outra visando a: I – prevenir a poluição e a degradação ambiental; II – favorecer a preservação; III – assegurar a exploração e a utilização ecologicamente duráveis dos recursos naturais, favorecendo sempre um desenvolvimento socioeconômico justificado".[38]

*Angola* (Constituição de 1992): "Art. 24 – 1. Todos os cidadãos têm o direito de viver em um meio ambiente sadio e não poluído. 2. O Estado tomará medidas apropriadas para proteger o meio ambiente e as espécies nacionais da flora e da fauna em todas as partes do território nacional e manter o equilíbrio ecológico. 3. Os atos que prejudiquem ou coloquem em risco, direta ou indiretamente, a conservação do meio ambiente devem ser punidos pela lei".[39]

*Cabo Verde* (Constituição de 1992), art. 70: "§ 2º. O Estado e os Municípios, com a colaboração das associações de defesa do meio ambiente, adotarão políticas de defesa e de preservação do meio ambiente e velarão pela utilização de todos os recursos naturais".

*Congo* (Constituição de 1992): "Art. 46. Cada cidadão tem o direito ao meio ambiente sadio, satisfatório e durável e o dever de defendê-lo. O Estado fiscaliza protegendo e conservando o meio ambiente"; "Art. 65. Qualquer indivíduo tem o dever de contribuir para a melhoria da qualidade de vida e para a preservação de seu meio natural, assim como para a proteção de seu meio ambiente. Da mesma forma, tem o dever de não prejudicar o meio e o bem-estar de seus vizinhos".

*Mali* (Constituição da República, texto de 25.2.1992): "Art. 15. Toda pessoa tem direito ao meio ambiente sadio. A proteção, a defesa do meio ambiente e a promoção da qualidade da vida são dever de todos e do Estado".[40]

38. Disponível na Internet: *http://www.planalto.gov.br*, acesso em 28.8.2005 (minha a tradução).

39. Idem.

40. Idem.

*Uganda* (Constituição de 1995): "Art. 39. Todo ugandense tem o direito de fruir de um meio ambiente sadio e limpo"; "Art. 245. O Parlamento legislará visando a: a) proteger e preservar o meio ambiente dos abusos, da poluição e da degradação; b) gerir o meio ambiente na perspectiva do desenvolvimento sustentável; c) promover a sensibilização sobre as questões ambientais".[41]

Na *América do Norte*, *América Central* e *América do Sul* muitos países firmaram sua posição sobre meio ambiente em suas Constituições:

*Argentina* (Constituição de 1853, reformada em 1994), art. 41, segunda frase: "Las autoridades proveerán a la protección de este derecho, a la utilización racional de los recursos naturales, a la preservación del patrimonio natural y cultural y de la diversidad biologica, y a la información y educación ambientales".

*Brasil* (CF de 1988), art. 225: "§ 1º. Para assegurar a efetividade desse direito, incumbe ao Poder Público: I – preservar e restaurar os processos ecológicos essenciais e prover o manejo ecológico das espécies e ecossistemas; II – preservar a diversidade e a integridade do patrimônio genético do país e fiscalizar as entidades dedicadas à pesquisa e manipulação de material genético; III – definir, em todas as unidades da Federação, espaços territoriais e seus componentes a serem especialmente protegidos, sendo a alteração e a supressão permitidas somente através de lei, vedada qualquer utilização que comprometa a integridade dos atributos que justifiquem sua proteção; IV – exigir, na forma da lei, para instalação de obra ou atividade potencialmente causadora de significativa degradação do meio ambiente, Estudo Prévio de Impacto Ambiental, a que se dará publicidade; V – controlar a produção, a comercialização e o emprego de técnicas, métodos e substâncias que comportem risco para a vida, a qualidade de vida e o meio ambiente; VI – promover a educação ambiental em todos os níveis de ensino e a conscientização pública para a preservação do meio ambiente; VII – proteger a fauna e a flora, vedadas, na forma da lei, as práticas que coloquem em risco sua função ecológica, provoquem a extinção de espécies ou submetam os animais a crueldade".[42]

41. Idem.

42. In Anne Joyce Angher (org.), *Constituição da República Federativa do Brasil*, 11ª ed., 2005.

*Chile* (Constituição de 1980), art. 19: "8. É dever do Estado velar para que este direito não seja afetado e tutelar a preservação da Natureza".

*Colômbia* (Constituição de 1991): "Art. 79. É dever do Estado proteger a diversidade e a integridade do ambiente, conservar as áreas de especial importância ecológica".

*Cuba* (texto adotado aos 12.7.1992): "Art. 27. O Estado protege o meio ambiente e os recursos naturais do país".

*Equador* (reforma da Constituição em 1983): "Art. 19. É dever do Estado velar para que este direito não seja afetado e tutelar a preservação da Natureza".

*Estados Unidos Mexicanos* (*México*) (Constituição de 1917, sendo o art. 4º reformado e adicionado pelo Congresso da União, 8.3.2000): "Art. 4º. Toda persona tiene derecho a um medio ambiente adecuado para su desarrollo y bienestar".[43]

*Guatemala* (Constituição de 1985): "Art. 64. O Estado fomentará a criação de parques nacionais, reservas e refúgios naturais, os quais serão inalienáveis"; "O Estado, os Municípios e todos os habitantes do território nacional estão obrigados a propiciar o desenvolvimento social, econômico e tecnológico que previna a contaminação do ambiente e mantenha o equilíbrio ecológico".

*Guiana* (Constituição de 1980): "Art. 36. No interesse das presentes e futuras gerações, o Estado protegerá e fará uso racional da terra, dos recursos minerais e aquíferos, assim como da fauna e da flora e tomará medidas adequadas para conservar e melhorar o meio ambiente".

*Nicarágua* (Constituição de 1987): art. 60.

*Paraguai* (Constituição de 1992): "Art. 6º. El Estado también fomentará la investigación de los factores de población y sus vínculos con el desarrollo económico-social, con la preservación del medio ambiente y con la calidad de vida de los habitantes".

*Uruguai* (Constituição 1967, com a reforma de 1996): "Art. 47. La protección del medio ambiente es de interés general. Las personas deberán abstenerse de cualquier acto que cause depredación, destrucción

43. Disponível na Internet: *http:// www.planalto.gov.br*, acesso em 30.8.2005.

o contaminación graves al medio ambiente. La ley reglamentará esta disposición y podrá prever sanciones para los transgresores".[44]

*Venezuela* (Constituição de 1999, "Capítulo IX – De los Derechos Ambientales"): "Art. 127. Es un derecho y un deber de cada generación proteger y mantener un ambiente en beneficio de sí misma y del mundo futuro. Toda persona tiene derecho individual y colectivamente a disfrutar de una vida y de un ambiente seguro, sano y ecológicamente equilibrado. El Estado protegerá el ambiente, la diversidad biológica, los recursos genéticos, los procesos ecológicos, los parques nacionales y monumentos naturales y demás áreas de especial importancia ecológica. El genoma de los seres vivos non podrá ser patentado, y la ley que se refiera a los principios bioéticos regulará la materia. Es una obligación fundamental del Estado, con la activa participación de la sociedad, garantizar que la población se desenvuelva en un ambiente libre de contaminación, en donde el aire, el agua, los suelos, las costas, el clima, la capa de ozono, las especies vivas, sean especialmente protegidos, de conformidad con la ley".[45]

Na *Ásia* registram-se países que modificaram suas Constituições para incluir o meio ambiente:

*Tailândia* (Constituição de 1997): art. 56.

*Vietnã* (texto adotado aos 15.4.1992): "Art. 29. Os órgãos do Estado, as unidades das Forças Armadas, as organizações econômicas e sociais e os indivíduos têm o dever de executar os regulamentos do Estado relativos ao uso racional dos recursos naturais e à proteção do meio ambiente").

No *Oceano Índico*, *Seychelles* (Constituição de 1993): "Art. 38. O Estado reconhece a todas as pessoas o direito de viver em um ambiente limpo, sadio e ecologicamente equilibrado".

Na *Europa* serão mencionadas as seguintes Constituições:

*Alemanha* (Constituição de 1949, com a modificação de 27.10. 1994, "II – A Federação e os *Länder*"): "Art. 20. Assumindo, também, igualmente sua responsabilidade para com as gerações futuras, o Estado protege os fundamentos naturais da vida e os animais pelo exercício do

44. Alberto Pérez Pérez (org.), *Constitución Uruguaya de 1967*, 4ª ed., p. 14.

45. Disponível na Internet: *http://www.planalto.gov.br*, acesso em 30.8.2005.

Poder Legislativo, no quadro da ordem constitucional, e dos Poderes Executivo e Judiciário, e nas condições fixadas pela lei e pelo Direito".[46]

*Bélgica* (Constituição de 1994): "Art. 23. Cada um tem direito de viver conforme a dignidade humana. Para este fim, a lei, o decreto ou a regra objetivada no art. 134 garantem, levando-se em conta as obrigações correspondentes, os direitos econômicos, sociais e culturais, e determinam as condições de seu exercício. Estes direitos compreendem: (...) 4) o direito à proteção de um meio ambiente sadio".[47]

*Bulgária* (Constituição de 1991): "Arts. 15 *(Natureza)* – A República da Bulgária deve assegurar a proteção e reprodução do meio ambiente, a conservação da Natureza viva em toda a sua variedade, e a utilização razoável das regiões naturais e de outros recursos"; "Art. 55. Os cidadãos têm direito ao meio ambiente saudável e favorável de acordo com o estabelecido em padrões e normas. Eles têm o dever de proteger o meio ambiente".[48]

*Croácia* (Constituição de 2001): "Art. 69. Todos têm direito a uma vida sadia. O Estado deve proporcionar condições para um meio ambiente sadio. Todos têm obrigação, de acordo com suas capacidades e atividades, de dedicar especial atenção à proteção da saúde pública, da Natureza e do meio ambiente".[49]

*Eslováquia* (Constituição de 1992, "Parte 6 – O Direito à Proteção do Meio Ambiente e da Herança Cultural"): "Art. 44-1. Todos têm direito a um meio ambiente favorável. 2. Todos estão obrigados a proteger e promover o meio ambiente e a herança cultural. 3. Ninguém pode colocar em perigo ou danificar o meio ambiente, os recursos naturais e a herança cultural além da medida estabelecida pela lei. 4. O Estado fiscaliza o bom uso econômico dos recursos naturais, o equilíbrio ecológico e a proteção efetiva do meio ambiente".[50]

46. Disponível na Internet: *http://www.planalto.gov.br*, acesso em 28.8.2005 (minha a tradução).

47. Idem.

48. Disponível na Internet: *http:// www.planalto.gov.br*, acesso em 29.82005 (minha a tradução).

49. Idem.

50. Disponível na Internet: *http://www.planalto.gov.br*, acesso em 31.8.2005 (minha a tradução).

*Eslovênia* (Constituição de 1995): art. 72.

*Estônia* (Constituição de 1992): "Art. 53. Todos estão obrigados a preservar o meio ambiente humano e natural e compensar os danos causados por eles ou elas ao meio ambiente. Os procedimentos para compensação devem ser determinados pela lei".[51]

*Espanha* (Constituição de 1978): "Art. 45 – 1. Todos tienen el derecho de desfrutar de un medio ambiente adecuado para el desarrollo de la persona, así como el deber de conservarlo. 2. Los Poderes Públicos velarán por la utilización racional de todos los recursos naturales, con el fin de proteger y mejorar la calidad de la vida y defender y restaurar el medio ambiente, apoyándose en la indispensable solidariedad colectiva. 3. Para quienes violen lo dispuesto en el apartado anterior, en los términos que la ley fije se establecerán sanciones penales o, en su caso, administrativas, así como la obligación de reparar el daño causado".[52]

*Finlândia* (Lei 969, de 17.7.1995, modificando a Constituição): "Art. 14. Os Poderes Públicos devem garantir a cada um o direito a um meio ambiente sadio assim como a possibilidade de influenciar a tomada de decisões sobre questões relativas a seu meio ambiente".[53]

*França* (Lei Constitucional 205/2005): "Art. 1º. Cada um tem o direito de viver em um meio ambiente equilibrado e que respeita a saúde"; "Art. 2º. Toda pessoa tem o dever de tomar parte na preservação e na melhoria do meio ambiente".[54]

*Grécia* (Constituição de 1975, modificada em 1986 e 2001): "Art. 24. A proteção do meio ambiente físico e cultural constitui uma obrigação do Estado. O Estado tem o dever de tomar medidas preventivas ou repressivas para conservação desse meio ambiente".[55]

51. Idem.

52. Idem.

53. *Apud* Paulo Affonso Leme Machado, *Direito Ambiental Brasileiro*, cit., 25ª ed., p. 136.

54. Disponível na Internet: *http://www.ecologie.gouv.fr/rubrique.php?id_rubrique =937*, acesso em 5.3.2005 (minha a tradução).

55. Disponível na Internet: *http://www.planalto.gov.br*, acesso em 31.8.2005 (minha a tradução), e *Recueil International de Législation Sanitaire* 29, 1978.

*Lituânia* (Constituição de 1992): "O Estado deve olhar pela proteção do meio ambiente natural, de sua fauna e flora, das matérias individuais da Natureza e dos distritos de particular valor; devendo supervisionar que os recursos naturais sejam usados moderadamente e que sejam restaurados e aumentados. A destruição do solo e do subsolo, a poluição das águas e do ar, a degradação ambiental como resultado do impacto radioativo e a o empobrecimento da fauna e da flora devem ser proibidos pela lei".[56]

*Macedônia* (Constituição de 1991): "Art. 43 – 1. Todos têm direito a viver em um meio ambiente saudável. 2. Todos estão obrigados a promover e proteger o meio ambiente. 3. A República providencia as condições para o exercício do direito dos cidadãos ao meio ambiente saudável".[57]

*Polônia* (Constituição de 1997): "Art. 5º. A República da Polônia protege a soberania e a inviolabilidade de seu território, garante as liberdades e os direitos das pessoas e dos cidadãos como a segurança da população, preserva a herança nacional e assegura a proteção do meio ambiente, segundo os princípios do desenvolvimento sustentado"; "Art. 74-1. As autoridades públicas devem praticar políticas que propiciem a segurança ecológica das gerações presentes e futuras. 2. A proteção do meio ambiente é dever das autoridades públicas. (...) 4. As autoridades públicas devem apoiar as atividades dos cidadãos na proteção e na melhoria da qualidade do meio ambiente".[58]

*Portugal* (Constituição de 1976, reformada em 1989): "Art. 9º. São tarefas fundamentais do Estado: (...) e) proteger e valorizar o patrimônio cultural do povo português, defender a natureza e o ambiente, preservar os recursos naturais e assegurar um correcto ordenamento do território"; "Art. 66 *(Ambiente e qualidade de vida)* – 1. Todos têm direito a um ambiente de vida humano, sadio e ecologicamente equilibrado e o dever de o defender. 2. Para assegurar o direito ao ambiente, no quadro de um desenvolvimento sustentável, incumbe ao Estado, por meio de organismos próprios e com o envolvimento e participação dos cidadãos: a) pre-

56. Disponível na Internet: *http://www.planalto.gov.br*, acesso em 31.8.2005 (minha a tradução).

57. Idem.

58. Idem.

venir e controlar a poluição e os seus efeitos e as formas prejudiciais de erosão; b) ordenar e promover o ordenamento do território, tendo em vista uma correcta localização das actividades, um equilibrado desenvolvimento socioeconómico e a valorização da paisagem; c) criar e desenvolver reservas e parques naturais e de recreio, bem como classificar e proteger paisagens e sítios, de modo a garantir a conservação da Natureza e a preservação de valores culturais de interesse histórico ou artístico; d) promover o aproveitamento racional dos recursos naturais, salvaguardando a sua capacidade de renovação e a estabilidade ecológica, com respeito pelo princípio da solidariedade entre gerações; e) promover, em colaboração com as autarquias locais, a qualidade ambiental das povoações e da vida urbana, designadamente no plano arquitetónico e da proteção das zonas históricas; f) promover a integração de objectivos ambientais nas várias políticas de âmbito sectorial; g) promover a educação ambiental e o respeito pelos valores do ambiente; h) assegurar que a política fiscal compatibilize desenvolvimento com protecção do ambiente e qualidade de vida".[59]

*República Tcheca* (Constituição de 1992, com emendas): "Art. 7º. O Estado fiscaliza a exploração econômica dos recursos naturais e protege o patrimônio natural".[60]

*Rússia* (Constituição de 1993): o art. 14 afirma o direito a um meio ambiente favorável, com a indenização dos danos causados à saúde e aos bens das pessoas em razão de infrações de natureza ecológica.[61]

*Suécia* (Constituição de 1975), art. 2º: "2. O bem-estar pessoal, econômico e cultural das pessoas privadas deve ser o objetivo fundamental da atividade pública. Em especial, a instituição pública deve assegurar direito ao trabalho, à casa e à educação, e promover a proteção social, a segurança social e o meio ambiente com boa qualidade de vida".[62]

59. Disponível na Internet: *http://www.planalto.gov.br*, acesso em 31.8.2005 (minha a tradução).

60. Disponível na Internet: *http://www.psp.cz/cgi-bin/fre/docs/laws/constitution.html*, acesso em 30.8.2005. (minha a tradução).

61. *Recueil International de Législation Sanitaire* 44, n. 6, fr. 1993 (minha a tradução).

62. Disponível na Internet: *http://www.planalto.gov.br*, acesso em 29.8.2005 (minha a tradução).

*Suíça* (Constituição de 18.4.1999): "Art. 74-1. A Confederação legisla sobre a proteção do ser humano e de seu meio ambiente natural contra os atos danosos ou incômodos. 2. Ela age para prevenir esses atos. As despesas de prevenção e de reparação serão de responsabilidade daqueles que causaram os atos referidos. 3. A execução das disposições federais incumbe aos Cantões, na medida em que esta não for reservada à Confederação, pela lei".

*Turquia* (Constituição de 1982, emendada em 1995): "Art. 56. Todos têm o direito de viver em um meio ambiente saudável e equilibrado. É dever do Estado e dos cidadãos melhorar o meio ambiente natural e prevenir a poluição ambiental".[63]

O número expressivo de países que optaram por introduzir a matéria "meio ambiente" em suas Constituições mostra o início de um posicionamento jurídico. Tratava-se nas Constituições somente do próprio homem, e não dos recursos naturais de que ele iria dispor. O meio ambiente chegou até a ser encarado como inimigo do homem, ou um fator de impedimento de seu progresso. Era uma posição equivocada, em que não se procurava inserir o homem numa relação de integração harmônica com seu meio ambiente. Até hoje não é fácil fazer entender a algumas pessoas que elas fazem parte do meio ambiente.

Alguns acreditavam que a inclusão do tema "meio ambiente" nada iria mudar, e que tudo continuaria como antes. Mas não foi o que ocorreu, pois as transformações começaram. Em algumas Constituições não somente se afirmou o direito a um meio ambiente sadio e ou equilibrado, como foram sendo inseridos instrumentos jurídicos para se obter e manter essa situação. Entre essas ferramentas está a afirmação de um *direito à informação ambiental*.

### *3.2.2 Constitucionalização do direito à informação sobre meio ambiente*

Países que haviam estado sob um regime autoritário, na sua redemocratização, inseriram em suas Constituições o *direito à informação*

63. *The Constitution of the Republic of Turkey*, Ankara, Republic of Turkey, Directorate General of Press & Information, 1999, p. 28 (minha a tradução).

*ambiental*. Merecem ser citadas as Constituições da Eslováquia, Letônia, Polônia, Rússia e Ucrânia.

*Eslováquia* (Constituição de 1992): "Art. 45. Todos têm direito à tempestiva e completa informação sobre o estado do meio ambiente e as causas e consequências de sua condição".[64]

*Letônia* (Constituição de 1992, emendada por diversas vezes): "Art. 115 *(Meio ambiente)*. O Estado protege o direito de todos de viverem num meio ambiente favorável através da *informação* sobre as condições ambientais e pela promoção da preservação e da melhoria do meio ambiente".[65]

*Polônia* (Constituição de 1997), art. 74: "3. Todos têm direito de ser informados sobre a qualidade do meio ambiente e de sua proteção".[66]

*Rússia* (Constituição de 1993): o art. 42 afirma o direito à informação fidedigna sobre o estado do meio ambiente.[67]

*Ucrânia* (Constituição de 1996): "Art. 50-1. Todos têm direito ao meio ambiente que seja seguro para a vida e para a saúde, e à indenização pelos danos infligidos através da violação desse direito. 2. A todos é garantido o direito de livre acesso à *informação* sobre a situação do meio ambiente, a qualidade dos alimentos e dos bens de consumo e o direito de divulgar essas informações. Tais *informações* não podem ser secretas"[68] (meus os grifos).

Outros países introduziram o direito à informação em suas Constituições:

*Brasil* (CF de 1988, art. 225, § 1º, IV): "IV – exigir, na forma da lei, para instalação de obra ou atividade potencialmente causadora de significativa degradação do meio ambiente, Estudo Prévio de Impacto Ambiental, a que se dará publicidade".

64. Disponível na Internet: *http://www.planalto.gov.br*, acesso em 31.8.2005 (minha a tradução).

65. Idem.

66. Idem.

67. *Recuiel International de Législation Sanitaire* 44, n. 6, fr. 1993.

68. Disponível na Internet: *http://www.planalto.gov.br*, acesso em 31.8.2005 (minha a tradução).

*Argentina* (Constituição de 1853, reforma de 1994), art. 41: "2 *(Preservación del Medio Ambiente).* Las autoridades proveerán a la protección de este derecho, a la utilización racional de los recursos naturales, a la preservación del patrimonio natural y cultural y de la diversidad biológica, y a la información y educación ambientales".

*França* (Carta Constitucional Ambiental de 2005): "Art. 7º. Toda pessoa tem direito, nas condições e limites definidos pela lei, de ter acesso às informações relativas ao meio ambiente e de participar na elaboração das decisões públicas que tenham incidência sobre o meio ambiente".[69]

Cinco países importantes, que passaram por regimes em que a liberdade de expressão e de informação não era observada amplamente, empenharam-se em marcar a relevância da informação para a gestão do meio ambiente. Quiseram acentuar, além da valorização constitucional do meio ambiente, que este bem difuso somente é defensável se a população for devidamente informada. A Constituição da Ucrânia – país que foi vítima da catástrofe da Usina Nuclear de Chernobyl,[70] em 1986, cujas vítimas ainda sofrem, além daquelas que já morreram – fez uma firme afirmação do "direito de livre acesso à *informação* sobre a situação do meio ambiente, a qualidade dos alimentos e dos bens de consumo". Mais ainda, a Constituição da Ucrânia não permitiu a invocação de qualquer segredo sobre esses assuntos. É um forte e exemplar posicionamento constitucional quanto à necessidade do acesso às informações sobre meio ambiente, alimentos e bens de consumo, afirmando a prevalência desse acesso frente a possíveis interesses comerciais e industriais e até a razões de segurança do Estado.

69. Disponível na Internet: *http://www.ecologie.gouv.fr/rubrique.php?id_rubrique=937*, acesso em 5.3.2005 (minha a tradução).

70. A Agência Internacional de Energia Atômica (AIEA), a Organização Mundial da Saúde (OMS), o Programa das Nações Unidas para o Meio Ambiente (PNUMA) e outras agências internacionais reuniram-se em Viena em 5.9.2005. Apresentaram um relatório em que estimam 4.000 mortos em razão do câncer induzido pelas radiações. O relatório foi criticado por Volodymyr Ousatenko, especialista que presta serviços perante a Comissão Parlamentar Ucraniana de Segurança Nuclear, dizendo que "as cifras eram falsas" e que tinham sido fornecidas pelo antigo Governo, que jamais se sentiu responsável pelas vítimas (jornal *Le Monde* de 6.9.2005, disponível na Internet: *http://www.lemonde.fr/web/imprimer_element/0,40-0@2-3214,50-686225,0.html*, acesso em 6.9.2005).

## *3.3 Características da informação ambiental*

A informação sobre meio ambiente deve obedecer aos mesmos requisitos das informações que as pessoas têm direito de receber. Assim, a informação deve ser veraz, contínua, tempestiva e completa.

Em direito internacional do meio ambiente há deveres concernentes a que os recipiendários das informações tenham conhecimento exato do cumprimento das obrigações por parte do Estado que fornece as informações. Tal dever concretiza-se quando as informações estão de acordo com a ocorrência real dos fatos, seja no que respeita à sua veracidade, seja quanto à sua acurácia.[71]

Destaco algumas características essenciais à informação ambiental: sua *tecnicidade*, *compreensibilidade* e *rapidez*.

### *3.3.1 Tecnicidade da informação ambiental*

No geral, a informação ambiental é composta de dados técnicos, onde estão presentes normas de emissão e padrões de qualidade. Depara-se com sistemas informativos padronizados ou *standardizatti*.[72] "Para nenhum outro bem ou valor, como para o meio ambiente, a prévia aquisição e a circulação adequada da informação e do conhecimento, ainda que técnico, são indispensáveis para uma correta definição dos objetivos e da modalidade de tutela. Pode-se bem compreender, de fato, como um adequado desenvolvimento do instrumento do acesso à informação possa contribuir, de forma especial, para sensibilizar toda uma coletividade em direção a uma consciência enraizada."[73]

71. Guido F. S. Soares, *Direito Internacional do Meio Ambiente: Emergência, Obrigações e Responsabilidades*, p. 510.

72. Marcello Cecchetti, *Principi Costituzionale per la Tutela dell'Ambiente*, cit., p. 236 (minha a tradução).

73. S. Grassi, "Considerazioni introduttive su libertà di informazione e tutela dell'ambiente", in AA.VV., *Nuove Dimensioni nei Diritti di Libertà. Scriti in Onore di Paolo Barile*, Pádua, CEDAM, 1990, apud Enzo Pelosi, "Rafforzamento dell'acesso all'informazione ambientale alla luce della Direttiva 2003/4/CE", *Rivista Giuridica dell'Ambiente* 1/23-33 (minha a tradução).

### *3.3.2 Compreensibilidade da informação ambiental*

O fato de a informação ambiental transmitir dados técnicos não afasta a obrigação de a mesma ser clara e compreensível para o público receptor. A informação necessita poder ser utilizada de imediato, sem que isso demande que os informados sejam altamente especializados no assunto.

"Problemas ambientais são inerentemente complexos e são frequentemente caracterizados por significativas incertezas. Contudo, esforços para comunicar completamente tais complexidades e incertezas podem produzir informação excessiva, conduzindo a população a simplesmente negligenciar ou distorcer através da simplificação. Que aspectos dos complexos problemas ambientais podem ser selecionados para inclusão?"[74]

A clareza deve coexistir com a precisão, não se admitindo a incompletude da informação sob pretexto de ser didática. Contudo, como arguiu o professor Stewart, as questões ambientais não são sempre simples e nem sempre têm soluções incontroversas. Parece-me que, diante das incertezas que se possam detectar nos dados ambientais transmitidos, cabe ao informante ser imparcial e dar chance de conhecimento, aos informados, de todos os ângulos da questão, sem privilegiar qualquer ponto de vista. E, quando o informante entender necessário posicionar-se, incumbe a ele justificar, com amplitude e profundidade, suas razões, apresentando, também, as razões contrárias às suas.

### *3.3.3 Tempestividade da informação ambiental*

A informação, para ser utilizável, deve ser rápida. Para isso, é preciso que os emissores da informação estejam adequadamente organizados, com pessoal e aparelhamento adequados. A presteza da informação irá atestar um mínimo de eficiência de quem informa.

Os prazos podem diferir de um país para outro ou conforme seja a convenção que rege a matéria. Contudo, o que tem sido preconizado é que a informação não possa ultrapassar 30 dias.

74. Richard Stewart, "A new generation of environmental regulation? The National Symposium on Second Environmental Policy and the Law", *Capital University Law Review* 21/21-182 (minha a tradução).

Nem é preciso insistir em que o prazo aventado, de 30 dias, pressupõe que não haja uma situação de emergência. Neste caso a demora ou o retardamento da transmissão da informação acarretam incontestável dano aos que devem ser informados. O direito ambiental positivo deve estabelecer a responsabilidade civil objetiva para tal situação, como deve ser prevista a criminalização da pessoa física ou jurídica responsável.

### *3.3.4 Imprescindibilidade da informação ambiental em situação de emergência*

Diante de risco significativo para a vida humana e para o meio ambiente a informação deve ser prestada imediatamente. A informação há de ser capaz de dar a dimensão do perigo captado pelo órgão informante, como deve dar sugestões válidas e aptas para um comportamento seguro dos informados.

Quem detém a informação não pode distorcer os dados ou escusar-se a informar sob a alegação de que o conhecimento real dos fatos causará possível pânico aos informados. Muitas vezes a incúria ou a inércia da Administração Pública ou de particulares, sujeitos ao controle dessa mesma Administração, em executar medidas preventivas é que propiciam a formação dos sentimentos de ansiedade e de preocupação das pessoas. Dessa forma, não se pode admitir que, aproveitando-se de sua própria falha, a Administração Pública venha a sonegar ou a retardar informações.

A manipulação da informação muitas vezes visa a controlar a opinião pública, criando situações de medo ou até de pavor para suprimir liberdades civis, entre elas a liberdade de expressão e a liberdade de informação.

As empresas privadas ou públicas têm indeclinável dever não só de informar à Administração Pública a ocorrência de uma situação de perigo ou de risco, mas de informar à população, através de todos os meios de comunicação, inclusive meios sonoros e luminosos.[75]

O Tribunal Europeu de Direitos Humanos entendeu fazer parte do direito à vida o *direito à devida informação* no caso "Öneryldiz contra

75. Entre outras causas, a ausência da tempestiva e eficaz informação sobre o escape de produtos tóxicos de uma indústria de cloro em Bophal (Índia) ocasionou a morte de mais de 2.000 pessoas, em 1984.

a Turquia".[76] Masallah Öneryldiz invocou os arts. 2º, 8º e 13 da Convenção Europeia de Direitos Humanos, pedindo a responsabilização da República da Turquia pela morte de nove membros de sua família e pela destruição de seus bens causada pela explosão de gás metano, ocorrida em 28.4.1993, no depósito de lixo municipal de Ümraniye (região metropolitana de Istambul). O Tribunal afirmou que as autoridades administrativas faltaram com seu dever de informar sobre os riscos existentes aos habitantes dessa área, o que teria permitido ao requerente avaliar os perigos graves para ele e sua família, se continuassem a morar perto da descarga de rejeitos (n. 87 da decisão). Pela primeira vez a Corte Europeia dos Direitos Humanos considerou expressamente a existência de um direito público à informação (n. 81 da decisão). Mesmo sem ter sido aplicado o art. 10 da Convenção Europeia dos Direitos Humanos, pode-se afirmar que o direito à informação, como obrigação positiva do Estado, foi aceito e consagrado sem ambiguidades.

### *3.3.5 A prestação da informação independe de interesse pessoal do informado*

A Diretiva da Comunidade Europeia ressalta esse direito: "É necessário garantir que qualquer pessoa singular ou coletiva tenha direito de acesso à informação sobre ambiente na posse das autoridades públicas ou detida em seu nome, sem ter de justificar seu interesse".

A informação ambiental abarca o interesse difuso ou coletivo. O meio ambiente é de quem procura, deseja ou quer a informação, como é também de quem está apático, inerte, ou não pediu para ser informado. Os interesses difusos ambientais sempre existiram, mas não eram classificados como direitos. Por isso ficavam na categoria de coisas abandonadas ou coisas de ninguém, e acabavam degradando-se, pois não se dava oportunidade para "qualquer do povo" tomar consciência do que ocorria com seu "meio ambiente". O passo que se deu em não ter que se provar interesse na informação é de fundamental importância. Essa "estrada" até recentemente estava bloqueada.

76. *Cour Européene des Droits de l'Homme, Ancienne Première Section, Affaire Öneryldiz c. Turquie, Arrêt, Strasbourg, le 18.6.2002*, p. 13, *apud* Yves Winisdoerffer, "La jurisprudence de la Cour Européenne des Droits de l'Homme et l'Environnement", *Revue Juridique de l'Environnement* 2/213-228 (minha a tradução).

As autoridades públicas não são proprietárias dessa informação, mas somente gestoras desses dados em nome da coletividade. A informação ambiental é uma informação pública que pertence às pessoas. "A diferencia de la información privada, la información pública nos es considerada por la doctrina como propiedad del Estado. Esta afirmación se deriva de un principio político de las sociedades democráticas que señala como únicos propietarios de la información pública a los ciudadanos."[77]

A liberdade de acesso à informação ambiental independente da comprovação de interesse pessoal representa uma das chaves de sucesso das políticas ambientais. No Brasil, "a Lei 9.051/1995 fulmina a errônea distorção do decreto regulamentador da Política Nacional do Meio Ambiente, notadamente no art. 16, § 3º, do Decreto 99.274, de 6.6.1990. Quem solicitar informação, de interesse particular ou de interesse geral ou coletivo (como é a matéria ambiental), não tem necessidade de comprovar a legitimidade de seu interesse. Basta constarem os esclarecimentos relativos aos fins e razões do pedido. Há uma presunção de veracidade a favor de quem quer ser informado. Se a Administração Pública – direta ou indireta – duvidar dos fins e das razões constantes do pedido, a ela caberá ônus de provar a sua falsidade ou inexatidão".[78]

## *3.4 Administração Pública e direito à informação ambiental*

### *3.4.1 Da estruturação histórica da Administração Pública e a informação*

Max Weber[79] apresenta algumas categorias fundamentais da "autoridade racional legal": "1) uma organização contínua de cargos, delimitados por normas; 2) uma área específica de competência; 3) a organização

77. Beatriz Boza, *Acceso a la Información del Estado – Marco Legal y Buenas Prácticas*, p. 4, disponível na Internet: *http://www.ciudadanosaldia.org/pubs/kas/default.htm*, acesso em 23.6.2005. Cita os Princípios de Lima: "La información pertenece a los ciudadanos. La información nos es propiedad del Estado y el acceso a ella no se debe a la gracia o favor del gobierno: este tiene a la información solo en cuanto representante de los ciudadanos".

78. Paulo Affonso Leme Machado, *Direito Ambiental Brasileiro*, cit., 25ª ed., p. 231.

79. Max Weber, "Os fundamentos da organização burocrática: uma construção ideal", in Edmundo Campos (org.), *Sociologia da Burocracia*, pp. 15-18.

dos cargos obedece ao princípio da hierarquia; 4) funcionários, empregados e trabalhadores vinculados ao quadro administrativo não fazem seus os meios materiais de produção e administração; 5) atos administrativos, decisões, normas, são formulados e registrados em documentos, mesmo nos casos em que a discussão oral é a regra ou mesmo prescrita".

Para o sociólogo alemão, "o tipo monocrático de burocracia é capaz, numa perspectiva puramente técnica, de atingir o mais alto grau de eficiência e, neste sentido, é, formalmente o mais racional e conhecido meio de exercer dominação sobre os seres humanos".[80]

Continua Max Weber afirmando que: "A Administração Burocrática significa, fundamentalmente, o exercício da dominação baseado no saber. Consiste de um lado em conhecimento técnico que, por si só, é suficiente para garantir uma posição de extraordinário poder para a burocracia. Por outro lado, deve-se considerar que as organizações burocráticas ou os detentores do poder, que dela se servem, tendem a tornar-se mais poderosos ainda pelo conhecimento proveniente da prática que adquirem no serviço. Através da atividade do cargo ganham um conhecimento especial dos fatos e dispõem de material documentário, exclusivo deles. Embora não exista apenas nas organizações burocráticas, o conceito de 'segredo profissional' é típico delas. Está para o conhecimento técnico como o segredo comercial está para o preparo tecnológico. Ele é um produto da luta pelo poder".

Weber nada mais faz que constatar a prática do segredo por parte da burocracia estatal, mas não defende essa prática. O saber é necessário para a Administração Pública, mas esse saber acumulado acaba transformando-se em um instrumento de poder sobre os que não sabem. A expressão empregada por Weber – "luta pelo poder" – põe em relevo uma circunstância que degenera a própria Administração: saber não para servir aos administrados, mas para submetê-los. A Administração Pública não tem que ser necessariamente burocrática, mas geralmente ela fica dentro dos moldes que Weber apontou. Ou, como Massimo Severo Giannini disse, a Administração Pública é "um modo jurídico de organização do poder e do exercício do poder".[81]

80. Idem, p. 24.

81. Massimo Severo Giannini, *Istituzioni di Diritto Amministrativo*, p. 3 (minha a tradução).

A transformação dessa concepção da burocracia que quer dispor da informação como "material documentário" exclusivo dos funcionários ou empregados públicos irá demandar legislação e práticas diversas, a serem utilizadas em uma nova sociedade política, em que a cidadania tenha um papel forte a desempenhar e o desejo ao meio ambiente ecologicamente sadio e equilibrado passe a ser efetivamente direito de muitos, com a consequente obrigação de outros de respeitá-lo.

Para Carlo Amirante: "O Estado Social transformou a Administração autoritária em uma Administração ativa e de prestações que – com o escopo de valorizar as demandas, as necessidades, os direitos dos usuários e de assegurar a eficácia e a eficiência dos serviços e evitar o desperdício – implica novas relações da Administração Pública com os cidadãos, fundada sobre os princípios da informação, da colaboração e da participação".[82]

### 3.4.2 *Da informação disponível à informação procurada e organizada*

#### 3.4.2.1 *Da informação disponível e o caso "Anna Guerra contra a Itália"*

*Informação pública disponível* é aquela que o Poder Público recebeu e poderá transmitir ao público, sem que haja qualquer impedimento para essa comunicação. Se for afirmado que o Poder Público é obrigado a transmitir os dados que tem em seu poder, essa afirmação, estritamente interpretada, levaria à conclusão de que o Poder Público não tem que coletar a informação, só repassando aquela que lhe chegar espontaneamente ou até por acaso.

A questão levantada não é destituída de sentido, pois ela foi suscitada no julgamento do caso "Anna Guerra contra a Itália", no Tribunal Europeu de Direitos Humanos. Anna Maria Guerra e mais 39 mulheres entraram com processo contra a Itália, perante a Corte Europeia dos Direitos Humanos, através da Comissão dos Direitos Humanos dessa Corte, em 18.10.1988, chegando à Corte em 16.9.1996. As requerentes mora-

82. Carlo Amirante, "Cittadinanza (teoria generale)", *Enciclopedia Giuridica* ("Aggiornamento"), 2004 (minha a tradução).

vam na cidade de Manfredonia (Foggia), a um quilômetro da indústria Enichem Agricultura, esta situada na cidade de Monte Sant'Angelo.

A indústria produzia fertilizantes e "caprolactane" (composto químico, que produz poliamida utilizada para fabricar fibras sintéticas, como o *nylon*). A referida fábrica foi classificada como de "alto risco". Acusou-se a indústria de ter liberado na atmosfera grandes quantidades de gás inflamável como, também, anidrido sulfúrico, sódio, amoníaco e, sobretudo, anidrido de arsênico. Acidentes de funcionamento produziram-se no correr dos anos, sendo o mais grave o de 26.9.1976, quando, com a explosão de uma torre de lavagem, houve o lançamento na atmosfera de diversas toneladas de substâncias contendo anidrido de arsênico: 150 pessoas tiveram que ser hospitalizadas em razão de intoxicação.

Em 1988 o Município de Manfredonia publicou um relatório afirmando que a posição geográfica da indústria mencionada era contraindicada, pois canalizava o envio das emissões para essa cidade. A Comissão Técnica não conseguiu inspecionar a fábrica poluidora.

Como fundamentos jurídicos do pedido foram indicados o art. 2 e o art. 10 da Convenção Europeia dos Direitos Humanos, que tratam do direito à vida e do direito à informação. Inicialmente o pedido das requerentes foi apresentado à Comissão, que o admitiu somente com a fundamentação no art. 10, por 21 votos contra 8, em 29.6.1996. Em seguida o processo caminhou para a Corte Europeia dos Direitos Humanos.

A Corte entendeu, contudo, ter competência para fazer a classificação jurídica dos fatos. Repeliu a invocação baseada no art. 10 e acolheu-o com fundamento no art. 2.

As requerentes arguiram a falta de informações sobre os riscos existentes em razão do funcionamento da indústria e a ausência de um plano de emergência em caso de acidente. O Governo Italiano entendeu que o art. 10 da Convenção Europeia dos Direitos Humanos limitava-se a garantir a liberdade de receber as informações sem entraves por parte do Estado, mas que não impunha qualquer obrigação positiva. Disse que, se uma obrigação positiva existisse, ela seria "extremamente difícil de ser implementada", porque seria preciso determinar as modalidades e o momento da divulgação das informações, assim como as autoridades responsáveis por estas e seus destinatários.

A Comissão afirmou que a informação ao público representa atualmente um dos instrumentos essenciais da proteção do bem-estar e da saúde da população nas situações de perigo para o meio ambiente. Em consequência, a expressão "este direito compreende (...) a liberdade de receber (...) informações", contida no parágrafo 1 do art. 10, deveria ser interpretada como atribuindo um verdadeiro direito de receber informações, especialmente das Administrações competentes.

No entendimento da Comissão, o art. 10 impõe aos Estados não somente tornar acessíveis ao público as informações em matéria de meio ambiente – exigência à qual o Direito Italiano parece poder responder em face do art. 14, § 3º, da Lei 349/1986 –, mas, também, impõe obrigações positivas de coleta, de elaboração e de difusão dessas informações, que, por sua natureza, não poderiam ser, de outro lado, levadas ao conhecimento do público. A proteção do art. 10 desempenharia um papel preventivo em relação às violações potenciais da Convenção em casos de atentados graves ao meio ambiente; esta disposição entraria em jogo antes mesmo de um atentado direto aos outros direitos fundamentais, tais como o direito à vida ou o que diz respeito à vida privada ou familiar.

A Corte, contudo, entendeu diferentemente. No item 53 da decisão ela recorda que a liberdade de receber informações, mencionada no parágrafo 2 do art. 10 da Convenção, "interdita essencialmente a um governo impedir que qualquer um receba informações que outros desejam ou possam consentir em lhe (= qualquer um) transmitir" (julgado "Leander contra Suécia", de 26.3.1987). Essa liberdade não poderia ser compreendida como impondo a um Estado, nas circunstâncias do caso em espécie, obrigações positivas de coleta e de difusão, *motu proprio*, de informações.

"É provável que a Corte de Estrasburgo tenha renunciado a alargar a definição da liberdade de receber informações que ela houvera dado na decisão 'Leander contra Suécia', com receio de expor os Estados ao risco de serem asfixiados pela multiplicação das solicitações de coleta de informações nos domínios os mais diversos. Os promotores dos direitos humanos ao meio ambiente ficaram decepcionados com essa timidez."[83]

"Nessa matéria, a necessidade de uma obrigação positiva faz-se sentir de uma maneira particularmente forte porque – o caso 'Guerra'

83. Jean-Pierre Marguénaud, "Le droit à l'information supplanté par le droit au respect de la vie privée et familiale des voisins d'usines chimiques", *Revue Européenne de Droit de l'Environnement* 3/319-324 (minha a tradução).

testemunha bem – as autoridades públicas são geralmente as mais bem-posicionadas para buscar informações desta natureza e, em seguida, transmiti-las. É preciso dizer que, no conjunto, exceto no caso das relações com os meios de comunicação, a jurisprudência relativa ao art. 10 é muito pouca progressista. Era preciso que a Corte desse um passo de gigante para consagrar 'uma obrigação positiva de coleta e de difusão', que conduz muito mais adiante."[84]

### 3.4.2.2 *Da informação coletada e organizada e Administração Pública Ambiental*

"O meio ambiente faz parte dos direitos individuais e sociais, ao mesmo tempo, na sua natureza transindividual. O meio ambiente é um bem coletivo de desfrute individual e geral ao mesmo tempo."[85] O Poder Público tem obrigação de fiscalizar e controlar os empreendimentos tanto de pessoas físicas como jurídicas, tanto privadas como públicas.

A gestão pública do meio ambiente é implementada especialmente pela realização do Estudo Prévio de Impacto Ambiental, como procedimento que precede o deferimento ou o indeferimento da autorização ambiental ou o licenciamento ambiental. Esses instrumentos administrativos de controle ambiental só podem ser eficientemente implementados se a Administração Pública estiver suficientemente informada.

"A informação faz parte integrante das atividades da Administração Pública e ela é a pedra angular das prestações de contas do governo. Deve ser gerida como um recurso operacional estratégico no início do ciclo do planejamento das atividades e durante a elaboração de soluções, execução cotidiana e avaliações."[86]

Daí decorrem dois comportamentos; o primeiro, da parte dos empreendedores privados ou públicos: devem informar veraz, contínua,

84. Sandrine Maljean-Dubois, "La Convention Européene des Droits de l' Homme et le droit à l'information en matière d'environnement", *Revue Générale de Droit International Public* 4/995-1.021 (minha a tradução).

85. Raul Canosa Usera, "Aspectos constitucionales del derecho ambiental", *Revista de Estudios Políticos* 94/ (minha a tradução).

86. *Cadre de Gestion de l'Information au Sein du Gouvernement du Canada*, Secrétariat du Conseil du Trésor, 2002 (minha a tradução).

completa e tempestivamente a Administração Pública Ambiental; segundo, caso os referidos empreendedores não enviem as informações ou os dados devidos, a própria Administração deve ir ao encontro dos empreendedores, e ela mesma procurar coletar as informações. Nesse sentido, a norma brasileira constante da Lei de Política Nacional do Meio Ambiente diz: "Art. 9º. São instrumentos da Política Nacional do Meio Ambiente: (...) XI – a garantia da prestação de informações relativas ao meio ambiente, obrigando-se o Poder Público a produzi-las, quando inexistentes".[87]

Não é tarefa despida de obstáculos a efetivação do dever da Administração Pública de informar, prevendo-se a oposição declarada ou disfarçada de poderosas corporações, como afirma John Kenneth Galbraith ao referir-se à economia moderna: "o maior de seus efeitos negativos, particularmente visível no presente, é a habilidade das corporações de imiscuir-se à força nas políticas governamentais e direcioná-las", solapando "a lógica da distribuição da autoridade política por meios democráticos".[88]

### *3.4.3 As associações ambientais e a informação*

Sobre a atuação das associações ambientais, também chamadas organizações não governamentais (ONGs), ressalto que:

"A participação dos indivíduos e das associações na formulação e na execução da política ambiental foi uma nota marcante dos últimos 25 anos.

"Os sindicatos, desde o início do século XX, passaram a estruturar a participação dos trabalhadores. A atuação dos sindicatos foi decisiva para a defesa da dignidade dos trabalhadores. A participação para a proteção do meio ambiente não tem a mesma característica. Não se trata da defesa de uma classe profissional, mas de interesses que transcendem as profissões e concernem a diversos segmentos sociais.

"As associações ambientais, ao terem como metas a valorização da água, do ar, do solo, da fauna, da flora e do próprio homem, tratam de

87. Brasil, Lei 6.938, de 31.8.1981, introduzido o inciso XI ao art. 9º pela Lei 7.804, de 18.7.1989 (*DOU* 2.9.1981).

88. John K. Galbraith, "Ainda no ataque", *Veja*, São Paulo, 15.12.2004, p. 15.

interesses difusos, que não só dizem respeito a cada um de seus associados, mas também a um número indeterminado de pessoas.

"A Declaração Rio/1992 deu um passo significativo ao dizer que 'o melhor modo de tratar as questões ambientais é com a participação de todos os cidadãos interessados, em vários níveis'. No *Princípio 10* abre-se um grande espectro na participação. Contudo, o princípio não chega a explicitar um duplo caráter da participação: dos cidadãos e das associações. A Convenção de Aarhus,[89] ao conceituar 'público interessado', afirma que, para os fins da definição, as ONGs são consideradas como tendo interesse em participar do processo decisório ambiental, desde que atuem em prol da proteção do meio ambiente e preencham as condições exigidas pelo Direito interno dos países (art. 2-5).

"Os indivíduos isolados, por mais competentes que sejam, não conseguem ser ouvidos facilmente pelos governos e pelas empresas. Os partidos políticos e os Parlamentos não podem ser considerados os únicos canais das reivindicações ambientais.

"As ONGs não têm por fim o enfraquecimento da democracia representativa. As ONGs não são – e não devem ser – concorrentes dos Poderes Executivo e Legislativo, mas intervêm de forma complementar, (...)."[90]

As ONGs fazem parte da sociedade civil, pois, "historicamente, os grupos de maior importância constituíam aquilo que os sociólogos e os cientistas políticos chamam de sociedade ou coletividade civil, como um ordenamento jurídico geral (e não aquele do Estado). Só no século XVI começaram a surgir os ordenamentos gerais que depois se chamaram 'Estados', hoje existentes" – como salienta Giannini.[91] As associações têm como sua "meta declarada a transformação de interesses privados de muitos indivíduos em um interesse público comum, a representação e demonstração do interesse da associação como confia-

89. "La Convention d'Aarhus", *Revue Juridique de L'Environnement*, Limoges, numero spécial, 1999, p. 92 (minha a tradução).

90. Paulo Affonso Leme Machado, *Direito Ambiental Brasileiro*, cit., 25ª ed., p. 129.

91. Massimo Severo Giannini, *Istituzioni di Diritto Amministrativo*, cit., p. 4 (minha a tradução).

velmente universal".[92] Luiz Filipe Colaço Antunes chama as associações de "entes intermédios", conceituando-as como "qualquer forma de agregação de cidadãos, natural, espontânea, reconhecida ou não legalmente, que tem a sua razão de ser num interesse capaz de reunir uma pluralidade de pessoas e que constitui a causa e razão de ser de tal associação".[93]

A Administração Pública não pode ver as ONGs como intrusas e nem como usurpadoras de suas funções. Por isso, na questão da gestão da informação pública, a Administração Pública precisa da colaboração dessa parcela da sociedade civil, auxiliando-a nas decisões acerca dos sistemas de coleta e de difusão das informações ambientais, inclusive na definição da classificação das matérias que serão cobertas pelo sigilo. No entender de Norberto Bobbio, não se pode esquecer que "a democracia dos modernos é pluralista, vive sobre a existência, a multiplicidade e a vivacidade das sociedades intermediárias".[94]

Manuel Castells faz uma síntese de temas principais do discurso do movimento ambientalista, dos quais destaco um dos temas: "Uma relação estreita e ao mesmo tempo ambígua com a Ciência e a Tecnologia. Nas palavras de Banwell: 'o desenvolvimento de ideias 'verdes' nasceu da revolta da Ciência contra a própria Ciência que aconteceu por volta do final do século XIX na Europa e na América do Norte'. Essa revolta foi se intensificando e passou a ser amplamente difundida na década de 70, concomitante à revolução da tecnologia da informação (...)". Se, "por um lado, há uma profunda descrença nos benefícios proporcionados pela tecnologia avançada", do outro lado, "o movimento deposita muita confiança na coleta, análise e interpretação e divulgação de informações científicas sobre a interação entre artefatos produzidos pelo ho-

92. J. H. Kaiser, *Die repraesentation organisierter Interessen*, Berlim, 1956, *apud* Jürgen Habermas, *Mudança Estrutural da Esfera Pública: Investigações quanto a uma Categoria da Sociedade Burguesa*, cit., pp. 234 e 342. Note-se que o trabalho de Habermas foi apresentado como tese de Livre-Docência em 1961, quando não se classificavam os interesses defendidos pelas associações como interesses difusos.

93. Luís Filipe Colaço Antunes, *A Tutela dos Interesses Difusos em Direito Administrativo*, p. 66.

94. Norberto Bobbio, *Estado – Governo – Sociedade: para uma Teoria Geral da Política*, 11ª ed., p. 152.

mem e o meio ambiente. Algumas das principais organizações ambientalistas normalmente contam com cientistas em seus quadros, e na maioria dos países há um vínculo bastante forte entre cientistas, acadêmicos e ativistas ambientais".[95]

### *3.4.4 A Administração Pública não é o único canal para a obtenção da informação ambiental*

As Constituições modernas apontam o Poder Público como responsável por transmitir as informações que ele tenha recebido ou coletado, quando haja interesse individual, social, coletivo e ambiental. Não se levantam dúvidas no sentido de que os órgãos públicos têm competência de fazer a gestão da informação pública.

Importa dizer que a informação se torna pública não porque está em poder do Poder Público, mas porque sua natureza é de interesse público ou social. Portanto, pode-se afirmar que, havendo esse tipo de interesse na informação, ela se torna de natureza pública, mesmo estando em mãos das pessoas ou das empresas privadas. Como já se salientou, o Poder Público pode não só solicitar informações, como tem o poder de exigir que se lhe transmitam as informações, conforme a natureza das mesmas. As legislações procuraram explicitar as áreas defendidas pelo sigilo, para que não se caracterize invasão da privacidade ou violação de direitos das pessoas, das famílias e das empresas por parte do Poder Público. Contudo, há situações em que o Poder Público não só não detém informações relevantes, por exemplo, na área ambiental, como não se propõe a coletá-las ou requisitá-las.

Na concepção de Robert Dahl: "Diversos critérios democráticos básicos exigem que fontes de informação alternativas e relativamente independentes estejam disponíveis para as pessoas. Pense-se na necessidade da *compreensão esclarecida*. Como os cidadãos podem adquirir a informação de que precisam para entender as questões se o governo controla todas as fontes de informação? Ou, por exemplo, se apenas um grupo goza do monopólio de fornecer a informação?"[96]

95. Manuel Castells, *O Poder da Identidade*, 3ª ed., pp. 154-155.

96. Robert A. Dahl, *Sobre a Democracia*, p. 111.

Além da independência das informações, conforme levantou Robert Dahl, as informações governamentais podem chegar fora de tempo ou ser insuficientes. Parece-me que as pessoas e as associações podem organizar-se para a coleta de informações, principalmente diante de emissões perigosas ou de possíveis radiações provindas de usinas nucleares. Não se trata de invadir a atribuição dos governos, mas é o caso do exercício de uma competência subsidiária para a sobrevivência.

Merece incentivo – inclusive fiscal – a coleta de dados por parte de associações nas vizinhanças de locais que exerçam as referidas atividades perigosas. Não se trata de invasão de locais privados ou públicos para buscar a informação. Contudo, em caso de extrema gravidade, diante da inoperância dos Poderes Públicos, deve-se solicitar ao Judiciário que permita a coleta de dados, pelas associações legalmente instituídas, no interior mesmo das fontes poluidoras. A fidedignidade dos dados ambientais não depende somente de serem originários da Administração Pública.

*Capítulo 4*

# *DIREITO INTERNACIONAL AMBIENTAL E INFORMAÇÃO*

*4.1 Convenção Relativa à Conservação da Fauna e da Flora no Estado Natural (Londres, 8.11.1933) . 4.2 Convenção para a Proteção da Flora, da Fauna e das Belezas Panorâmicas Naturais dos Países da América (Washington, 12.10.1940) . 4.3 Convenção Internacional para a Regulamentação da Caça à Baleia (Washington, 2.12.1946). 4.4 Convenção Relativa à Criação da Comissão Interamericana do "Thon" Tropical (Washington, 31.5.1949). 4.5 Acordo criando o Conselho Geral das Pescas no Mediterrâneo (Roma, 24.9.1949). 4.6 Convenção para o Estabelecimento da Organização Europeia e Mediterrânea para a Proteção das Plantas (Paris, 27.4.1955). 4.7 Convenção Internacional para a Proteção de Vegetais (Roma, 6.12.1951). 4.8 Convenção Internacional Concernente às Pescarias Realizadas em Alto-Mar no Oceano Pacífico Norte (Tóquio, 9.5.1952). 4.9 Convenção Internacional para a Prevenção da Poluição das Águas do Mar pelos Hidrocarbonetos (Londres, 12.5.1954). 4.10 Convenção Fitossanitária para a África ao Sul do Saara (Londres, 29.7.1954). 4.11 Convenção sobre as Pescarias no Atlântico Nordeste (Londres, 24.1.1959). 4.12 Tratado sobre a Antártica (Washington, 1.12.1959). 4.13 Convenção Concernente à Proteção dos Trabalhadores Contra as Radiações Ionizantes (Genebra, 22.6.1960). 4.14 Acordo Relativo à Comissão do Rio Niger e à Navegação e aos Transportes no Rio Niger (Niamey, 25.11.1964). 4.15 Convenção sobre Zonas Úmidas de Importância Internacional, Especialmente como "Habitat" de Aves Aquáticas (Ramsar, 2.2.1971). 4.16 Convenção Concernente à Proteção Contra os Riscos de Intoxicação Devida ao Benzeno (Genebra, 23.6.1971). 4.17 Convenção sobre as Medidas a Serem Adotadas para Proibir a Importação, Exportação e Transferência de Propriedade Ilícita de Bens Culturais (Paris, 14.11.1970). 4.18 Convenção Concernente à Proteção do Patrimônio Mundial, Cultural e Natural (Paris, 23.11.1972). 4.19 Protocolo Relativo à Cooperação em Matéria de Luta Contra a Poluição do Mar Mediterrâneo pelos Hidrocarbonetos e Outras Substâncias em Casos de Situação Crítica (Barce-*

*lona, 16.2.1976). 4.20 Convenção sobre o Comércio Internacional de Espécies Selvagens da Fauna e da Flora Ameaçadas de Extinção (Washington, 3.3.1973). 4.21 Convenção Nórdica sobre a Proteção do Meio Ambiente (Estocolmo, 19.2.1974). 4.22 Convenção para a Proteção do Mar Mediterrâneo Contra a Poluição (Barcelona, 16.2.1976). 4.23 Convenção sobre a Interdição da Utilização de Técnicas de Modificação do Meio Ambiente para Fins Militares ou Quaisquer Outros Fins Hostis (Genebra, 18.5.1977). 4.24 Convenção Concernente à Proteção dos Trabalhadores Contra os Riscos Profissionais Devidos à Poluição do Ar, do Ruído e das Vibrações nos Locais de Trabalho (Genebra, 20.6.1977). 4.25 Tratado de Cooperação Amazônica (Brasília, 3.7.1978). 4.26 Convenção sobre a Poluição Atmosférica Transfronteiriça a Longa Distância (Genebra, 13.12.1979). 4.27 Convenção das Nações Unidas sobre o Direito do Mar (Montego Bay, 10.12.1982). 4.28 Convenção sobre Pronta Notificação de Acidente Nuclear (Viena, 26.9.1986). 4.29 Convenção de Basileia sobre o Controle de Movimentos Transfronteiriços de Resíduos Perigosos e seu Depósito (Basileia, 22.3.1989). 4.30 Convenção sobre Avaliação de Impacto Ambiental no Contexto Transfronteiriço (Espoo, 25.2.1991). 4.31 Convenção sobre a Proteção e Utilização dos Cursos de Água Transfronteiriços e dos Lagos Internacionais (Helsinki, 17.3.1992). 4.32 Convenção-Quadro das Nações Unidas sobre Mudança do Clima (Nova York, 9.5.1992). 4.33 Convenção da Diversidade Biológica (Rio de Janeiro, 5.6.1992). 4.34 Declaração do Rio sobre Meio Ambiente e Desenvolvimento (Rio de Janeiro, 14.6.1992). 4.35 Convenção Concernente à Cooperação para a Proteção e Utilização Sustentada do Danúbio (Sofia, 29.6.1994). 4.36 Convenção Internacional de Combate à Desertificação nos Países Afetados por Seca Grave e/ou Desertificação, Particularmente na África (Paris, 15.10.1994). 4.37 Convenção Interamericana para a Proteção e a Conservação das Tartarugas Marinhas (Caracas, 1.12.1996). 4.38 Convenção sobre o Direito dos Usos dos Cursos de Águas Internacionais para Fins Distintos da Navegação (Nova York, 21.5.1997). 4.39 Protocolo de Kioto à Convenção-Quadro das Nações Unidas sobre Mudança do Clima (Kioto, 11.12.1997). 4.40 Convenção sobre o Acesso à Informação, a Participação do Público no Processo Decisório e o Acesso à Justiça em Matéria de Meio Ambiente (Aarhus, 25.6.1998): 4.40.1 Preâmbulo da Convenção – 4.40.2 Acesso à informação (art. 4 da Convenção) – 4.40.3 Coleta e difusão das informações sobre meio ambiente (art. 5 da Convenção). 4.41 Convenção sobre Procedimento de Consentimento Prévio Informado para o Comércio Internacional de Certas Substâncias Químicas e Agrotóxicos Perigosos (Roterdã, 11.9.1998). 4.42 Protocolo de Cartagena sobre Biossegurança da Convenção sobre Diversidade Biológica (Montreal, 29.1.2000). 4.43 Convenção sobre a Conservação e Gestão dos Recursos Pesqueiros no Sudeste do Oceano Atlântico (Windhoeck, 20.4.2001). 4.44 Convenção sobre Poluentes Orgânicos*

*Persistentes (Estocolmo, 22.5.2001). 4.45 Acordo sobre a Conservação dos Albatrozes e dos Petréis (Camberra,19.6.2001). 4.46 Convenção sobre a Proteção do Patrimônio Cultural Subaquático (Paris, 6.11.2001): 4.46.1 Introdução – 4.46.2 Conceito de "patrimônio cultural subaquático" – 4.46.3 A informação na Convenção. 4.47 Protocolo à Convenção sobre Avaliação de Impacto Ambiental em um Contexto Transfronteiriço Relativo à Avaliação Estratégica Ambiental (Kiev, 21.5.2003). 4.48 Convenção-Quadro sobre a Proteção e o Desenvolvimento dos Cárpatos (Kiev, 25.5.2003). 4.49 Conferência Africana sobre Recursos Naturais, Meio Ambiente e Desenvolvimento (Maputo, 11.7.2003). 4.50 Convenção para a Proteção do Meio Ambiente Marinho do Mar Cáspio (Teerã/Irã, 5.11.2003). 4.51 Convenção de Minamata sobre Mercúrio (Kumamoto/Japão, 10.10.2013).*

Serão analisadas convenções internacionais, que vão incluindo a obrigação de os Estados-Partes trocarem informações entre si, pesquisando-se a evolução do direito à informação, para constatar se a comunicação dos dados ambientais irá atingir o público.

Alexandre Kiss e Jean-Pierre Beurrier fazem uma reflexão bem apropriada, dizendo:

"Em direito internacional clássico, o dever de informação não deixa de apresentar um problema teórico. O critério que determina as situações onde uma informação deve ser fornecida a outro Estado é aquele do efeito que possa produzir sobre o território deste. Ora, isso necessita de uma avaliação prévia desse efeito, isto é, a apreciação de um fato suscetível de se produzir em um espaço submetido à competência exclusiva de um Estado estrangeiro. As leis nacionais – que limitam as emissões poluentes – poderiam ser aplicadas quando se trata de efeitos produzidos sobre o território estrangeiro?

"A resposta a esta questão não é fácil, na teoria geral do direito internacional clássico. É conveniente apelar-se para o princípio da cooperação, cuja importância é fundamental no caso das poluições transfronteiriças. A importância do princípio da cooperação é tanto maior quanto o complemento natural da informação prévia, que é a consulta com o Estado, que possa ser afetado. O dever de entrar em procedimento de consulta significa que o Estado potencialmente poluidor deve aceitar a discussão sobre as informações que ele transmitiu e que o outro Estado, vítima potencial, deve poder fazer observações sobre o projeto.

Estas observações, entretanto, não devem ser obrigatoriamente levadas em conta pelo Estado que pretenda realizar as atividades em causa".[1]

## *4.1 Convenção Relativa à Conservação da Fauna e da Flora no Estado Natural (Londres, 8.11.1933)*

O objetivo da Convenção é "preservar a fauna e a flora naturais em certas partes do mundo, em particular na África, criando parques nacionais e reservas nacionais, e regulamentando a caça e a captura de certas espécies".[2]

"Art. 5-1. Os Governos Contratantes notificarão ao Governo do Reino Unido da Grã-Bretanha e da Irlanda do Norte o estabelecimento de qualquer parque nacional ou de qualquer reserva natural integral (definindo a extensão dos parques e reservas) e a legislação, compreendendo os métodos de administração e de controle adotados. 2. Serão feitas também notificações referentes a quaisquer *informações* que lhes sejam comunicadas pelos museus nacionais ou por organismos nacionais ou internacionais. 3. O Governo do Reino Unido transmitirá as *informações* recebidas aos outros Governos que tenham assinado e aderido à Convenção" (meus os grifos).

## *4.2 Convenção para a Proteção da Flora, da Fauna e das Belezas Panorâmicas Naturais dos Países da América (Washington, 12.10.1940)*

O objetivo da Convenção é "proteger contra a extinção todas as espécies e todos os tipos de fauna e de flora do Continente Americano, e proteger as regiões de excepcional beleza, que apresentem características inabituais ou tenham valor estético, histórico ou científico".

"Art. II.3. Os Governos Contratantes notificarão à União Pan-Americana a criação dos parques e das reservas nacionais, dos monu-

1. Alexandre Kiss e Jean-Pierre Beurrier, *Droit International de l'Environnement*, 3ª ed., p. 131 (minha a tradução).

2. Alexandre-Charles Kiss (ed.), *Recueil des Traités Multilateraux Relatifs à la Protection de l'Environnement*, pp. 3 e 53 (minha a tradução). Data da entrada em vigor: 14.1.1936.

mentos naturais e das reservas de regiões virgens, assim como as leis e os regulamentos que disponham sobre eles."[3]

## *4.3 Convenção Internacional para a Regulamentação da Caça à Baleia (Washington, 2.12.1946)*

O fim da Convenção é proteger todas as espécies de baleias contra a explotação descontrolada e salvaguardar para as gerações futuras os recursos naturais como as baleias. É criada a Comissão Internacional de caça à baleia.[4]

"Art. IV.2. A Comissão tomará as disposições pretendidas para publicar os relatórios da atividade; ela poderá, igualmente, publicar, seja de forma independente, seja em colaboração com o Escritório Internacional de Estatísticas Baleeiras em Sandefjord, na Noruega, ou através de outros organismos ou serviços, todos os outros relatórios que julgar necessários, assim como *informações estatísticas e científicas* ou outros dados pertinentes às baleias e à caça à baleia" (grifos meus).

"Art. VIII.3. Na medida do possível, cada Governo Contratante deverá transmitir ao organismo que a Comissão designar, com um intervalo de um ano no máximo, as *informações de caráter científico* de que disponha sobre as baleias e a caça à baleia. 4. Reconhecendo que é indispensável, para assegurar uma gestão sadia e eficaz da indústria baleeira, recolher e analisar constantemente as informações biológicas transmitidas por ocasião das operações de usinas flutuantes e de estações terrestres, os Governos Contratantes tomarão todas as medidas em seu poder para conseguir essas informações" (grifos meus).

"Art. IX.4. Cada Governo Contratante deverá transmitir à Comissão *informações detalhadas*, que lhe tenham sido passadas pelos seus inspetores, sobre qualquer infração às disposições da presente Convenção, por pessoas ou navios submetidos à sua jurisdição. Esta comunicação deverá indicar as medidas tomadas para reprimir a infração, como as sanções infligidas" (grifos meus).

3. Idem, pp. 3 e 61 (minha a tradução). Data da entrada em vigor: 30.4.1942.

4. Idem, pp. 4 e 64-65 (minha a tradução). Data da entrada em vigor: 4.5.1959 – tendo havido emenda em junho/1976, que entrou em vigor em 25.10.1977.

## *4.4 Convenção Relativa à Criação da Comissão Interamericana do "Thon"[5] Tropical (Washington, 31.5.1949)*

A finalidade da Convenção é a de conservar a população marinha em *atuns* (*thons*) *com nadadeiras amarelas* e *bonitos com ventres raiados*, de forma a que o número dessas espécies possibilite pesca regular máxima a cada ano.

Organizou-se, pela Convenção, a Comissão Interamericana do *Thon* Tropical, a qual tem entre suas funções as de: "Art. II.6. Recolher, nos navios e através de pessoas que se dedicam à pesca, de estatísticas e de relatórios, de qualquer natureza, sobre as pescas e as atividades dos barcos de pesca, assim como de outras, *informações* relativas aos peixes visados pela Convenção. 7. *Publicar* ou difundir por outro meio relatórios sobre os resultados desses inquéritos e todos os outros relatórios que entram no campo da Convenção, assim como os dados científicos, estatísticos e outros objetivados pela Convenção"[6] (meus os grifos).

## *4.5 Acordo criando o Conselho Geral das Pescas no Mediterrâneo (Roma, 24.9.1949)*

O Acordo pretende a valorização e a utilização racional dos recursos do Mar Mediterrâneo e das águas adjacentes, através da cooperação internacional.

O Conselho tem entre suas funções a de: "Art. IV. c) Coletar e publicar ou difundir de outro modo todas as *informações oceanográficas e técnicas* relacionadas aos recursos aquáticos. d) Recomendar aos *[Governos dos Estados]* membros determinada pesquisa nacional ou internacional e os projetos de desenvolvimento julgados necessários ou desejáveis com o fim de preencher as lacunas existentes nos conhecimentos"[7] (grifos meus).

5. *Neothunnus*: atuns de nadadeiras amarelas (v. art. II-1 da Convenção) *[Do Gr.* thynnos, *pelo Lat.* tunnes *e Ár.* at-tun*]*.

6. Alexandre-Charles Kiss (ed.), *Recueil des Traités Multilateraux Relatifs à la Protection de l'Environnement*, cit., pp. 4 e 67 (minha a tradução). Data da entrada em vigor: 3.3.1950.

7. Alexandre-Charles Kiss (ed.), *Recueil des Traités Multilateraux Relatifs à la Protection de l'Environnement*, cit., pp. 5 e 70 (minha a tradução). Data da entrada em vigor: 3.12.1963.

### *4.6 Convenção para o Estabelecimento da Organização Europeia e Mediterrânea para a Proteção das Plantas (Paris, 27.4.1955)*

A Convenção tem por fim impedir a introdução e a propagação dos parasitas e das doenças das plantas e dos produtos vegetais.

Entre as atribuições da Organização, destacam-se: "Art. V. a) 5. Obter *informações* dos Estados-membros quanto à existência, aparição ou extensão de inimigos e doenças das plantas e dos produtos vegetais, e transmitir estes dados aos Estados-membros. 6. Assegurar a troca de *informações* sobre as legislações nacionais concernentes à regulamentação fitossanitária e sobre outras medidas afetando o livre movimento das plantas e dos produtos vegetais. (...) 9. Organizar serviço de documentação e publicar, sob a forma desejada, os documentos destinados à propaganda e ao progresso técnico ou científico, segundo a apreciação da Organização"[8] (meus os grifos).

### *4.7 Convenção Internacional para a Proteção de Vegetais (Roma, 6.12.1951)*

A Convenção tem por finalidade a manutenção e a intensificação da cooperação internacional para combater os parasitas e as doenças das plantas e dos vegetais e para impedir sua introdução e sua propagação além das fronteiras nacionais.

Cada Estado Contratante responsabiliza-se pela estruturação de uma organização oficial de proteção de vegetais, que será encarregada de: "Art. IV-1. (...) b) Difusão, no plano nacional, de *informações* sobre as doenças e os inimigos dos vegetais e produtos vegetais e do meios de prevenção e de combate. (...) 3. Cada Estado contratante apresentará ao Diretor-Geral da FAO relatório descrevendo a dimensão da organização nacional para a proteção de vegetais e as modificações trazidas pela organização. O Diretor-Geral comunicará o relatório recebido aos outros Estados Contratantes"[9] (meu o grifo).

8. Alexandre-Charles Kiss (ed.), *Recueil des Traités Multilateraux Relatifs à la Protection de l'Environnement*, cit., pp. 6 e 76 (minha a tradução). Data da entrada em vigor: 1.11.1955.

9. Alexandre-Charles Kiss (ed.), *Recueil des Traités Multilateraux Relatifs à la Protection de l'Environnement*, cit., pp. 6 e 80 (minha a tradução). Data da entrada em vigor: 3.4.1952.

### *4.8 Convenção Internacional Concernente às Pescarias Realizadas em Alto-Mar no Oceano Pacífico Norte (Tóquio, 9.5.1952)*

O objetivo desta Convenção é assegurar o máximo de rendimento sustentado de recursos da pesca do Oceano Pacífico Norte e coordenar a pesquisa e as medidas de conservação tomadas para esta finalidade. Os Estados Contratantes foram Canadá, Estados Unidos da América do Norte e Japão.

A Convenção criou a Comissão Internacional das Pescarias do Pacífico Norte. A Comissão poderá realizar audiências públicas. Cada Seção Nacional poderá igualmente realizar audiências públicas no seu país (art. II-9).[10]

Relevante assinalar que é a primeira Convenção internacional, das aqui analisadas, a colocar entre seus instrumentos de informação a *audiência pública*.

### *4.9 Convenção Internacional para a Prevenção da Poluição das Águas do Mar pelos Hidrocarbonetos (Londres, 12.5.1954)*

Esta Convenção tem por finalidade tomar medidas para controlar a poluição causada por navios através do lançamento de hidrocarbonetos.[11]

Diz o art. XII da Convenção: "Todos os Governos Contratantes enviarão ao Escritório competente das Nações Unidas: a) O texto das leis, decretos, regulamentos e instruções em vigor em seus territórios e destinados a assegurar a aplicação da presente Convenção. b) Todos os relatórios ou resumos de relatórios oficiais tendo relação com os resultados obtidos na aplicação desta Convenção, sob reserva, entretanto, de que estes documentos não tenham, aos olhos desse Governo, um caráter confidencial".[12]

10. Idem, pp. 6 e 86. Data da entrada em vigor: 12.6.1953.

11. *Hidrocarboneto*: nome genérico dado aos compostos constituídos basicamente de carbono e hidrogênio, como o petróleo (Pedro Paulo de Lima e Silva e outros, *Dicionário Brasileiro de Ciências Ambientais*, 2ª ed., p. 129).

12. Alexandre-Charles Kiss (ed.), *Recueil des Traités Multilateraux Relatifs à la Protection de l'Environnement*, cit., pp. 8 e 94 (minha a tradução). Data da entrada em vigor: 26.7.1958.

A Convenção enfocada permite que os relatórios deixem de ser comunicados se os Governos a cujas jurisdições estejam sujeitos os navios entenderem que a informação é confidencial. Contudo, não especificou as razões que justificariam o segredo, ou se os Governos deverão apresentar essas razões.

### *4.10 Convenção Fitossanitária para a África ao Sul do Saara (Londres, 29.7.1954)*

O objetivo da Convenção é "impedir a introdução de doenças, insetos nocivos e outros inimigos dos vegetais nas regiões da África situadas ao sul do Saara".[13]

Foram criados a "Comissão Interafricana Sanitária" e o "Comitê Permanente de Informação". Este Comitê fica sediado em Londres e é composto dos diretores do Instituto de Entomologia da *Commonwealth* e do Instituto de Micologia da *Commonwealth* e do Secretário Científico da Comissão Interafricana Sanitária. O Comitê Permanente de Informação desempenha o elo intermediário entre os Institutos referidos e a Comissão para a transmissão de informações relativas ao tipo, à natureza e ao grau de desenvolvimento das doenças, dos insetos nocivos e de outros inimigos dos vegetais.

É interessante constatar que "os membros do Comitê Permanente de Informação, nessa qualidade e para os fins desta Convenção, poderão corresponder-se diretamente para as questões científicas com os especialistas da região" (art. IX-c). Contudo, a informação não ficou expressamente aberta a qualquer interessado.

### *4.11 Convenção sobre as Pescarias no Atlântico Nordeste (Londres, 24.1.1959)*

O fim desta Convenção é assegurar a conservação dos estoques de peixes e a explotação racional da pesca no Oceano Atlântico Nordeste.

13. Alexandre-Charles Kiss (ed.), *Recueil des Traités Multilateraux Relatifs à la Protection de l'Environnement*, cit., pp. 10 e 104 (minha a tradução). Data da entrada em vigor: 26.7.1958.

"Art. 12-1. Os Estados contratantes obrigam-se a fornecer à Comissão qualquer *informação de ordem estatística e biológica* disponível, quando a Comissão tiver necessidade desses dados. 2. A Comissão pode, na medida em que ela julgue apropriado, publicar ou difundir sob qualquer outra forma os relatórios sobre suas atividades ou outras informações concernentes à pesca, em toda a zona, ou em parte abrangida pela Convenção"[14] (meus os grifos).

### *4.12 Tratado sobre a Antártica (Washington, 1.12.1959)*

Conforme o professor Alexandre-Charles Kiss, "até os anos 50, a Antártica era um Continente pouco acessível e nada hospitaleiro para que os humanos pudessem nele se instalar. Os progressos científicos e técnicos permitiram não somente uma penetração mais fácil nessa região, mas as melhores comunicações entre essas terras e o resto do mundo tornarndo possível o estabelecimento de bases científicas e, em seguida, uma espécie de explotação de seus recursos".[15]

O Tratado visa a preservar a Antártica somente para atividades pacíficas, nela desenvolvendo-se programas científicos. São vedadas quaisquer medidas de caráter militar, tais como estabelecimento de bases, construção de fortificações, manobras e ensaios de armas de qualquer natureza (art. I-1). Contudo, não há proibição de pessoal ou material militar para fins de pesquisa militar (art. I-2). A Antártica – diz o Tratado, em seu Preâmbulo – deve ser uma região de harmonia internacional, sem quaisquer conflitos internacionais.

Com a finalidade de reforçar a cooperação internacional em matéria de pesquisa científica, as partes contratantes concordam em proceder (art. III): "a) À troca de *informações* relativas a programas científicos na Antártica, a fim de assegurar o máximo de economia dos meios e o rendimento das operações. b) Ao intercâmbio de pessoal científico entre expedições e estações desta região. c) *À troca de observações e*

14. Alexandre-Charles Kiss (ed.), *Recueil des Traités Multilateraux Relatifs à la Protection de l'Environnement*, cit., pp. 14 e 129 (minha a tradução). Data da entrada em vigor: 27.6.1963.

15. Alexandre-Charles Kiss, "La notion de patrimoine commun de l'Humanité", separata do *Recueil des Cours*, t. 175, pp. 103-256.

*dos resultados obtidos na Antártica, que serão tornados livremente disponíveis*"[16] (meus os grifos).

Assinalo a inserção no Tratado da Antártica da alínea "c" do art. III, onde se assegura a livre disponibilidade das informações. Não há ressalvas no sentido de que as informações sejam trocadas ou colocadas à disposição somente das partes contratantes. O Protocolo ao Tratado da Antártica sobre a Proteção ao Meio Ambiente[17] diz que o Comitê para a Proteção ao Meio Ambiente tem entre suas funções "a coleta, o arquivamento, a permuta, a avaliação das informações relativas ao meio ambiente" (art. 12-i).

Um aspecto das informações previstas no Tratado diz respeito aos dados científicos coligidos, sendo um outro concernente à própria movimentação na Antártica.

Consta do art. VIII: "5. Cada uma das Partes Contratantes deve, no momento da entrada em vigor do Tratado, informar as outras Partes e, em seguida, efetuar notificação prévia: a) De todas as expedições dirigindo-se para a Antártica ou ali se movimentando através de seus navios ou através de seus nacionais, de todas aquelas que serão organizadas em seu território ou que dali partirão. b) Da existência de quaisquer estações ocupadas na Antártica por seus nacionais. c) De sua intenção de fazer ingressar na Antártica, conforme o parágrafo 2 do art. I do Tratado, pessoal ou material militares, quaisquer que sejam".

"O sistema do Tratado sobre a Antártica forma um conjunto de quatro Convenções Internacionais, um Protocolo e diversos Regulamentos adotados em aplicação das disposições convencionais."[18]

16. Alexandre-Charles Kiss (ed.), *Recueil des Traités Multilateraux Relatifs à la Protection de l'Environnement*, cit., pp. 15 e 141 (minha a tradução). Data da entrada em vigor: 23.6.1961.

17. Brasil, Decreto 2.742, de 20.8.1998, disponível na Internet: *http://www.planalto. gov.br*, acesso em 17.9.2005. Trata-se do Protocolo adotado em Madri aos 3.10.1991, como explica Guido Soares (*Direito Internacional do Meio Ambiente: Emergência, Obrigações e Responsabilidades*, p. 309).

18. Alexandre Kiss e Jean-Pierre Beurrier, *Droit International de l'Environnement*, cit., 3ª ed., p. 284 (minha a tradução).

### *4.13 Convenção Concernente à Proteção dos Trabalhadores Contra as Radiações Ionizantes (Genebra, 22.6.1960)*

A Convenção tem por fim assegurar proteção eficaz aos trabalhadores contra as radiações ionizantes, do ponto de vista de sua saúde e de sua segurança. "As informações essenciais para a obtenção de uma proteção eficaz serão colocadas à disposição" (art. 3-2).[19]

"Art. 9-1. Sinalização apropriada dos perigos deve ser utilizada para indicar a existência de riscos devidos às radiações ionizantes. Todas as *informações* que possam ser necessárias sobre essa matéria deverão ser fornecidas aos trabalhadores. 2. Todos os trabalhadores diretamente empregados em trabalhos sujeitos a radiações devem ser devidamente instruídos, antes e durante a sua utilização nesses trabalhos, acerca das precauções a tomar para sua segurança e para sua saúde, assim como as razões que as motivam" (meu o grifo).

A Convenção em foco é específica no atribuir o direito à informação sobre o meio ambiente do trabalho, indicando a destinação da própria informação: os trabalhadores potencialmente sujeitos às radiações.

### *4.14 Acordo Relativo à Comissão do Rio Niger e à Navegação e aos Transportes no Rio Niger (Niamey, 25.11.1964)*

O objetivo da Convenção relativa à navegação e à cooperação econômica entre os Estados da bacia do Rio Niger é primeiramente a exploração judiciosa dos recursos dessa bacia, e em segundo lugar a criação de uma instituição comum para assegurar a aplicação dos princípios adotados. Essa instituição tomou o nome de "Comissão do Rio Niger".

A Comissão do Rio Niger, tem, entre outras, as atribuições de coletar, examinar e difundir os danos de base que interessam ao conjunto da bacia (art. 2-c).

19. Alexandre-Charles Kiss (ed.), *Recueil des Traités Multilateraux Relatifs à la Protection de l'Environnement*, cit., pp. 16 e 147 (minha a tradução). Data da entrada em vigor: 17.6.1962.

## *4.15 Convenção sobre Zonas Úmidas de Importância Internacional, Especialmente como "Habitat" de Aves Aquáticas (Ramsar, 2.2.1971)*[20]

*Zonas úmidas* são "áreas de pântano, charco, turfa ou água, natural ou artificial, permanente ou temporária, com água estagnada ou corrente, doce, salobra ou salgada, incluindo água marítima com menos de 6m de profundidade na maré baixa" (art. 1-1).[21] As zonas úmidas têm funções ecológicas indispensáveis enquanto reguladoras dos regimes de água e enquanto *habitats* de uma flora e fauna características, especialmente de aves aquáticas. *Aves aquáticas* são pássaros ecologicamente dependentes de zonas úmidas; e, considerando que essas aves têm migrações periódicas, podendo atravessar fronteiras, "devem ser consideradas como um recurso internacional".[22]

A Convenção, ao proteger determinadas zonas úmidas, estabelece uma lista de Zonas Úmidas de Importância Internacional.

"As Partes Contratantes procurarão incentivar a pesquisa e o intercâmbio de dados e publicações relativas às zonas úmidas e à sua flora e fauna" (art. 4-3).

## *4.16 Convenção Concernente à Proteção Contra os Riscos de Intoxicação Devida ao Benzeno (Genebra, 23.6.1971)*[23]

O objetivo da Convenção é proteger os trabalhadores contra os riscos ligados à produção, à manipulação e à utilização do benzeno. O benzeno é "um líquido incolor, tóxico e inflamável. É produzido a partir do alcatrão de hulha e é cancerígeno. É usado como solvente e na fabri-

20. A Convenção foi emendada por um Protocolo, em 1982 (in Maria Clara Maffei, Laura Pineshi, Tullio Scovazzi e Tullio Treves (eds.), *Participation in World Treaties on the Protection of Environment*, p. 53).

21. Brasil, Decreto 1.905, de 16.5.1996, *DOU* 95, Brasília/DF, 17.5.1996.

22. *Considerandos da Convenção de Ramsar*, p. 8.520.

23. Alexandre-Charles Kiss (ed.), *Recueil des Traités Multilateraux Relatifs à la Protection de l'Environnement*, cit., pp. 31 e 246 (minha a tradução). Data da entrada em vigor: 27.7.1973.

cação da borracha sintética, produtos farmacêuticos e pigmentos".[24] Todas as vezes que produtos de substituição inofensivos ou menos nocivos estejam disponíveis, eles devem substituir o benzeno ou os produtos contendo benzeno (art. 2-1).

A Convenção, aplicando o princípio da publicidade, afirma que "a palavra 'benzeno' e os símbolos necessários de perigo devem estar claramente visíveis em todo recipiente contendo benzeno ou produtos contendo benzeno" (art. 12).

"Cada membro da Convenção deve tomar todas as medidas úteis para que todo trabalhador exposto ao benzeno ou a produtos contendo benzeno receba instruções apropriadas sobre as medidas de prevenção a serem praticadas com o fim de salvaguardar a saúde e evitar acidentes, assim como as medidas a tomar no caso de os sintomas de intoxicação se manifestarem" (art. 13).

### *4.17 Convenção sobre as Medidas a Serem Adotadas para Proibir a Importação, Exportação e Transferência de Propriedade Ilícita de Bens Culturais (Paris, 14.11.1970)*[25]

No Preâmbulo dessa Convenção é reconhecido o valor do intercâmbio de bens culturais entre as Nações com fins científicos, culturais e educativos, sendo que esses bens "só adquirem seu verdadeiro valor quando se conhece com maior precisão sua origem, sua história e seu meio".[26]

O art. 10 da Convenção insere a obrigatoriedade de informar, quando da transferência de bens culturais: "Os Estados-Partes da presente Convenção obrigam-se: a) A restringir, por meio da educação, da informação e da vigilância, a transferência de bens culturais ilegalmente obtidos de qualquer Estado-Parte da presente Convenção e a obrigar os antiquários, na forma pertinente de cada país e sujeitos a sanções penais

24. Henry W. Art (editor-geral), *Dicionário de Ecologia e Ciência Ambiental*, p. 57.

25. Disponível na Internet: *http://www.unesco.org/culture/laws/1970/html_eng/page1.shtml*, acesso em 21.9.2005. Data da entrada em vigor: 24.4.1972. No Brasil entrou em vigor em 16.5.1973.

26. Guido F. S. Soares, *Direito Internacional do Meio Ambiente: Emergência, Obrigações e Responsabilidades*, cit., p. 447.

ou administrativas, a levar um registro que mencione a procedência de cada bem cultural, o número e o endereço do provedor, a descrição e o preço de cada bem vendido, e a informar o comprador do bem cultural a respeito da proibição da exportação de que pode vir ser objeto este bem. b) A esforçar-se, por meio da educação, a criar e desenvolver no público o sentimento do valor dos bens culturais e do perigo que o roubo, as escavações clandestinas e as exportações lícitas representam para o patrimônio cultural."[27]

### *4.18 Convenção Concernente à Proteção do Patrimônio Mundial, Cultural e Natural (Paris, 23.11.1972)*

A Convenção tem por finalidade, entre outras, a criação de novas disposições estabelecendo um sistema eficaz de proteção coletiva do patrimônio natural de valor universal excepcional, organizado de modo permanente e segundo métodos científicos e modernos.

Guido Fernando Silva Soares assinala, com inequívoca propriedade: "No próprio conceito de 'patrimônio', em quaisquer sistemas jurídicos internos dos Estados, encontra-se subjacente a ideia de conjunto de bens materiais ou imateriais, móveis ou imóveis, que integram a personalidade das pessoas físicas ou jurídicas, por vários títulos, e que são iluminados por proteção jurídica, de cunho temporal: seja na constituição do patrimônio, concebido como realidade unitária composta de bens conseguidos por atos isolados praticados em tempos diferentes ou de fatos acontecidos em épocas históricas passadas (o herdado e o construído *hic et nunc*), e que, por força de sua expressão temporal, não poderá existir sem que esteja acompanhado de sua expressão no futuro. Assim, é natural que ao conceito de patrimônio, fortemente marcado pela temporalidade, esteja associado o conceito de futuras gerações".[28]

O patrimônio cultural abrange monumentos, conjuntos e sítios. O patrimônio natural é composto pelos monumentos naturais, formações geológicas e fisiográficas e pelos sítios naturais ou zonas naturais estritamente delimitadas.

27. Idem, p. 450.

28. Guido F. S. Soares, *Direito Internacional do Meio Ambiente: Emergência, Obrigações e Responsabilidades*, cit., p. 455.

"Art. 11-1. Cada Estado-Parte da presente Convenção submete, na medida do possível, ao Comitê do Patrimônio Mundial um inventário dos bens do patrimônio cultural e natural situados em seu território e suscetíveis de serem incluídos na lista prevista. 2. Com base nos inventários submetidos pelos Estados, o Comitê estabelecerá, atualizará e difundirá uma Lista dos Bens do Patrimônio Cultural e do Patrimônio Natural, da forma como está definido nos arts. 1 e 2 da Convenção e que tenham sido considerados como tendo valor universal excepcional."[29]

Alexandre Charles Kiss e Jean-Pierre Beurrier destacam que a Convenção em foco consagra a ideia de que certos bens, que se acham sob a soberania dos Estados, têm um interesse que ultrapassa as fronteiras dos Estados territoriais e concerne a toda a Humanidade.[30]

### *4.19 Protocolo Relativo à Cooperação em Matéria de Luta Contra a Poluição do Mar Mediterrâneo pelos Hidrocarbonetos e outras Substâncias em Casos de Situação Crítica (Barcelona, 16.2.1976)*[31]

O Protocolo procura agilizar instrumentos de ação contra a poluição do Mar Mediterrâneo, quando em situação crítica, reconhecendo que a poluição grave das águas por hidrocarbonetos e outras substâncias nocivas pode criar um perigo para os Estados vizinhos e para os ecossistemas.

"Art. 7. As Partes obrigam-se a coordenar a utilização dos meios de comunicação, de que elas dispõem, para assegurar a confiabilidade e a rapidez necessárias à recepção, à transmissão e à difusão de todos os relatórios e *informações* urgentes relativos aos fatos e situações definidos no art. 1" (meu o grifo).

29. Alexandre-Charles Kiss (ed.), *Recueil des Traités Multilateraux Relatifs à la Protection de l'Environnement*, cit., pp. 35 e 276 (minha a tradução). Data da entrada em vigor: 17.12.1975.

30. Alexandre Kiss e Jean-Pierre Beurrier, *Droit International de l'Environnement*, cit., 3ª ed., p. 280.

31. Alexandre-Charles Kiss (ed.), *Recueil des Traités Multilateraux Relatifs à la Protection de l'Environnement*, cit., p. 286.

Interessa enfatizar que o Protocolo insere duas características fundamentais da informação: a *confiabilidade* e a *rapidez*. Os acordos internacionais, que até agora se vêm mencionando, não tinham tido a preocupação de qualificar a informação. O Anexo I do Protocolo indica o conteúdo essencial dos relatórios.

### *4.20 Convenção sobre o Comércio Internacional de Espécies Selvagens da Fauna e da Flora Ameaçadas de Extinção (Washington, 3.3.1973)*[32]

A Convenção, conhecida como CITES – *Convention on International Trade in Endangered Species*, tem por objetivo principal proteger certas espécies em via de extinção, evitando que continuem a ser exploradas excessivamente. A Convenção utiliza o sistema de autorizações de importação e de exportação das espécies, e as insere numa classificação (Anexos I, II e III).

No Preâmbulo da CITES, reconhecendo-se que a fauna e a flora selvagens constituem, pela sua beleza e pela sua variedade, elemento insubstituível nos sistemas naturais, afirma-se que devem ser protegidas para as gerações presentes e futuras. Nota-se nesta assertiva o lançamento das sementes da *Teoria do Desenvolvimento Sustentável*, que busca a continuidade dos diferentes seres vivos no planeta Terra.

A gestão das informações sobre o comércio das espécies selvagens da fauna e da flora será feita pelo Secretariado da Convenção e pela Conferência das Partes. A administração das informações será realizada pelo envio de relatórios enviados pelos Estados-Partes, que serão estudados pelo Secretariado. Este poderá solicitar aos Estados que complementem as informações enviadas. Os relatórios constituem

32. Alexandre-Charles Kiss (ed.), *Recueil des Traités Multilateraux Relatifs à la Protection de l'Environnement*, cit., pp. 37 e 289. Data da entrada em vigor: 1.7.1975. A Convenção foi emendada na Conferência das Partes realizada em Bonn (Alemanha) em 22.6.1979 e na Conferência das Partes efetuada em Gabarone (Botswana) em 30.4.1983 (Maria Clara Maffei, Laura Pineshi, Tullio Scovazzi e Tullio Treves (eds.), *Participation in World Treaties on the Protection of Environment*, cit., pp. 97-99).

um sistema que pode implementar efetivamente o direito internacional ambiental.

"O sistema mais utilizado para garantir a aplicação efetiva das normas internacionais para a proteção do meio ambiente é o chamado sistema de 'informes' (*reporting system*), pelo qual os Estados devem periodicamente comunicar o nível de cumprimento dos compromissos estabelecidos nos convênios internacionais que o preveem. Ainda que a redação desses informes nacionais fique exclusivamente nas mãos de cada Estado-Parte e que o nível de diligência no cumprimento do dever de apresentar os informes não seja sempre exemplar, não há como minimizar o efeito positivo desse mecanismo diante da implementação dos compromissos ambientais por parte dos próprios Estados."[33]

O Secretariado tem a obrigação de "publicar periodicamente e comunicar às Partes as listas atualizadas dos Anexos I, II e III, assim como todas as informações para facilitar a identificação dos espécimes inscritos nos Anexos" e fazer relatórios anuais (art. XII-1-f e g).

A CITES estabeleceu um sistema importante de controle internacional com referência ao cumprimento de suas normas, consistente no intercâmbio obrigatório de informações da seguinte forma: "Art. XIII – *Medidas Internacionais* – 1. Quando, à luz das informações recebidas, o Secretariado considera que uma espécie inscrita nos Anexos I ou II está ameaçada pelo comércio de espécimes da referida espécie ou que as disposições da presente Convenção não são efetivamente aplicadas, ele informa o órgão de gestão competente da Parte ou Partes interessadas. 2. Quando uma Parte recebe uma comunicação dos fatos indicados no parágrafo primeiro do presente artigo, ela informa o Secretariado, o mais rapidamente possível e na medida em que sua legislação lhe permite, relatando todos os fatos pertinentes ao caso e, eventualmente, propondo medidas corretivas. Quando a Parte entende que é o caso de proceder a uma investigação, esta poderá ser feita por uma ou mais pessoas expressamente por ela autorizadas. 3. As informações fornecidas pela Parte ou resultantes da investigação prevista no parágrafo segundo do presente artigo serão examinadas na sessão seguinte da Conferência das

33. José Juste Ruiz, *Derecho Internacional del Medio Ambiente*, p. 97 (minha a tradução).

Partes, a qual poderá endereçar à referida Parte qualquer recomendação que julgue apropriada".[34]

O sistema jurídico da Convenção é satisfatório. Entretanto, sua execução é difícil, sobretudo nos países do Sul, onde vivem muitas espécies ameaçadas de extinção, diante dos problemas da caça clandestina e do contrabando. Houve pressão de alguns países para a amenização das regras de controle do abate do elefante (*loxodonta africana*) na Conferência das Partes de Harare/1998, mas na Conferência das Partes em Nairobi/2004 essa espécie foi reclassificada no Anexo.[35]

A possibilidade de as ONGs participarem da Conferência das Partes foi um passo avante da Convenção. Há, contudo, condições para essa participação: é preciso que tenham sido reconhecidas no Estado onde estão estabelecidas e que os Estados-Partes não se oponham à sua participação, conforme o art. XI-7 (essa oposição só poderá ter validade se pelo menos um terço dos países votarem contrariamente à admissão da organização).

### *4.21 Convenção Nórdica sobre a Proteção do Meio Ambiente (Estocolmo, 19.2.1974)*[36]

Esta Convenção tem por finalidade proporcionar instrumentos administrativos e judiciários para proteger e melhorar o meio ambiente através da cooperação visando a assegurar que as atividades dependentes da jurisdição de um Estado não causem dano ao meio ambiente dos outros Estados-Partes.

Esse acordo internacional é inovador, pois "aplica o princípio da não discriminação, que significa que um Estado não deve aplicar regras

34. Alexandre-Charles Kiss (ed.), *Recueil des Traités Multilateraux Relatifs à la Protection de l'Environnement*, cit., p. 294 (minha a tradução).

35. Alexandre Kiss e Jean-Pierre Beurrier, *Droit International de l'Environnement*, cit., 3ª ed., pp. 299-300.

36. Alexandre-Charles Kiss (ed.), *Recueil des Traités Multilateraux Relatifs à la Protection de l'Environnement*, cit., p. 413. Fazem parte da Convenção Nórdica sobre a Proteção do Meio Ambiente a Dinamarca, a Finlândia, a Noruega e a Suécia. Data da entrada em vigor: 5.10.1976.

menos rigorosas às atividades cujas consequências danosas sobre o meio ambiente se fazem sentir fora de suas fronteiras".[37]

"Art. 2. Quando uma autoridade estabelecida em um Estado Contratante tem a oportunidade de autorizar uma atividade danosa ao meio ambiente, qualquer dano ocorrido ou que possa ocorrer em um outro Estado Contratante é considerado equivalente ao dano causado no próprio Estado que concede a autorização."[38]

A Convenção trata também da informação em seu art. 5: "Se a jurisdição ou o organismo administrativo encarregados de estudar a oportunidade de autorizar atividades danosas ao meio ambiente estimam que estas atividades causam ou podem causar um prejuízo apreciável em outro Estado Contratante, a instância encarregada do exame, se procedimentos de comunicação e de publicação puderem ser aplicáveis no caso em exame, faz chegar, tão rápido seja possível, cópia dos documentos, relativos ao caso, ao organismo de fiscalização do outro Estado e dá a este organismo a faculdade de emitir sua opinião. O momento e o lugar onde deve haver essa consulta ou esta inspeção são objeto de notificação ao organismo de fiscalização, e este é informado permanentemente de todos os desenvolvimentos do caso, na medida em que haja interesse para esse organismo".[39]

No art. 5 há o dever de informação ambiental de um Estado para com outro Estado na fase de licenciamento de uma atividade que possa causar dano ao meio ambiente não só do próprio Estado em que a atividade vai ser desenvolvida, como no Estado vizinho. "É a primeira vez que isso consta em um instrumento obrigatório, como a Convenção Nórdica de Proteção do Meio Ambiente."[40]

É de ser apontado que a Convenção Nórdica situou a informação apenas entre as autoridades dos órgãos ambientais dos Estados Contra-

37. Alexandre Kiss e Jean-Pierre Beurrier, *Droit International de l'Environnement*, cit., 3ª ed., p. 143 (minha a tradução).

38. Alexandre-Charles Kiss (ed.), *Recueil des Traités Multilateraux Relatifs à la Protection de l'Environnement*, cit., p. 413 (minha a tradução).

39. Idem, p. 414 (minha a tradução).

40. Alexandre Kiss e Jean-Pierre Beurrier, *Droit International de l'Environnement*, cit., 3ª ed., p. 129 (minha a tradução).

tantes. Ao final da Convenção, seus signatários inseriram quatro comentários – intervenção, esta, que não é usual. O quarto comentário diz: "Os Estados Contratantes convidarão os responsáveis pelos organismos de fiscalização a observar o *segredo profissional* em matéria de segredos comerciais, de procedimentos de fabricação ou de informações sobre a situação das empresas, que eles venham a conhecer analisando os negócios relativos às atividades danosas ao meio ambiente, exercidas em um outro país"[41] (meus os grifos).

Os funcionários de um país que passe a conhecer as atividades de uma empresa situada em outro país, membro da Convenção Nórdica, é convidado a observar o segredo profissional em matéria de segredo comercial referente a procedimentos de fabricação e observar também o segredo profissional sobre informações acerca da situação das empresas. Interessa anotar que o "comentário" aposto à Convenção pelos seus signatários não vincula os funcionários a segredo profissional no que concerne à situação ambiental da empresa examinada.

### *4.22 Convenção para a Proteção do Mar Mediterrâneo Contra a Poluição (Barcelona, 16.2.1976)*

A Convenção tem por objetivo assegurar, no Mar Mediterrâneo, a cooperação entre os Estados e as organizações internacionais pertinentes, em um quadro de medidas coordenadas na escala regional, para proteger e melhorar o meio ambiente marinho.

O acesso às informações está regulado no art. 11, que trata da cooperação científica e tecnológica: "1. As Partes Contratantes obrigam-se, na medida do possível, a cooperar diretamente, ou, se houver oportunidade, através de organizações regionais ou outras organizações internacionais qualificadas, no domínio da Ciência e da Tecnologia, como também intercambiar dados e outras *informações científicas*, tendo por finalidade a realização dos objetivos desta Convenção"[42] (meus os grifos).

41. Alexandre-Charles Kiss (ed.), *Recueil des Traités Multilateraux Relatifs à la Protection de l'Environnement*, cit., p. 415 (minha a tradução).

42. Alexandre-Charles Kiss (ed.), *Recueil des Traités Multilateraux Relatifs à la Protection de l'Environnement*, cit., pp. 42 e 467 (minha a tradução). Data da entrada em vigor: 12.2.1978.

## *4.23 Convenção sobre a Interdição da Utilização de Técnicas de Modificação do Meio Ambiente para Fins Militares ou quaisquer outros Fins Hostis (Genebra, 18.5.1977)*

A Convenção tem por fim tornar eficaz a proibição da utilização de técnicas de modificação do meio ambiente para fins militares ou quaisquer fins hostis, eliminando os perigos que essa utilização apresenta para a Humanidade. A expressão "técnicas de modificação do meio ambiente" designa qualquer técnica tendo por objeto modificar – através de uma manipulação dos processos naturais – a dinâmica, a composição ou a estrutura da Terra, aí compreendidas sua biota, sua litosfera, sua hidrosfera e sua atmosfera, ou o espaço extra-atmosférico (art. 2).[43]

As partes assumem o compromisso de consultar-se reciprocamente e de cooperar para os fins da Convenção. Na consulta e na cooperação, as partes poderão utilizar organizações internacionais apropriadas ou um Comitê Consultivo de Especialistas. Este Comitê comunicará ao órgão depositário da Convenção (Secretário-Geral das Nações Unidas) o resumo de suas constatações de fato, onde serão inseridas todas as opiniões e informações apresentadas ao Comitê no curso de suas deliberações. O Estado-Parte que tiver razões para acreditar que outro Estado-Parte esteja violando as disposições da Convenção poderá apresentar reclamação perante o Conselho de Segurança da ONU.

O Anexo à Convenção trata do Comitê Consultivo de Especialistas. Cada especialista terá direito, através do Presidente, de solicitar aos Estados e às organizações internacionais as informações e a assistência que entender convenientes para que o Comitê cumpra seu desiderato.

## *4.24 Convenção Concernente à Proteção dos Trabalhadores Contra os Riscos Profissionais Devidos à Poluição do Ar, do Ruído e das Vibrações nos Locais de Trabalho (Genebra, 20.6.1977)*

A Convenção tem por finalidade proteger os trabalhadores contra os riscos profissionais, nos locais de trabalho, ligados à poluição do ar,

43. Alexandre-Charles Kiss (ed.), *Recueil des Traités Multilateraux Relatifs à la Protection de l'Environnement*, cit., pp. 45 e 497. Data da entrada em vigor: 5.10.1978.

do ruído e das vibrações. A poluição do ar abrange qualquer ar contaminado por substâncias nocivas à saúde ou perigosas, sob diferentes aspectos; a poluição pelo ruído concerne a qualquer som que possa acarretar a perda da audição ou ser nocivo para a saúde ou perigoso, sob diferentes aspectos; e o termo "vibrações" abarca quaisquer vibrações transmitidas ao corpo humano pelas estruturas sólidas e que sejam nocivas à saúde ou perigosas sob diferentes aspectos, conforme o art. 3.

O art. 13 trata da informação, dizendo: "Todas as pessoas interessadas: a) Deverão ser informadas de modo adequado e apropriado dos riscos profissionais possíveis de serem encontrados nos locais de trabalho devidos à poluição do ar, do ruído e das vibrações. b) Deverão igualmente ter recebido instruções adequadas e apropriadas quanto aos meios disponíveis para prevenir, limitar e proteger os trabalhadores contra esses riscos".[44]

### *4.25 Tratado de Cooperação Amazônica (Brasília, 3.7.1978)*[45]

O Tratado foi celebrado entre as Repúblicas da Bolívia, do Brasil, da Colômbia, do Equador, da Guiana, do Peru, do Suriname e da Venezuela. No Preâmbulo do acordo são enfatizadas as seguintes finalidades: promover o desenvolvimento harmônico da Amazônia, que permita uma distribuição equitativa dos benefícios desse desenvolvimento entre as partes contratantes e a manutenção do equilíbrio entre crescimento econômico e preservação do meio ambiente.

A Bacia Amazônica é o espaço físico direto de aplicação do Tratado de Cooperação Amazônica. Mas esse espaço não é exclusivo, pois qualquer território de uma parte contratante pode ser objeto da aplicação do Tratado, uma vez que, "pelas suas características geográficas, ecológicas ou econômicas", esteja estreitamente vinculado à referida bacia hidrográfica, conforme se vê no art. II.

O Tratado estabelece pelo menos sete áreas a serem objeto de atenção, apontando algumas diretivas para as mesmas: (i) utilização racio-

44. Alexandre-Charles Kiss (ed.), *Recueil des Traités Multilateraux Relatifs à la Protection de l'Environnement*, cit., pp. 46 e 497 (minha a tradução). Data da entrada em vigor: 11.7.1979.

45. Idem, pp. 46-47 e 512. Disponível na Internet: *http://www.mct.gov.br/legis/decretos/85050_80.htm*, acesso em 25.9.2005. Data da entrada em vigor: 2.8.1980.

nal dos recursos hidrológicos (art. V); (ii) livre navegação dos cursos de água amazônicos e eliminação ou diminuição de obstáculos naturais que impeçam essa navegação (art. VI); (iii) aproveitamento racionalmente planejado da flora e da fauna da Amazônia, com o fim de manter o equilíbrio ecológico da região e a preservação das espécies (art. VII); (iv) conveniência de criação de infraestrutura física entre os países contratantes, em especial no domínio dos transportes e da comunicação; (v) promoção do comércio a varejo de produtos do consumo local em condições equitativas e de mútuo proveito para as populações amazônicas (art. XII); (vi) cooperação para o crescimento do turismo, sem prejuízo das disposições nacionais de proteção das culturas indígenas e dos recursos naturais (art. XIII); (vii) cooperação para assegurar a eficácia de medidas para a conservação das riquezas etnológicas e arqueológicas da Região Amazônica (art. XIV).

Na matéria contemplada no item "(ii)" – eliminação de impedimentos físicos à livre navegação – o Tratado pecou pela falta de indicação da necessidade de estudos ambientais no parágrafo único do art. VI, pois não basta somente a análise dos "aspectos econômicos e financeiros". Mas é preciso levar em conta que os países amazônicos estavam em 1978 começando a abrir os olhos para a questão ambiental, juntamente com a maioria dos países do Planeta, em um pós-Estocolmo de 1972, e por isso, temas como o Estudo Prévio de Impacto Ambiental e a diversidade biológica não constaram do Tratado.

O tema "informação" é referido em pelo menos três artigos: arts. I, VII e XV.

"Art. I. As Partes Contratantes convêm em realizar esforços e ações conjuntas a fim de promover o desenvolvimento harmônico de seus respectivos territórios amazônicos, de modo a que essas ações conjuntas produzam resultados equitativos e mutuamente proveitosos, assim como para a preservação do meio ambiente e a conservação e utilização racional dos recursos naturais desses territórios.

"Parágrafo único. Para tal fim, trocarão *informações* e concertarão acordos e entendimentos operativos, assim como os instrumentos jurídicos pertinentes que permitam o cumprimento das finalidades do presente Tratado" (meu o grifo).

"Art. VII. Tendo em vista a necessidade de que o aproveitamento da flora e da fauna da Amazônia seja racionalmente planejado, a fim de manter o equilíbrio ecológico da região e preservar as espécies, as Partes Contratantes decidem: a) Promover a pesquisa científica e o intercâmbio de informações e de pessoal técnico entre as entidades competentes dos respectivos países, a fim de ampliar os conhecimentos sobre os recursos da flora e da fauna de seus territórios amazônicos e prevenir e controlar as enfermidades nesses territórios. b) Estabelecer um sistema regular de troca adequada de informações sobre as medidas conservacionistas que cada Estado tenha adotado ou adote em seus territórios amazônicos, as quais serão matéria de um relatório anual apresentado por cada país."

"Art. XV. As Partes Contratantes se esforçarão por manter um intercâmbio permanente de *informações* e colaboração entre si e com os órgãos de cooperação latino-americanos nos campos que se relacionam com as matérias que são objeto deste Tratado" (meu o grifo).

O Tratado de Cooperação Amazônica tem como metodologia de trabalho as reuniões dos Ministros das Relações Exteriores e, além disso, foi instituído um "Conselho de Cooperação Amazônica", com a competência do art. XXI. As partes contratantes poderão também criar Comissões Especiais para efetuar estudos de problemas específicos relacionados aos fins do Tratado.

## *4.26 Convenção sobre a Poluição Atmosférica Transfronteiriça a Longa Distância (Genebra, 13.12.1979)*

A Convenção visa a proteger o homem e seu meio ambiente contra a poluição atmosférica, reduzi-la gradualmente e preveni-la, compreendendo a poluição atmosférica a longa distância. Esta diz respeito à poluição atmosférica cuja fonte física é situada, totalmente ou em parte, em área submetida à jurisdição nacional de um Estado, mas que exerce seus efeitos danosos em área submetida à jurisdição de um outro Estado, a uma distância tal que não é possível geralmente distinguir as contribuições das fontes individuais ou dos grupos de fontes de emissão. Foram convidados a aderir à Convenção os Estados-membros da Comissão Econômica da Europa.

Entre os primeiros objetivos da Convenção está o de lutar contra o dióxido de enxofre. Foi assinado um Protocolo para o Controle de Emissões de Nitrogênio, em 1988, em vigor em 1991.

A Convenção enumera os casos e o conteúdo da troca de informações entre as partes contratantes no art. 8.[46]

### *4.27 Convenção das Nações Unidas sobre o Direito do Mar (Montego Bay, 10.12.1982)*[47]

Esta Convenção tem como um de seus objetivos, conforme consta do Preâmbulo, estabelecer uma ordem legal para os mares e oceanos que facilite a comunicação internacional e promova os usos pacíficos dos mares e oceanos, a utilização equitativa e eficiente de seus recursos, a conservação de seus recursos vivos e o estudo, proteção e preservação do meio ambiente marinho.

A Parte XII da Convenção trata da "Proteção e Preservação do Meio Marinho", iniciando-se no art. 192 e terminando no art. 237, compondo-se de diversas seções. O art. 192 afirma que: "Os Estados têm a obrigação de proteger e preservar o meio marinho". A Seção 2 abarca as matérias referentes à cooperação mundial e regional.

O art. 200 trata dos estudos, programas de pesquisa e troca de informação e dados; e o art. 201 diz respeito a critérios científicos para a regulamentação:

"Art. 200. Os Estados devem cooperar, diretamente ou por intermédio de organizações internacionais competentes, para promover estudos, realizar programas de investigação científica e estimular a *troca de informações* e dos dados obtidos relativamente à poluição do meio marinho. Os Estados devem procurar participar ativamente nos programas regionais e mundiais, com vista a adquirir os conhecimentos necessários para avaliação da natureza e grau de poluição, dos efeitos da exposição à mesma, seu trajeto, riscos e soluções aplicáveis. (meu o grifo)

46. Alexandre-Charles Kiss (ed.), *Recueil des Traités Multilateraux Relatifs à la Protection de l'Environnement*, cit., pp. 48 e 536. Data da entrada em vigor: 16.3.1983 (apud Maria Clara Maffei, Laura Pineshi, Tullio Scovazzi e Tullio Treves (eds.), *Participation in World Treaties on the Protection of Environment*, cit., p. 150).

47. Brasil, Decreto 1.530, de 20.6.1995, *DOU* 26.6.1995, Brasília/DF. Data da entrada em vigor: 16.11.1994 (disponível na Internet: *htpps://www.planalto.gov.br*, acesso em 6.10.2005).

"Art. 201. À luz das informações e dados adquiridos nos termos do art. 200, os Estados devem cooperar, diretamente ou por intermédio de organizações internacionais competentes, no estabelecimento de critérios científicos apropriados para a formulação e elaboração de regras e normas, bem como práticas e procedimentos recomendados, para prevenir, reduzir e controlar a poluição do meio marinho."[48]

Na Seção 4 são abordados o controle sistemático e a avaliação ecológica.

"Art. 204-1. Os Estados, diretamente ou por intermédio de organizações internacionais competentes, devem procurar, na medida do possível e tomando em consideração os direitos de outros Estados, observar, medir, avaliar e analisar, mediante métodos científicos reconhecidos, os riscos ou efeitos da poluição do meio marinho. (...).

"Art. 205. Os Estados devem publicar relatórios sobre os resultados obtidos nos termos do art. 204, ou apresentar tais relatórios, com a periodicidade apropriada, às organizações internacionais competentes, que devem pô-los à disposição de todos os Estados."[49]

O art. 206 manda também publicar relatórios sobre poluição considerável.

Como se vê do teor dos artigos transcritos, ainda que a Convenção das Nações Unidas sobre o Direito do Mar tenha aderido à técnica de relatórios para controlar a efetividade de suas normas, a publicidade desses relatórios fica a critério dos Estados. Não se estabeleceu claramente o acesso à informação por parte do público.

### *4.28 Convenção sobre Pronta Notificação de Acidente Nuclear (Viena, 26.9.1986)*[50]

Esta Convenção tem primeiramente, segundo o art. 1-1, o objetivo de regular a notificação que um Estado deve fazer a outros Estados que possam ser atingidos pela liberação de material radioativo em razão de

48. Caroline A. Schmidt e Mariana A. P. Freitas, *Tratados Internacionais de Direito Ambiental*, pp. 236-237.

49. Idem, ibidem.

50. Brasil, Decreto 9, de 15.1.1991, *DOU* 16.1.1991, Brasília/DF, p. 1.148.

"qualquer acidente que envolva instalações ou atividades de um Estado-Parte ou de pessoas ou entidades legais sob sua jurisdição ou controle", mencionados no parágrafo 2 do próprio art. 1. Note-se que no mencionado art. 1 não se qualifica o acidente, não se usando a expressão "acidente nuclear", mas somente "acidente"; e a locução verbal só passa a ser empregada no art. 2 ("no caso de um acidente nuclear especificado no art. 1"). Não é somente uma questão de palavras, mas da amplitude dos deveres oriundos da Convenção, que no art. 3 fala em "outros acidentes nucleares".

O art. 1 da Convenção não abrange o acidente nuclear que tenha efeitos somente no Estado em que a instalação ou a atividade nuclear está localizada ou que está sob sua jurisdição ou controle. A obrigação de comunicar aos outros Estados só nasce quando o acidente "tenha resultado ou possa resultar em liberação internacional transfronteiriça para a segurança radiológica de outro Estado" (art. 1).

A Convenção foi omissa, pois só tratou do dever de o Estado onde o evento ocorreu notificar o Estado-vítima. Deixou de afirmar o direito dos Estados que suponham terem sido irradiados ou que tenham provas dessa radiação de solicitar informações, antes de qualquer notificação. A Convenção deixa ao alvedrio do Estado emissor da radiação julgar se houve, ou não, a liberação internacional transfronteiriça.

Em 1986, quando a Convenção foi adotada (cinco meses depois do vazamento radioativo de Chernobyl), o princípio da precaução já estava amplamente inserido em diversas convenções internacionais – e, portanto, teria sido conveniente sua introdução nessa Convenção. Se isso tivesse ocorrido, mesmo havendo incerteza da liberação radioativa transfronteiriça, o Estado estaria obrigado a notificar a Agência Internacional de Energia Atômica – AIEA. Então, a AIEA faria o devido monitoramento para retransmitir a notificação aos Estados possivelmente vítimas da poluição radioativa (v. a hipótese do art. 8 da Convenção). O desenvolvimento posterior do direito constitucional ambiental mostra, como já foi mencionado (item 3.2.2), alguns países que foram atingidos pela liberação radioativa de Chernobyl, alargando o direito à informação. Além disso, na Convenção de Proteção do Meio Ambiente Marinho do Mar Cáspio/2003, em que a Rússia figura como signatária, estão inseridos entre os três princípios fundamentais: o princípio da precaução, o princípio poluidor-pagador e o princípio do acesso à informação. Não é irrealismo propugnar por uma revisão da Convenção, para que haja a introdução do princípio da precaução.

Alexandre-Charles Kiss e Jean-Pierre Beurrier afirmam que, "a partir de 28.9.1986, 58 Estados assinaram, em Viena, uma Convenção sobre Pronta Notificação de Acidente Nuclear, que entrou em vigor, com uma rapidez inabitual, em 27 de outubro seguinte. Dessa forma, uma regra costumeira foi codificada com uma rapidez que só as circunstâncias podem explicar".[51]

O acidente poderá ocorrer nas seguintes instalações ou durante as seguintes atividades: "a) Qualquer reator nuclear, onde quer que se localize. b) Qualquer instalação de ciclo de combustível nuclear. c) Qualquer instalação de tratamento de resíduos radiativos. d) O transporte e o armazenamento de combustíveis nucleares ou resíduos radioativos. e) A produção, uso, armazenamento, evacuação e transporte de radioisótopos para fins agrícolas, indústrias, médicos e os relacionados com a Ciência e a Pesquisa. e f) O uso de radioisótopos para a geração elétrica em objetos espaciais".

Kiss e Beurrier levantam a questão de que as armas nucleares não foram mencionadas. Dizem que transparece dos trabalhos preparatórios e do art. 3 que "esta omissão é, de fato, uma exclusão".[52] O mencionado art. 3 refere-se a "outros acidentes nucleares" e diz que, "com o objetivo de minimizar as consequências radiológicas, os Estados-Partes poderão notificar acidentes nucleares que não os especificados no art. 1".[53] A questão realmente merece ser aprofundada.

A finalidade principal da Convenção é a ocorrência da notificação, ou seja, a comunicação formal do acidente nuclear. Ao serem diferenciados os acidentes nucleares (os do art. 1 e os do art. 3), houve uma diferenciação quanto à notificação: nos casos do art. 1 a notificação é um dever (o art. 2 diz: "No caso de um acidente nuclear especificado no art. 1 o Estado-Parte mencionado nesse artigo *deverá* notificar: ... – meu o grifo), e nos casos do 3 a notificação é uma faculdade ou uma

51. Alexandre Kiss e Jean-Pierre Beurrier, *Droit International de l'Environnement*, cit., 3ª ed., p. 60 (minha a tradução).

52. Idem, p. 404 (minha a tradução).

53. Brasil, Decreto 9, de 15.1.1991, *DOU* 16.1.1991, Brasília/DF, p. 1.148.

possibilidade (os Estados-Partes *poderão* notificar os acidentes nucleares). Se for aceito que as "armas nucleares" não fazem parte do rol das atividades e instalações do art. 1-2, está-se afirmando que somente os acidentes nucleares ocorridos nas instalações e atividades para fins pacíficos é que deverão ser notificados aos Estados-Partes, e que os acidentes nucleares ocorridos em instalações e em atividades para fins militares poderão ou não ser comunicados. Essa distinção precisa ser procurada, porque a omissão de informação do acidente nuclear, quando devida, passou a ser um ilícito internacional.

O art. 5 da Convenção trata da "informação a ser fornecida": "1. A informação a ser dada de acordo com o item 'b' do art. 2 compreenderá os seguintes dados, disponíveis, no momento, para o Estado notificador: a) Hora, local exato, quando apropriado, e a natureza do acidente nuclear. b) A instalação ou a atividade envolvida. c) A causa presumida ou estabelecida e o previsível desenvolvimento do acidente nuclear, no que diz respeito à liberação transfronteiriça de material radioativo. d) As características gerais da liberação radioativa, incluindo, até onde for viável e apropriado, a natureza, a provável forma física e química e a quantidade, composição e dimensão efetiva da liberação radioativa. e) Informação sobre a condições meteorológicas e hidrológicas atuais e previstas, necessárias à previsão da liberação transfronteiriça dos materiais radioativos. f) Os resultados da monitoração ambiental relevantes à liberação transfronteiriça dos materiais radioativos. g) As medidas de proteção tomadas ou planejadas fora do lugar do acidente. h) O prognóstico do comportamento ao longo do tempo da liberação radioativa. 2. Tal informação será complementada em intervalos apropriados por outras informações relevantes sobre o desenvolvimento da situação de emergência, incluindo seu término, previsível ou de fato. 3. A informação recebida de acordo com o item 'b' do art. 2 poderá ser usada sem restrição, exceto quando tal informação for dada confidencialmente pelo Estado-Parte notificador".[54]

As informações a serem fornecidas estão tratadas em três parágrafos do art. 5: o n. 1 abrange o conteúdo da informação; o n. 2 trata da possibilidade de as informações serem complementadas; e o n. 3 focaliza a informação sem restrição e a informação confidencial. Quanto ao conteú-

---

54. Brasil, Decreto 9, de 15.1.1991, *DOU* 16.1.1991, Brasília/DF, p. 1.148.

do, verifica-se que há informações necessárias ou indispensáveis e informações que poderão ser negociadas entre o Estado informante e Agência Internacional de Energia Atômica ou o Estado informado (quando se utilizam os termos "apropriado", "viável"). Parece-me que seria essa parte acessória da informação a que se poderia classificar de *confidencial*.

A informação recebida como um dever do Estado informante não tem razão para ser restringida na sua transmissão pelo Estado receptor ou pela AIEA. Diferentemente, no caso da informação voluntária ou facultativa do art. 3 (proveniente de instalações ou atividades militares) é que se poderá admitir uma parte de confidencialidade na transmissão, desde que possível "minimizar as consequências radiológicas" do acidente, isto é, desde que se possa reduzir a agressão à saúde humana e ao meio ambiente.

Ainda que a Convenção não tenha tratado do tema da responsabilidade no aspecto da reparação, pelo menos ficou assentada a responsabilidade de informar. A informação de que trata a Convenção é uma informação parcialmente eficaz, pois não se trata da informação antes da instalação e durante o funcionamento da atividade nuclear. Negar a informação pós-acidente nuclear equivale a impor uma patologia às possíveis vítimas, ou até causar-lhes a morte.

### *4.29 Convenção de Basileia sobre o Controle de Movimentos Transfronteiriços de Resíduos Perigosos e seu Depósito (Basileia, 22.3.1989)*[55]

A Convenção pretende controlar o movimento transfronteiriço de resíduos perigosos e seu depósito, levando em conta a proteção da saúde humana e do meio ambiente. O controle introduzido pela Convenção é realizado através da autorização de importação de resíduos por um país em correlação com a autorização de exportação dada por outro país. A troca de informações é fundamental para o cumprimento dos fins dessa Convenção.

55. Brasil, Decreto 875, de 19.7.1993, *DOU* 20.7.2003, Brasília/DF. Data da entrada em vigor: 5.2.1992 (*apud* Maria Clara Maffei, Laura Pineshi, Tullio Scovazzi e Tullio Treves (eds.), *Participation in World Treaties on the Protection of Environment*, cit., p. 236).

O art. 13 trata da transmissão de informações, dizendo: "1. As Partes deverão velar para que sejam imediatamente informados os Estados interessados, sempre que tiverem conhecimento de algum acidente ocorrido durante o movimento transfronteiriço de resíduos perigosos ou outros resíduos que possa apresentar riscos à saúde humana e ao meio ambiente em outros Estados. 2. As Partes deverão informar umas às outras, por meio do Secretariado, do seguinte: a) Mudanças em relação à designação de autoridades competentes e/ou pontos focais, de acordo com o art. 5. b) Mudanças na sua definição nacional de resíduos perigosos, de acordo com o art. 3, e o mais rapidamente possível. c) Decisões tomadas por elas no sentido de proibir total ou parcialmente a importação de resíduos perigosos ou outros resíduos para depósito dentro da área de sua jurisdição nacional. d) Decisões tomadas por elas com vistas a limitar ou banir a exportação de resíduos perigosos ou outros resíduos. e) Quaisquer outras informações exigidas em conformidade com o parágrafo 4 do presente artigo. 3. As Partes deverão, em consonância com suas leis e regulamentos nacionais, transmitir, por meio do Secretariado, à Conferência das Partes estabelecida pelo art. 15, antes do final de cada ano civil, um relatório sobre o ano civil anterior, o qual deverá conter as seguintes informações: a) Autoridades competentes e/ou pontos focais, de acordo com o art. 5. b) Informações sobre os movimentos transfronteiriços de resíduos perigosos ou de outros resíduos com os quais tenham tido alguma relação, incluindo: i) A quantidade de resíduos perigosos e outros resíduos exportados, a categoria dos mesmos, suas características, destino e qualquer outro país de trânsito e método de depósito especificados na resposta à notificação. ii) A quantidade de resíduos perigosos e outros resíduos importados, a categoria dos mesmos, suas características, origem e métodos de depósito. iii) Depósitos que não tenham sido efetuados como planejado. iv) Esforços para reduzir a quantidade de resíduos perigosos e outros resíduos sujeitos a movimento transfronteiriço. c) Informações sobre as medidas adotadas por elas na implementação da presente Convenção. d) Informações sobre estatísticas qualificadas disponíveis que tenham sido compiladas pelas mesmas a respeito dos efeitos da geração, transporte e depósito de resíduos perigosos e outros resíduos sobre a saúde humana e o meio ambiente. e) Informações sobre acordos e esquemas bilaterais, multilaterais e regionais estabelecidos de acordo com o art. 11 da presente Convenção. f) Informações sobre acidentes ocorridos durante o movimento transfronteiriço e depósito de resíduos perigosos e outros resíduos e sobre as medidas para lidar com os mesmos. g) Informações sobre opções de depósito existentes dentro de sua área de jurisdição nacional. h) Informações sobre medidas tomadas para desenvolver tecnologias destinadas a reduzir e/ou eliminar a produção de resíduos e outros resíduos. E i) Quaisquer assuntos considerados pertinentes pela Conferência das Partes".

A Convenção procurou estabelecer normas que uniformizem o conteúdo e a forma das informações a serem trocadas entre os Estados, como aquelas que devem estar inseridas nos relatórios anuais. É uma parte positiva desse acordo internacional. Contudo, a informação ao público não está prevista, ficando sujeita às leis e aos regulamentos nacionais, decrescendo a eficiência da Convenção, pela inexistência de controle social.

### *4.30 Convenção sobre Avaliação de Impacto Ambiental no Contexto Transfronteiriço (Espoo, 25.2.1991)*

A Convenção leva em conta a necessidade de que os Estados tomem expressamente em consideração os fatores ambientais no início do processo decisório, recorrendo à avaliação de impacto ambiental, em todos os escalões administrativos.

Nas disposições gerais (art. 2), no parágrafo 6 consta: "A Parte de origem oferece ao público das zonas suscetíveis de serem atingidas a possibilidade de participar nos procedimentos pertinentes da avaliação de impacto ambiental das atividades propostas, e vela para que a possibilidade oferecida ao público da Parte atingida seja equivalente àquela que é oferecida a seu próprio público".[56]

A Convenção procura não discriminar a oportunidade de participação do público, no sentido de que tanto no país em que a atividade será instalada como naquele em que haja potencialidade de dano transfronteiriço as regras de participação do público sejam semelhantes, para que não haja deficiência no processo participativo.

O art. 3 dispõe sobre o procedimento de notificação dos países que possam ser atingidos pelos impactos transfronteiriços, devendo o

56. Disponível na Internet: *http://www.unece.org/env/documents/conventiontext french.pdf*, acesso em 13.10.2005 (minha a tradução). Data da entrada em vigor: 10.9.1997.

país onde a atividade será instalada tomar a iniciativa da notificação tão logo seja possível ou, no máximo, quando tenha que informar seu próprio público sobre o projeto. Duas definições precisam ser aclaradas: "parte de origem" e "parte afetada": sendo "parte de origem" aquela sob cuja jurisdição uma atividade projetada pretende instalar-se e "parte afetada" aquela que provavelmente será afetada pelo impacto transfronteiriço da atividade projetada. Efetuada a notificação, abre-se uma etapa de dupla informação: (a) a "parte de origem" transmite as informações "relevantes" acerca da avaliação de impacto ambiental e da atividade projetada à "parte afetada" (art. 3-5-a e b); (b) a "parte afetada" transmite à "parte de origem" a informação que possa ser razoavelmente obtida sobre o meio ambiente potencialmente afetado e que seja necessária para fazer parte da avaliação do impacto ambiental (art. 3-6). Se as partes concordam que um impacto transfronteiriço prejudicial é provável, as disposições da Convenção são aplicadas. Não estando as partes de acordo sobre esse fato, por solicitação de uma ou outra parte a questão poderá ser submetida a uma Comissão de Inquérito (art. 3-7).

A existência de uma Comissão de Inquérito revela a importância dada pela Convenção à necessidade de ser avaliado o possível dano ambiental transfronteiriço. A função da Comissão será a de opinar se uma atividade proposta no Apêndice I tem a possibilidade de causar impacto ambiental transfronteiriço importante. Para o cumprimento de suas funções, a Comissão deverá receber das Partes os "documentos e informações pertinentes" (art. 7 do "Apêndice IV – Procedimento do Inquérito").

### *4.31 Convenção sobre a Proteção e Utilização dos Cursos de Água Transfronteiriços e dos Lagos Internacionais (Helsinki, 17.3.1992)*[57]

No Preâmbulo da Convenção afirma-se a necessidade de serem reforçadas as medidas levadas a efeito em nível nacional e internacional

57. Michel Prieur e Stéphane Doumbé-Billé, *Recueil Francophone des Traités et Textes Internationaux en Droit de l'Environnement. Déclaration de Stockholm*, pp. 674-687. A Convenção é um instrumento regional da Comissão Econômica para a Europa. Data da entrada em vigor: janeiro/1997.

para prevenir, controlar e reduzir o lançamento de substâncias perigosas no meio ambiente aquático e diminuir a eutrofização e acidificação assim como a poluição de origem telúrica do meio marinho, principalmente nas zonas costeiras. A Convenção tem sua zona de influência nos países da Comissão Econômica das Nações Unidas para a Europa.

A Convenção tem como objetivos principais as águas transfronteiriças e os lagos internacionais. Procura aplicar à gestão desses bens os princípios da precaução, do poluidor-pagador, da justiça entre gerações ou desenvolvimento sustentável e o emprego da melhor tecnologia disponível no tratamento dos rejeitos e das substâncias lançadas nas águas.

A Convenção de Helsinki, de 1992, aponta, no art. 13, os seguintes dados mínimos que devam ser objeto de troca de informações entre os países integrantes de uma bacia hidrográfica: "a) Estado ambiental das águas transfronteiriças. b) Experiência adquirida na aplicação e exploração da melhor tecnologia disponível e resultado dos trabalhos de pesquisa em desenvolvimento. c) Dados relativos às emissões e à fiscalização. d) Medidas tomadas e previstas para prevenir, controlar e reduzir o impacto transfronteiriço. e) Autorizações ou disposições regulamentares oriundas da autoridade competente ou do órgão apropriado, concernente a rejeitos e águas usadas".

Em matéria de informação, a Convenção tem uma grande inovação, introduzindo a matéria do art. 16, que tem o título de "Informação do Público": 1. Os Estados devem cuidar para que as informações relativas ao estado das águas transfronteiriças, as medidas tomadas ou previstas para prevenir, controlar ou reduzir o impacto transfronteiriço e a eficácia dessas medidas sejam acessíveis ao público. Para esse fim, os países da bacia hidrográfica tomam providências para que as informações seguintes estejam à disposição do público: a) Os objetivos da qualidade de água. b) As autorizações concedidas e as condições a respeitar em cada caso. c) Os resultados dos exames das amostragens de água e dos efluentes com fins de fiscalização e de avaliação, como também os resultados obtidos para determinar em que medida os objetivos de qualidade hídrica ou as condições enunciadas nas autorizações são respeitados".

Os mencionados países cuidarão para que o público tenha acesso a essas informações de forma razoavelmente ininterrupta e gratuitamente. Os países possibilitarão ao público a obtenção de cópia das informações através do pagamento de despesas razoáveis.

Ressalte-se que a Convenção de Helsinki sobre a Proteção e Utilização dos Cursos de Água Transfronteiriços e dos Lagos Internacionais faz uma diferença entre a tomada de conhecimento das informações (que pode ser por muitos meios, como a imprensa escrita ou a comunicação eletrônica) e a obtenção de cópias: a primeira forma é gratuita, e a segunda é paga.

### *4.32 Convenção-Quadro das Nações Unidas sobre Mudança do Clima (Nova York, 9.5.1992)*[58]

A Convenção tem como objetivo final "a estabilização das concentrações de gases de efeito estufa na atmosfera, num nível que impeça uma interferência perigosa no sistema climático. Esse nível deverá ser alcançado num prazo suficiente que permita aos ecossistemas adaptarem-se naturalmente à mudança do clima, que assegure que a produção de alimentos não seja ameaçada e que permita ao desenvolvimento prosseguir de maneira sustentável" (art. 2). *Gases de efeito estufa* são os "constituintes gasosos da atmosfera, naturais e antrópicos, que absorvem e reemitem a radiação infravermelha" (art. 1-5).

Como primeiro princípio da Convenção, assinala o art. 3-1: "As Partes devem proteger o sistema climático no interesse das gerações presentes e futuras da Humanidade com base na equidade e em função de suas responsabilidades comuns mas diferenciadas e de suas respectivas capacidades. Em decorrência, as Partes países desenvolvidos devem estar na vanguarda do combate às mudanças climáticas e seus efeitos nefastos".[59]

Entre as obrigações das partes está a de transmitir à Conferência das Partes informações relativas à implementação da Convenção (art.

58. Caroline A. Schmidt e Mariana A. P. Freitas, *Tratados Internacionais de Direito Ambiental*, cit., pp. 127-140.

59. Michel Prieur e Stéphane Doumbé-Billé, *Recueil Francophone des Traités et Textes Internationaux en Droit de l'Environnement. Déclaration de Stockholm*, cit., pp. 465-481 (minha a tradução). Data da entrada em vigor: 21.3.1994.

4-1-j). No art. 6, que trata da educação, treinamento e conscientização pública, afirma-se que, ao cumprirem suas obrigações previstas no art. 4-1-i, as Partes devem promover e facilitar, em níveis nacional, regional e sub-regional, em conformidade com sua legislação e regulamentos nacionais e conforme suas capacidades, "o acesso público a informações sobre mudança do clima e seus efeitos" (art. 6-a-ii).

O art. 12 da Convenção enumera diversos tipos de informação relativos à implementação da Convenção. O parágrafo 1 diz que, em conformidade com o art. 4-1, cada parte deve transmitir a cada Conferência das Partes, através do Secretariado, as seguintes informações: "a) Inventário nacional de emissões antrópicas por fontes e de remoções por sumidouros de todos os gases de efeito estufa não controlados pelo Protocolo de Montreal, dentro de suas possibilidades, usando metodologias comparáveis desenvolvidas e aprovadas pela Conferências das Partes. b) Descrição geral das medidas tomadas ou previstas pela Parte para implementar a Convenção".

O parágrafo 9 trata da informação confidencial: "9. As informações recebidas pelo Secretariado, que sejam classificadas como confidenciais por uma Parte, em conformidade com critérios a serem estabelecidos pela Conferência das Partes, devem ser compiladas pelo Secretariado de modo a proteger seu caráter confidencial antes de serem colocadas à disposição de quaisquer órgãos envolvidos na transmissão e no exame das informações. 10. De acordo com o parágrafo 9, acima, e sem prejuízo da capacidade de qualquer Parte de, a qualquer momento, tornar pública sua comunicação, o Secretariado deve tornar públicas as comunicações feitas pelas Partes, no momento em que forem apresentadas à Conferência das Partes".

Sublinhe-se que as informações que chegam à Conferência das Partes da Convenção da Mudança do Clima são públicas, isto é, destinam-se a ser transmitidas a terceiros, como norma geral. As informações confidenciais são a exceção, e para que isso aconteça torna-se necessário que a parte especificamente indique essa circunstância, que não se presume.

Na Conferência das Partes, conforme o art. 7-6, as ONGs poderão estar presentes, desde que sua solicitação seja deferida (a recusa só pode ocorrer pelo voto de um terço das partes).

### *4.33 Convenção da Diversidade Biológica (Rio de Janeiro, 5.6.1992)*[60]

Esta Convenção tem como objetivos a conservação da diversidade biológica, a utilização sustentável de seus componentes e a repartição justa e equitativa dos benefícios derivados da utilização dos recursos genéticos.

"Diversidade biológica é a variabilidade de organismos vivos de todas as origens, compreendendo, dentre outros, os ecossistemas terrestres, marinhos e outros ecossistemas aquáticos e os complexos ecológicos de que fazem parte; compreendendo ainda a diversidade dentro de espécies, entre as espécies e de ecossistemas. Utilização sustentável significa a utilização de componentes da diversidade biológica de modo e em ritmo tais que não levem, no longo prazo, à diminuição da diversidade biológica, mantendo assim seu potencial para atender às necessidades e aspirações das gerações presentes e futuras" (art. 2 da Convenção).

A Convenção formula regras para a conservação *in situ* e para a conservação *ex situ*, entendendo-se como conservação *in situ* a que se refere à conservação de ecossistemas e *habitats* naturais e à manutenção e recuperação de populações viáveis de espécies em seus *habitats* naturais; e conceituando-se a conservação *ex situ* como a conservação dos componentes da diversidade biológica fora de seus *habitats* naturais.

Para a minimização de impactos negativos, a Convenção preconiza a promoção, com base na reciprocidade, da notificação, do intercâmbio de informações e da consulta (art. 14-c) e estabelece o dever de cada parte contratante de notificar ou comunicar formalmente a outros Estados que possam sofrer perigo ou dano iminente ou grave à diversidade biológica em razão de fatos surgidos em área sob sua jurisdição (art. 14-d). Nesta alínea consagra-se o dever de não causar dano ambiental transfronteiriço, afirmando-se a obrigação de informação imediata da possibilidade desse dano.

O art. 15 trata do acesso a recursos genéticos; o art. 16 aborda o acesso à tecnologia e transferência de tecnologia; o art. 18 focaliza a cooperação técnica e científica; e o art. 19 trata da gestão da biotecnologia e distribuição de seus benefícios.

60. Brasil, Decreto 2.519, de 16.3.1998, *DOU* 17.3.1998, Brasília/DF.

No que concerne à informação, apontam-se o art. 17-1 e 2 e o art. 19-4 da Convenção.

Apresento, em notas de rodapé, o texto do art. 19-4 em Francês,[61] Inglês[62] e Espanhol,[63] para compará-lo com o texto em Português, diante de algumas diferenças de redação que podem alterar o sentido da Convenção: "5. Cada Parte Contratante deve proporcionar, diretamente ou por solicitação, a qualquer pessoa física ou jurídica sob sua jurisdição provedora dos organismos a que se refere o parágrafo 3 acima, à Parte Contratante em que esses organismos devam ser introduzidos, todas as informações disponíveis sobre a utilização e as normas de segurança exigidas por essa Parte Contratante para a manipulação desses organis-

61. "4. Chaque Partie Contractante communique ou exige que soit communiqué par toute personne physque ou morale relevant de sa juridiction et fournissant des organismes visés au paragraphe 3 ci-dessus toute information disponible à l'utilisation et aux règlements de sécurité exigés par la dite Partie Contractante en matère de manipulation de tels organismes, ainsi que tout renseignement disponible sur l'impact défavorable potentiel des organismes spécifiques en cause, à la Partie Contractante sur le territoire de laquelle ces organismes doivent être introduits" (disponível na Internet: *http://www.un.org/french/ecosocdev/geninfo/environ/biodiv.htm*, acesso em 28.9.2005).

62. "4. Each Contracting Party shall, directly or by requiring any natural or legal person under its jurisdiction providing the organisms referred to in paragraph 3 above, provide any available information about the use and safety regulations required by that Contracting Party in handling such organisms, as well as any available information on the potential adverse impact of the specific organisms concerned to the Contracting Party into which those organisms are to be introduced" (disponível na Internet: *http://www.biodiv.org/convention/articles.asp?lg=0&a=cbd-19*, acesso em 28.9.2005).

63. "4. Cada Parte Contratante proporcionará, directamente o exigiéndoselo a toda persona natural o jurídica bajo su jurisdicción que suministre los organismos a los que se hace referencia en el párrafo 3, toda la información disponible acerca de las reglamentaciones relativas al uso y la seguridad requeridas por esa Parte Contratante para la manipulación de dichos organismos, así como toda información disponible sobre los posibles efectos adversos de los organismos específicos de que se trate, a la Parte Contratante en la que esos organismos hayan de introducirse" (disponível na Internet: *http://www.biodiv.org/doc/legal/cbd-un-es.pdf*, acesso em 28.9.2005).

mos, bem como todas as informações disponíveis sobre os potenciais efeitos negativos desses organismos específicos".[64]

A parte contratante ou o Estado em que será introduzido o organismo vivo modificado pela biotecnologia ou organismo geneticamente modificado – OGM têm o direito de exigir que o Estado de que provém o referido organismo lhes preste dois tipos de informações: (a) informações disponíveis sobre a utilização e as normas de segurança para a manipulação dos OGMs; (b) informações disponíveis sobre os impactos adversos potenciais dos OGMs. O Estado de que provêm os OGMs, se delas não dispuser diretamente, deverá exigir que as pessoas físicas ou jurídicas lhe transmitam essas informações.

A transferência de biotecnologia ou a relação exportação/importação de biotecnologia passam por essa obrigatória informação do Estado exportador ao Estado importador da biotecnologia em matéria de usos, normas de segurança e possíveis efeitos negativos dos OGMs. Ainda que essa transferência inclua tecnologia protegida por patentes e outros direitos de propriedade intelectual, deve haver cooperação entre as partes contratantes para que "esses direitos apóiem e não se oponham aos objetivos desta Convenção" (art. 16-5). Razoável interpretar-se que o Estado importador não pode abdicar da recepção das informações supramencionadas.

"Além da interpenetração de assuntos ligados a recursos genéticos vegetais entre a Convenção da Diversidade Biológica e a FAO, é mister enfatizar as oposições entre interesses comerciais ligados ao comércio internacional de insumos agrícolas. As interfaces tornam o assunto extremamente complexo, em que as agudas oposições entre países industrializados (que dominam os foros relativos a comércio internacional, a direitos referentes à propriedade intelectual e fontes de financiamentos) e países em desenvolvimento (que detêm os recursos genéticos vegetais em bancos naturais *in situ*, e não têm meios de conservá-los, de utilizá-los ou, o que é pior, de torná-los adequados a uma comercialização internacional) tornam-se ainda mais presentes."[65]

64. Brasil, Decreto 2.519, de 16.3.1998, *DOU* 17.3.1998.

65. Guido F. S. Soares, *Direito Internacional do Meio Ambiente: Emergência, Obrigações e Responsabilidades*, cit., p. 556.

## *4.34 Declaração do Rio sobre Meio Ambiente e Desenvolvimento (Rio de Janeiro, 14.6.1992)*

A Resolução 44/28 da Assembleia-Geral das Nações Unidas decidiu, por consenso, a convocação da Conferência das Nações Unidas para o Meio Ambiente e Desenvolvimento, enumerando seus objetivos e os principais tópicos a serem abordados.[66]

"A Declaração do Rio de Janeiro sobre Meio Ambiente e Desenvolvimento tem uma abrangência muito geral. Vinte anos após Estocolmo, ela pretende dar, em 27 Princípios, as diretivas a seguir em matéria de meio ambiente e desenvolvimento."[67] "Com a participação de 178 Governos e a presença de mais de 100 Chefes de Estado ou de Governo, a ECO/1992 foi a maior Conferência já realizada pelas Nações Unidas até aquele momento histórico."[68]

"Manifesta-se hoje uma contraposição entre países desenvolvidos e países em desenvolvimento. Há algum consenso com relação a alguns enunciados, muito genéricos, como o princípio do desenvolvimento sustentável, inserido na Declaração do Rio, sendo mais difícil um acordo sobre a aplicação concreta desse enunciado em questão."[69] "Ainda reconhecendo que se trata de um instrumento formalmente brando (uma simples declaração) e que seu conteúdo é também substancialmente brando em alguns aspectos, cabe afirmar que a Declaração do Rio possui um valor essencial como expressão dos compromissos ambientais proclamados pelos Estados no mundo atual."[70]

Com referência à informação, cito o *Princípio 10*, que também aborda a participação e o acesso à Justiça: "O melhor modo de tratar as questões ambientais é assegurar a participação de todos os cidadãos

66. Geraldo E. N. Silva, *Direito Ambiental Internacional*, pp. 33-34.

67. Alexandre Kiss e Jean-Pierre Beurrier, *Droit International de l'Environnement*, cit., 3ª ed., p. 41 (minha a tradução).

68. Guido F. S. Soares, *Direito Internacional do Meio Ambiente: Emergência, Obrigações e Responsabilidades*, cit., p. 76.

69. Tullio Scovazzi, *Corso di Diritto Internazionale*, Parte I, p. 63 (minha a tradução).

70. José Juste Ruiz, *Derecho Internacional del Medio Ambiente*, cit., p. 16 (minha a tradução).

interessados, como for conveniente. No plano nacional, cada indivíduo deve ter devidamente acesso às informações, relativas ao meio ambiente, na posse das autoridades públicas, compreendidas as informações concernentes às substâncias e atividades perigosas, na suas coletividades, e participar do processo de tomada de decisões. Os Estados devem facilitar e encorajar a sensibilização e a participação do público colocando à sua disposição as informações. Deve ser assegurado um acesso efetivo às ações judiciais e administrativas, especialmente as de reparação e os recursos".[71]

A preparação para a realização da Conferência das Nações Unidas sobre Meio Ambiente e Desenvolvimento no Rio de Janeiro ensejou também a formulação da Convenção-Quadro das Nações Unidas sobre Mudança do Clima, assinada em Nova York, em 9.5.1992, da Convenção da Diversidade Biológica, assinada durante a Conferência, no Rio de Janeiro, em 5.6.1992, e da Agenda 21. Esta contém 40 capítulos, destinando-se a planejar e pôr em prática medidas concretas de proteção do meio ambiente, inclusive tratando da informação, em seu Capítulo 40.[72]

### *4.35 Convenção Concernente à Cooperação para a Proteção e Utilização Sustentada do Danúbio (Sofia, 29.6.1994)*

As partes contratantes têm por objetivo principal a gestão sustentada e equitativa da água, a conservação, melhoria e utilização racional das águas de superfície e subterrâneas da bacia hidrográfica do Rio Danúbio. As partes engajam-se na prevenção e controle dos riscos que

71. Michel Prieur e Stéphane Doumbé-Billé, *Recueil Francophone des Traités et Textes Internationaux en Droit de l'Environnement. Déclaration de Stockholm*, cit., p. 34.

72. O Capítulo 40 tem o título "Informação para a Tomada de Decisões". Prevê duas áreas de programas: redução das diferenças em matéria de dados e melhoria da disponibilidade da informação. Ao tratar das atividades, no item 40.25 aborda-se o estabelecimento e o fortalecimento da capacidade de formação de redes eletrônicas (*Agenda 21*, Brasília, Câmara dos Deputados/Coordenação de Publicações, 1995, p. 465).

comportam os acidentes relacionados às substâncias perigosas para a água, as enchentes e os deslocamentos de gelo.

"Art. 14 – *Informação do Público* – 1. As Partes Contratantes fiscalizam para que suas autoridades competentes encarreguem-se de disponibilizar, em prazos rápidos, as informações relativas ao estado ou à qualidade ecológica dos cursos de águas da bacia do Danúbio, para qualquer pessoa física ou jurídica, através de pagamento de preços razoáveis, em resposta às solicitações razoáveis, sem que a pessoa deva justificar seu interesse. 2. As informações, objeto do parágrafo 1 e em poder das autoridades públicas, podem ser comunicadas sob forma escrita, visual, verbal ou informática. 3. As disposições do presente artigo não prejudicam o direito das Partes Contratantes, conforme seu sistema jurídico nacional e as regulamentações internacionais aplicáveis, de recusar o acesso à informação, quando esta possa configurar dano: a) Ao caráter confidencial dos trabalhos das autoridades públicas, das relações internacionais e da defesa nacional. b) À segurança pública. c) Aos casos que estiveram ou ainda estão nos tribunais ou submetidos a inquéritos, compreendidas as investigações disciplinares, ou sejam objeto de procedimentos preliminares. d) Ao segredo comercial e industrial assim como à propriedade intelectual. e) Ao caráter confidencial de dados ou processos de ordem pessoal. f) A documentos comunicados por um terceiro, sem que este fosse obrigado legalmente a fazer essa comunicação. g) A documentos cuja divulgação poderia aumentar o risco de prejudicar o meio ambiente ao qual eles se referem. 4. A autoridade pública deve responder, o mais rapidamente possível, à pessoa que solicita informações. A recusa de comunicar as informações solicitadas deve ser motivada por escrito."

## *4.36 Convenção Internacional de Combate à Desertificação nos Países Afetados por Seca Grave e/ou Desertificação, Particularmente na África (Paris, 15.10.1994)*[73]

A Convenção, segundo seu art. 2, tem por objetivo o combate à desertificação e a mitigação dos efeitos da seca nos países afetados por seca grave e/ou desertificação, particularmente na África, através da

73. Brasil, Decreto 2.741, de 20.8.1998, *DOU*/Poder Executivo 12.8.1998, Brasília/DF. Data da entrada em vigor: 26.12.1996.

adoção de medidas eficazes em todos os níveis, apoiadas em acordo de cooperação internacional e de parceria, no quadro de uma abordagem integrada, compatível com a Agenda 21, que tenha em vista contribuir para se atingir o desenvolvimento sustentável nas zonas afetadas.

O art. 16 trata da coleta, análise e intercâmbio de informação, dizendo: "As Partes acordam, de conformidade com suas capacidades, integrar e coordenar a coleta e intercâmbio de dados e informações relevantes, tanto a curto como a longo prazo, para assegurar a observação sistemática da degradação das terras nas zonas afetadas e compreender e avaliar melhor os processos e efeitos da seca e desertificação. As Partes deverão, conforme for apropriado: a) Permutar a informação proveniente de todas as fontes publicamente acessíveis que seja relevante para o combate à desertificação e à mitigação dos efeitos da seca, e assegurar que a mesma ficará plena, aberta e prontamente acessível. b) Em conformidade com as respectivas legislações e/ou políticas, permutar informações sobre o conhecimento local e tradicional, zelando pela sua adequada proteção e assegurando às populações locais interessadas uma retribuição adequada em função dos benefícios resultantes desses conhecimentos, numa base equitativa e em condições mutuamente acordadas".

Na alínea "f" do art. 16 a Convenção da Desertificação procura fazer aplicar as normas da Convenção da Diversidade Biológica/1992, de tal forma que a transmissão de conhecimentos da população local e tradicional receba a devida retribuição financeira. Dessa forma, a acessibilidade às informações passa a ter um limite, fundada nos direitos da propriedade intelectual incidente sobre os conhecimentos locais e tradicionais.

### *4.37 Convenção Interamericana para a Proteção e a Conservação das Tartarugas Marinhas (Caracas, 1.12.1996)*

A Convenção tem como um de seus objetivos principais o estabelecimento de medidas apropriadas para a proteção e a conservação das espécies de tartarugas marinhas e de seus *habitats*, ao longo de sua área de distribuição no Continente Americano.

Entre as medidas a serem tomadas pelos Estados-Partes estão a "promoção da educação ambiental e a difusão de informações, com a finalidade de estimular a participação das instituições governamentais, das organizações não governamentais e do público em geral, em cada Estado, particularmente das comunidades envolvidas com as populações de tartarugas marinhas" (art. IV-1-g).[74]

A Convenção prevê programas de acompanhamento (art. IX), em cuja execução será possível a indicação de "observadores", que velarão acerca da aplicação das medidas de proteção e de conservação das tartarugas marinhas tanto no territórios dos países partes como nas zonas marítimas submetidas à sua soberania.

### *4.38 Convenção sobre o Direito dos Usos dos Cursos de Águas Internacionais para Fins Distintos da Navegação (Nova York, 21.5.1997)*

É uma Convenção-Quadro visando a assegurar a utilização, o aproveitamento, a conservação, a ordenação e a proteção dos cursos de águas internacionais, assim como a promoção da utilização ótima e sustentada desses cursos para as gerações presentes e futuras.

De 1971 a 1994 a Comissão de Direito Internacional das Nações Unidas – CDI discutiu e elaborou o projeto da Convenção analisada.[75]

A Convenção trata da informação nos arts. 9 e 11, e sobre a não informação no art. 31.

"Art. 9-1. De conformidade com o art. 8, os Estados do curso de água intercambiarão regularmente os dados e a informação que estejam facilmente disponíveis sobre o estado do curso de água, em particular os de caráter hidrológico, meteorológico, hidrogeológico e ecológico e os relativos à qualidade da água, assim como as previsões correspondentes."

A Convenção diferencia os dados e informações facilmente acessíveis e os que não são facilmente acessíveis. No segundo caso, o Estado que solicitar os dados ou informações deverá pagar o custo razoável ou normal de sua coleta (art. 9-1 e 2).[76]

74. Caroline A. Schmidt e Mariana A. P. Freitas, *Tratados Internacionais de Direito Ambiental*, cit., p. 91.

75. Paulo Affonso Leme Machado, *Recursos Hídricos – Direito Brasileiro e Internacional*, p. 125.

76. Idem, p. 152.

"A CDI – Comissão de Direito Internacional manifesta-se sobre a questão, dizendo que 'o parágrafo 1 exige que os Estados de um curso de água façam o intercâmbio de dados e informações que são 'facilmente acessíveis'. Esta fórmula serve para indicar que, em direito estrito, o Estado de um curso de água não está obrigado a fornecer senão as informações de que ele disponha facilmente; por exemplo, aquelas que ele já reuniu para seus próprios objetivos ou que sejam facilmente acessíveis. Em presença de um caso concreto, para determinar se os dados e informações são 'facilmente' acessíveis, será necessário proceder a uma avaliação objetiva de certos fatores; por exemplo, o trabalho e as despesas que acarretará a coleta dessas informações, levando-se em conta os recursos humanos, técnicos, financeiros, especialmente do Estado do curso de água ao qual eles são solicitados. O termo 'facilmente', existente nos parágrafos 1 e 2, é utilizado no sentido técnico correspondente *grosso modo* àquele da expressão "levando-se em conta todas as circunstâncias pertinentes' ou do termo 'praticável', mais que no sentido, por exemplo, dos termos 'racionalmente' ou 'logicamente'."[77]

Se, de um lado, a posição da CDI pode ser vista como pouco incentivadora da oferta de informações pelos Estados, de outro lado, é compreensível sua manifestação no sentido de não tornar o levantamento desses dados uma carga insuportável para os Estados. A Convenção, ao referir-se a informações "disponíveis", não está dizendo que todas as informações serão levantadas pela vontade exclusiva do Estado que delas vier a dispor. O dever de fazer levantamentos, organizar e transmitir informações existe na legislação da maioria dos Estados. Assim, em muitos casos a disponibilidade permanente das informações é obrigatória e independente da norma de direito internacional em exame.[78]

77. "Rapport de la Commission du Droit International sur les travaux de sa quarante-sixième session, 2 mai-22 juillet 1994", Assemblée Générale, Documents Officiels, *Supplément* 10 (A/49/10), Nova York, Nações Unidas, 1994, pp. 273-274, *apud* Paulo Affonso Leme Machado, *Recursos Hídricos – Direito Brasileiro e Internacional*, cit., pp. 152-153.

78. Paulo Affonso Leme Machado, *Recursos Hídricos – Direito Brasileiro e Internacional*, cit., p. 153, e "Prevention and information in the use of international water courses; UNO Convention/1997", *Recht und Um-Welt. Essays in Honour of Prof. Dr. Gerd Winter*, pp. 253-280.

A Convenção, além do intercâmbio de informações entre os Estados, prevê a informação sob forma de notificação. A notificação passa a ser necessária quando em um Estado projetam-se medidas que possam causar efeito prejudicial sensível a outros Estados do curso de água (arts. 11 e 12). A notificação irá acompanhada de "dados técnicos e as informações disponíveis, incluídos os resultados da avaliação dos efeitos ambientais" (art. 12).

Em caso de controvérsia entre duas ou mais partes sobre a interpretação ou a aplicação da Convenção, as partes procurarão seguir o procedimento previsto no art. 33. Após as negociações estabelecidas entre as partes, se não se chegar a um acordo, será procurada a conciliação através da intervenção de uma terceira parte, ou poderão solicitar a arbitragem da Corte Internacional de Justiça. Decorridos seis meses do pedido da realização de negociações sem que se haja chegado a uma solução, a controvérsia será submetida a um "procedimento imparcial" (art. 33-3), seguindo-se as normas dos parágrafos 4 a 9 do art. 33. Será formada Comissão constituída por um membro de cada parte envolvida na controvérsia mais um membro que não tenha a nacionalidade de qualquer das partes, que será o presidente da Comissão. "As partes da controvérsia terão a obrigação de proporcionar à Comissão a informação que seja solicitada (...)" (art. 33-7).

### *4.39 Protocolo de Kioto à Convenção-Quadro das Nações Unidas sobre Mudança do Clima (Kioto, 11.12.1997)*[79]

O Protocolo de Kioto/1997 visa a implementar a Convenção-Quadro sobre Mudança do Clima/1992, introduzindo, no que tange às informações, algumas inovações.

Os países contratantes devem enviar o inventário anual de emissões antrópicas por fontes e remoções antrópicas por sumidouros de gases de efeito estufa, não controlados pelo Protocolo de Montreal. Esse inventário será submetido a uma equipe revisora de especialistas (art. 8-1). As equipes revisoras de especialistas devem ser coordenadas pelo Secretariado, sendo a indicação dos especialistas feita pelas partes da Conven-

79. Caroline A. Schmidt e Mariana A. P. Freitas, *Tratados Internacionais de Direito Ambiental*, cit., pp. 141-154.

ção. Essa é uma inovação marcante, pois a exatidão das informações transmitidas pelos países é submetida a análise múltipla pelos diversos países integrantes da Convenção da Mudança do Clima.

José Juste Ruiz acentua que o Protocolo institucionaliza diversos mecanismos de aplicação que introduzem procedimentos destinados a flexibilizar as obrigações assumidas pelos países desenvolvidos, a saber: "Cumprimento conjunto (*joint fulfilment*) por acordos particulares ou no quadro das organizações regionais de interação econômica (caso da Comunidade Europeia); aplicação conjunta (*joint implementation*) – art. 6 do Protocolo; comercialização das emissões (*emissions trading*) – art. 16; e conta de poupanças (*banking*) – art. 12. Também, estabeleceram-se disposições que contemplam a situação dos países em desenvolvimento, criando-se um mecanismo de desenvolvimento limpo (*clean development mechanism*), reafirmando-se os compromissos assumidos por tais países para reduzir as emissões – art. 10; e insistiu-se na provisão de recursos financeiros novos e adicionais através do Fundo Global para o Meio Ambiente".[80]

Todas as partes, levando em conta suas responsabilidades comuns, mas diferenciadas, e suas prioridades de desenvolvimento, objetivos e circunstâncias específicos, nacionais e regionais, devem, segundo o art. 10: "a) Cooperar e promover em nível internacional, e, conforme o caso, por meio de organismos existentes, a elaboração e a execução de programas de educação e treinamento, incluindo o fortalecimento da capacitação nacional, em particular a capacitação humana e institucional e o intercâmbio ou cessão de pessoal para treinar especialistas nessas áreas, em particular para os países em desenvolvimento, e facilitar em nível nacional a conscientização pública e o acesso público a informações sobre a mudança do clima".

Como estabelecimento de metas de políticas públicas, ao nível dos direitos nacionais, é elogiável a alínea transcrita. Contudo, não se especificaram medidas de implementação do acesso público às informações enviadas pelos países ao Secretariado da Convenção, nem antes, nem depois da revisão efetuada pela equipe de especialistas.

80. José Juste Ruiz, *Derecho Internacional del Medio Ambiente*, cit., pp. 298-299 (minha a tradução).

## *4.40 Convenção sobre o Acesso à Informação, a Participação do Público no Processo Decisório e o Acesso à Justiça em Matéria de Meio Ambiente (Aarhus, 25.6.1998)*[81]

Esta Convenção foi concebida pelo Comitê de Políticas de Meio Ambiente, integrante da Comissão Econômica para a Europa, da ONU. O referido Comitê promove periodicamente a Conferência Ministerial "Um Ambiente para a Europa"; e foi na Conferência havida em Sofia (Bulgária), de 23-25.10.1995, que o texto da Convenção foi discutido.[82]

"Em Sofia reuniram-se 55 países europeus, tendo impulsionado a estrutura de um texto mais amplo sobre parte da informação e da participação, ainda que os procedimentos administrativos e judiciários somente tenham sido ampliados pela própria Convenção de Aarhus. Desde junho de 1996 são iniciadas novas discussões sobre o projeto, tendo havido 3 sessões nesse ano, 5 em 1997 e 3 em 1998, às quais assistiram não só os Estados, mas associações ambientais, entre as quais a UICN, WWF, o Centro regional para o Meio Ambiente e o Conselho Internacional de Direito Ambiental."[83]

A Convenção de Aarhus ter-se-ia inspirado na Diretiva 90/313 da Comunidade Europeia, relativa ao acesso às informações sobre meio ambiente.[84] A Convenção foi adotada na cidade de Aarhus (Dinamarca) e tem 22 artigos e 2 anexos. Serão analisados o Preâmbulo, no que se referir à informação, e os arts. 4 e 5.

### *4.40.1 Preâmbulo da Convenção*

O Preâmbulo da Convenção está composto de 24 considerações. Extraio algumas delas, que estão mais ligadas à questão da informação.

81. *Revue Juridique de l'Environnement*, Numéro Spécial "La Convention d'Aarhus", pp. 89-113.

82. "Conférence Ministérielle 'Un Environnement pour l'Europe', *Revue Juridique de l'Environnement*, Numéro Spécial "La Convention d'Aarhus", cit., p. 115.

83. Michel Prieur, "La Convention d'Aarhus, instrument universel de la démocratie envionnementale", *Revue Juridique de l'Environnement*, Numéro Spécial "La Convention d'Aarhus", pp. 9-29 (minha a tradução).

84. Vera Rodenhoff, "The Aarhus Convention and its implications for the 'institutions' of the European Community", *Reciel* 11(3)/343-357.

Um melhor acesso à informação contribuirá para a tomada de melhores decisões; e, com sua aplicação mais eficaz, o público ficará mais sensibilizado pelos problemas ambientais e terá oportunidade de exprimir suas preocupações. A informação é uma parte do princípio da obrigação de prestar contas e da transparência, e assegura um apoio mais intenso do público às decisões ambientais.

A promoção da educação ecológica visa a proporcionar maior conhecimento do meio ambiente e do desenvolvimento sustentável, encorajando o grande público a estar atento às decisões que incidem nesse campo e a querer participar dessas decisões. Ressalta-se a importância de se recorrer à mídia, como também aos meios de comunicação eletrônicos e outros de meios de comunicação, que aparecerão no futuro.

O Preâmbulo leva em conta dois campos que precisam especialmente de informação: os consumidores, para que possam fazer escolhas ecológicas com conhecimento de causa, e a disseminação de organismos geneticamente modificados – OGMs, insistindo-se na necessidade de ser aumentada a transparência e reforçada a participação nesse processo decisório.

Os países contratantes afirmam que estão convencidos de que a aplicação da Convenção contribuirá para fortalecer a democracia.

### *4.40.2 Acesso à informação (art. 4 da Convenção)*

Antes de entrar propriamente na matéria exposta no art. 4, é necessário fazer constar que o público[85] terá acesso à informação sem discriminações fundadas na cidadania, nacionalidade e domicílio[86] e, no caso de uma pessoa jurídica, sem discriminação concernente ao lugar onde tem sua sede oficial ou o verdadeiro centro de atividades (art. 3-9).

85. "O termo 'público' designa uma ou mais pessoas físicas ou morais e, conforme a legislação ou o costume do país, as associações, organizações ou grupos constituídos por estas pessoas" (art. 2-4 da Convenção) (in *Revue Juridique de l'Environnement*, Numéro Spécial "La Convention d'Aarhus", cit., p. 92) (minha a tradução).

86. Esta disposição teve a objeção da Turquia, durante a 8ª sessão das negociações, conforme John Harrison ("Legislazione ambientale europea e libertà di informazione: la Convenzione di Aarhus", *Rivista Giuridica dell'Ambiente* 1/27-45, Ano XV) (minha a tradução).

As autoridades públicas, segundo o parágrafo 1, colocam à disposição do público as informações ambientais que lhes são solicitadas, aí compreendidas as cópias dos documentos onde as informações se acham efetivamente inseridas. As autoridades públicas poderão fazer a transmissão da informação por meio diferente daquele que foi solicitado, desde que apresentem razões para isso, ou se a informação já tiver sido publicada de outra forma. Nessa fase em que o peticionário procura a informação, a Administração Pública tem uma "obrigação passiva".[87]

As informações serão transmitidas sem que o público tenha que se valer de um interesse particular (art. 4-1-a). Essa norma é um significativo avanço, pois se afasta a necessidade de o requerente da informação provar o motivo do pedido ou as razões de seu interesse. O fato de alguém pedir uma informação ambiental, considerando-se que o meio ambiente é interesse de todos, já o credencia a receber a informação.

A disponibilização das informações, consoante o parágrafo 2, deverá acontecer o mais rápido possível, sendo o prazo normal o de um mês, contado da data do pedido, podendo ser ampliado, diante do volume e da complexidade dos elementos da informação, até dois meses.

A prestação das informações, segundo o parágrafo 3, poderá ser recusada se: a) a autoridade não está de posse das informações pedidas; b) a solicitação é manifestamente abusiva ou irrazoável, ou formulada em termos muito genéricos; c) o pedido diz respeito a documentos que estão sendo elaborados ou tratam de comunicações internas das autoridades públicas e esta exceção está prevista no Direito interno ou nos costumes, mas levando-se em conta o interesse que a divulgação das informações solicitadas apresente para o público.

O texto da alínea "c" do art. 4-3 acarreta trabalho para o intérprete, pois os documentos administrativos – não secretos –, só por estarem em fase de preparação, não deixam de ter interesse para o público, o que ensejaria, portanto, o acompanhamento e o conhecimento dos mesmos, integrando-se direito à informação e direito à participação. Michel Prieur critica essa alínea, dizendo que a não comunicação de documentos inacabados, especialmente os que concernem aos projetos e planos de ordenamento, tem como consequência a tardia informação do públi-

87. Vera Rodenhoff, "The Aarhus Convention and its implications for the 'institutions' of the European Community", cit., *Reciel* 11(3)345 (minha a tradução).

co.[88] Gérard Monediaire assinala que: "Pode ser constatado que certas autoridades nacionais, no passado, sutilmente freavam a tramitação de documentos para procrastinar o mais possível a sua comunicação para o público. De outro lado, as 'comunicações internas' apresentam o mais alto interesse para se poder analisar a realidade efetiva do processo decisório. Entretanto, a Convenção parece condicionar a exceção de forma dupla: é preciso que o Direito interno ou o costume tenham instituído anteriormente este sistema; o qual não poderá ser contestado senão ao final de uma avaliação *in concreto* concernente ao 'interesse que a divulgação das informações solicitadas apresente para o público'".[89]

O parágrafo 4 diz: "Um pedido de informações sobre meio ambiente pode ser rejeitado no caso de a divulgação dessas informações ter incidências desfavoráveis sobre: a) O segredo das deliberações das autoridades públicas, quando o segredo está previsto pelo Direito interno. b) As relações internacionais, a defesa nacional ou a segurança pública. c) O bom andamento da Justiça, a possibilidade para qualquer pessoa de ser julgada equitativamente ou a capacidade de uma autoridade pública de efetuar investigação de ordem penal ou disciplinar. d) O segredo comercial e industrial, quando este segredo é protegido pela lei com o fim de defender um interesse econômico legítimo. Nesta situação, as informações sobre as emissões, que são pertinentes para a proteção do meio ambiente, devem ser divulgadas. e) Os direitos de propriedade intelectual. f) O caráter confidencial dos dados e/ou dos cadastros pessoais concernentes a uma pessoa física, se esta pessoa não consentiu na divulgação dessas informações ao público, sendo o caráter confidencial desse tipo de informação previsto pelo Direito interno. g) Os interesses de um terceiro que tenha fornecido as informações sem ser obrigado pela lei ou sem que a lei pudesse obrigá-lo, e que não consente na divulgação dessas informações. Ou h) O meio ambiente relativo às informações, como sítios de reprodução de espécies raras. Os motivos das recusas supramencionados devem ser interpretados de modo restritivo, levando-se em conta o interesse que a divulgação das informações tenha para o

88. Michel Prieur, *Droit de l'Environnement*, 5ª ed., p. 106.

89. Gérard Monediaire, "Les droits à l'information et à la participation du public auprès de l'Union Européene (première partie)", *Revue Européenne de Droit de l'Environnement* 2/129-156 (minha a tradução).

público e segundo essas informações tratem ou não de emissões no meio ambiente".[90]

Os motivos que podem levar à recusa da transmissão das informações pelas autoridades públicas, constantes da Convenção de Aarhus, traduzem as várias correntes econômicas e políticas e sinalizam as fronteiras do direito à informação. Esses motivos serão abordados noutro tópico deste trabalho. Desde já, assinale-se que a Convenção preconiza que os casos de rejeição dos pedidos de informação deverão ser objeto de exegese estrita – portanto, pode-se afirmar que os motivos de recusa da informação não poderão ter interpretação extensiva ou abordagem ampliada.

Observe-se também que sobre as emissões que possam lesar a proteção do meio ambiente não pode pesar o segredo. Assim, o segredo comercial e industrial teve essa ressalva no art. 4-4-d. O final do parágrafo 4 volta a sublinhar as emissões como uma situação que enseja a divulgação desses dados. Sem que esse parágrafo use o termo "poluição", está a norma internacional mostrando intensa preocupação com a saúde pública, não permitindo que as "emissões" venham a ser escondidas ou não divulgadas.

De acordo com o parágrafo 5, se a solicitação for dirigida a autoridade pública que não detenha a informação desejada, esta tem duas atitudes a tomar: indicar a autoridade competente ou ela mesma dirigir-se à autoridade que detém a informação.

Os Estados integrantes da Convenção, consoante o parágrafo 6, sem comprometer o caráter confidencial das informações requeridas sobre o meio ambiente (art. 4-3-c e 4), dissociarão estas de outras informações ambientais não confidenciais, que deverão ser divulgadas. O sentido desse parágrafo é conduzir as autoridades públicas a fazer a separação do publicável e do confidencial, evitando que o impedimento do segredo usurpe áreas que poderiam ser do conhecimento público.

A recusa de uma solicitação de informação, conforme o parágrafo 7, deverá ser noticiada por escrito, inserindo-se os motivos do ato administrativo e a indicação do recurso cabível. Os Estados poderão autori-

90. *Revue Juridique de l'Environnement*, Numéro Spécial "La Convention d'Aarhus", cit. (minha a tradução).

zar os diferentes organismos administrativos a cobrar taxas pela prestação das informações, desde que sejam razoáveis, e estabelecer tipos de prestações de informações que serão cobradas e outras que serão gratuitas (parágrafo 8). A gratuidade é preconizada para acesso a listas, registros e fichários organizados pelos países (art. 5-2-c da Convenção). À primeira vista, a possibilidade de cobrança pela prestação parece ser uma medida para dificultar o acesso dos cidadãos à informação. Contudo, há o outro lado da medida: possibilitará amaior eficiência dos organismos informadores, pois necessitam de pessoal e máquinas para operar em um amplo sistema de informações. Importa, porém, garantir a razoabilidade do montante cobrado, para que a informação ambiental não se torne monopólio dos opulentos ou somente dos próprios agressores do meio ambiente.

### *4.40.3 Coleta e difusão das informações sobre meio ambiente (art. 5 da Convenção)*

Os Estados providenciarão, segundo o parágrafo 1: a) que as autoridades públicas detenham informações atualizadas sobre o meio; b) instrumentos obrigatórios para que as autoridades públicas sejam devidamente informadas sobre as atividades propostas ou projetadas que apresentem risco de incidências importantes sobre o meio ambiente; c) em caso de ameaça iminente para a saúde ou o meio ambiente que seja imputável às atividades humanas ou a causas naturais, que todas as informações capazes de permitir ao público tomar medidas para prevenir ou limitar danos, que estejam na posse de uma autoridade pública, sejam difundidas, imediatamente e sem atraso, para as pessoas que possam ser atingidas.

O parágrafo 2 estabelece que cada Estado tomará providências para que, no quadro da legislação nacional, as autoridade públicas coloquem informações sobre meio ambiente à disposição do público de modo transparente, e que essas informações sejam realmente acessíveis, especialmente: "a) Fornecendo ao público dados suficientes sobre o tipo e o teor das informações ambientais detidas pelas autoridades públicas, e o modo como essas informações são colocadas à disposição das próprias autoridades e qual o procedimento utilizado para a obtenção dessas informações. b) Tomando e mantendo disposições práticas, por exemplo: i) Estabelecendo listas, registros ou fichários acessíveis ao público. ii) Tornando obrigatório para os funcionários ajudar o público que procure ter acesso às informações. iii) Designando pontos de contacto. E c) Possibilitando acesso gratuito às informações ambientais constantes das listas, registros ou fichários".

Os Estados, segundo o parágrafo 3, tomarão providências para que as informações ambientais estejam progressivamente disponíveis em bases de dados eletrônicas, às quais o público possa facilmente ter acesso através de redes de telecomunicações públicas. Deverão especialmente estar acessíveis as seguintes informações: "a) Os relatórios sobre o estado do meio ambiente. b) Os textos de leis sobre o meio ambiente ou a ele relativos. c) As políticas, planos e programas sobre o meio ambiente ou a ele relativos e os acordos ambientais. E d) Outras informações, na medida em que a possibilidade de as obter sob essa forma facilitaria a aplicação da legislação nacional, visando a implementar a presente Convenção, desde que essas informações estejam disponíveis sob forma eletrônica".

Cada parte, segundo o parágrafo 4, publicará e divulgará, a intervalos regulares, não ultrapassando três ou quatro anos, um relatório nacional sobre o estado do meio ambiente, compreendendo as informações sobre a qualidade do meio ambiente e sobre a prática de perturbações ambientais.

Os Estados, segundo o parágrafo 5, introduzirão medidas em sua legislação com o fim de difundir, especialmente: "a) Os textos das leis e os documentos de orientação, como as estratégias políticas, programas e planos de ação relativos ao meio ambiente e os relatórios feitos em todos os escalões da Administração Pública. b) Os tratados, convenções e acordos internacionais concernentes a questões relativas ao meio ambiente. E c) Eventualmente, outros documentos internacionais importantes relativos a questões ambientais".

Cada parte, consoante o parágrafo 6, encorajará os empreendedores cujas atividades tenham impacto importante sobre o meio ambiente a informar periodicamente o público acerca do impacto ambiental de suas atividades e seus produtos, eventualmente, num quadro de programa voluntário de rotulagem ecológica ou de ecobalanceamento ou outros meios.

Cada Estado, segundo o parágrafo 7: "a) Tornará público os fatos e as análises dos fatos que entenda pertinentes e importantes para elaborar as proposições concernentes às medidas essenciais a tomar em matéria de meio ambiente. b) Publicará ou tornará acessíveis, de outra maneira, os documentos disponíveis explicando como trata com o público nos assuntos relevantes da presente Convenção. c) Comunicará, sob uma forma apropriada, informações sobre o modo que a Administração, em todos os escalões, exerce as funções públicas ou fornece os serviços públicos relativos ao meio ambiente".

Consoante o parágrafo 8, cada parte acertará mecanismos com o fim de fazer com que informações suficientes sobre produtos sejam colocadas à disposição do público, de modo a permitir que os consumidores possam fazer escolhas ecológicas, com conhecimento de causa.

Cada parte, segundo o parágrafo 9, tomará medidas para colocar em prática, de forma progressiva – levando-se em conta, eventualmente, procedimentos internacionais –, um sistema coerente de dimensão nacional de inventários ou registros de dados relativos à poluição numa base de dados informatizada, estruturada e acessível ao público. Estes dados serão recolhidos através de declarações normalizadas. Este sistema poderá levar em conta os lançamentos, os rejeitos e as transferências nos diferentes meios e sobre os lugares de tratamento e de eliminação no local ou fora do local de uma série dada de substâncias e de produtos decorrentes de uma série dada de atividades, compreendidos água, energia e recursos utilizados para os fins dessas atividades.

O último parágrafo do art. 5 – o de n. 10 – reitera o direito das partes de não divulgar certas informações, com amparo no já referido art. 4-3 e 4.

Como se constata, a Convenção de Aarhus/1998[91] exteriorizou as aspirações internacionais em matéria de direito à informação e dever de informar, tendo chegado suas diretrizes até as minúcias. A Convenção entrou em vigor em 30 de outubro de 2001.

91. Pelo menos 34 países e mais a Comunidade Europeia a ratificaram: Albânia, Armênia, Áustria, Azerbaijão, Belarus, Bélgica, Bulgária, Chipre, Dinamarca, Eslovênia, Espanha, Estônia, Finlândia, França, Geórgia, Hungria, Itália, Kazaquistão, Kirgistão, Latvia, Lituânia, Macedônia, Malta, Noruega, Polônia, Portugal, Moldova, Reino Unido da Grã-Bretanha e da Irlanda do Norte, República Tcheca, Romênia, Suécia, Suíça, Turquemenistão e Ucrânia. Outros países também aderiram à Convenção, mas ainda não a ratificaram (disponível na Internet: *http://www.unece.org/env/pp/ctreatry.htm*, acesso em 5.10.2005).

A Convenção de Aarhus propõe-se empenhadamente a trazer uma contribuição significativa ao desenvolvimento sustentável, enfrentando a política de segredo e as decisões obscuras que ainda existem em numerosas Administrações – assinala John Harrison.[92] Resta um outro itinerário a ser feito: a inserção das normas nos Direitos nacionais.

### *4.41 Convenção sobre Procedimento de Consentimento Prévio Informado para o Comércio Internacional de Certas Substâncias Químicas e Agrotóxicos Perigosos (Roterdã, 11.9.1998)*[93]

O objetivo da Convenção é promover a responsabilidade compartilhada e esforços cooperativos entre os Estados-Partes no comércio internacional de certas substâncias químicas perigosas, visando à proteção da saúde humana e do meio ambiente.

A origem da Convenção pode ser encontrada em princípios formulados pelo Programa das Nações Unidas sobre Troca de Informações Referentes a Produtos Químicos e pelo Código de Conduta Internacional para a Utilização e Distribuição de Pesticidas elaborado pela FAO.[94]

O art. 14 trata da troca de informações: "1. Cada Parte deverá facilitar, se for o caso: a) O intercâmbio de informações científicas, técnicas, tecnológicas e legais sobre as substâncias químicas abrangidas pela Convenção, inclusive informações toxicológicas, ecotoxicológicas e de segurança. b) O fornecimento de informações publicamente disponíveis sobre ações regulamentadoras internas relevantes para a Convenção. 2. Na troca de informações, deverão ser protegidas quaisquer informações sigilosas, na forma do que for acordado reciprocamente. 3. As seguintes informações não serão consideradas sigilosas: a) As informações mencionadas nos Anexos I e IV ( de acordo com os arts. 5 e 6). b) As informações contidas na folha de dados se segurança mencionada no parágrafo 4 do art. 13. c) O prazo de validade da substância química.

92. John Harrison, "Legislazione ambientale europea e libertà di informazione: la Convenzione di Aarhus", cit., *Rivista Giuridica dell'Ambiente* 1/45.

93. Brasil, Decreto 5.360, de 31.1.2005, *DOU* 1.2.2005, Brasília/DF.

94. Alexandre Kiss e Jean-Pierre Beurrier, *Droit International de l'Environnement*, cit., 3ª ed., p. 380.

d) Informações sobre medidas preventivas, inclusive classificação de grau de periculosidade, natureza do risco e orientações relevantes de segurança. E e) O resumo dos resultados dos exames toxicológicos e ecotoxicológicos".

Ressalte-se um novo método empregado pela Convenção: passa a haver a indicação clara das matérias ou áreas em que não incide o sigilo e em que nem é possível invocá-lo. O público e os empresários têm, desde o início dos procedimentos comerciais, claro conhecimento do que poderá, ou não, ser informado e em que campo não é possível inserir o segredo, mesmo que haja acordo de alguns interessados.

### *4.42 Protocolo de Cartagena sobre Biossegurança da Convenção sobre Diversidade Biológica (Montreal, 29.1.2000)*

De acordo com a "abordagem de precaução" contida no *Princípio 15* da Declaração do Rio de Janeiro sobre Meio Ambiente e Desenvolvimento, o objetivo deste Protocolo é contribuir para assegurar um nível adequado de proteção, no campo da segurança, da transferência, manipulação e uso dos organismos vivos modificados, resultantes da moderna biotecnologia, que possam ter efeitos adversos à conservação e ao uso sustentável, levando também em conta os riscos para a saúde humana, e especialmente focalizando os movimentos transfronteiriços.[95]

Kiss e Beurrier afirmam que "este instrumento estabelece um procedimento de acordo prévio para importação de organismos geneticamente modificados. Esse consentimento prévio pode ser recusado pelo fato da incerteza científica. Novas informações científicas permitem a um Estado anular uma autorização de importação concedida anteriormente".[96]

O Protocolo, em síntese, pretende estabelecer regras para o comércio de produtos contendo os chamados "organismos vivos modifica-

95. V. Cartagena Protocol on Biosafety to the Convention on Biological Diversity: full text. In *The Cartagena Protocol on Biosafety – Reconciling Trade in Biotechnology with Environment and Development?*. Edited by Christoph Bail, Robert Falkner and Helen Marquard, London, Earthscan Publications Ltd., 2002, p. 523.

96. Alexandre Kiss e Jean-Pierre Beurrier, *Droit International de l'Environnement*, cit., 3ª ed., p. 358 (minha a tradução).

dos" (*living modified organism*), com um procedimento semelhante ao da Convenção de Basileia sobre Movimentação de Resíduos Transfronteiriços, introduzindo o "acordo mediante informação prévia" (*advance informed agreement* – AIA). "Em termos de procedimentos e mecanismos há muito em comum com os acordos existentes no campo dos produtos químicos e dos rejeitos, e muitas de suas condições são livremente modeladas nesses acordos".[97]

Oportuno apontar o art. 8 do Protocolo, que trata da notificação na exportação de organismos vivos modificados. O Estado de onde sai o produto exportado envia a notificação, ou exige que o exportador o faça, por escrito, à autoridade nacional competente. Essa notificação deverá ser enviada antes da ocorrência do movimento transfronteiriço voluntário. A notificação deverá conter as informações especificadas no Anexo I.

O art. 8-2 insere um relevante dever jurídico do Estado exportador de organismo geneticamente modificado – OGM, dizendo que: "A Parte exportadora fiscalizará o exportador no cumprimento da obrigação legal de enviar informações exatas" (*accuracy of information*). Não basta o Poder Público intervir através da fiscalização no sentido de que o exportador envie a notificação, pois deve também verificar a veracidade do conteúdo das informações enviadas. Passa a haver uma corresponsabilidade pela completude e fidedignidade das informações, respondendo o Estado e o exportador.

Ruth Mackenzie e Philippe Sands afirmam que: "O Protocolo de Biossegurança é um instrumento de informação intensiva no qual a facilitação da informação detalhada desempenhará um papel crítico. Crucial informação na avaliação de risco, nas decisões de importação, nas autorizações nacionais e na legislação interna. Admitida a natureza de muitas destas informações, novos acessos e protocolos de segurança poderão ser necessariamente desenvolvidos".[98]

97. Ruth Mackenzie e Philippe Sands, "Prospects for international environmental law", *The Cartagena Protocol on Biosafety – Reconciling Trade in Biotechnology with Environment and Development?*, pp. 457-466 (minha a tradução).

98. Ruth Mackenzie e Philippe Sands, "Prospects for international environmental law", cit., *The Cartagena Protocol on Biosafety – Reconciling Trade in Biotechnology with Environment and Development?*, p. 459 (minha a tradução).

## *4.43 Convenção sobre a Conservação e Gestão dos Recursos Pesqueiros no Sudeste do Oceano Atlântico (Windhoeck, 20.4.2001)*[99]

A Convenção, em seu Preâmbulo, reconhece as considerações econômicas e geográficas e as especiais demandas dos países em desenvolvimento e de suas comunidades costeiras em relação à equidade nos benefícios referentes aos recursos vivos do mar, e afirma sua convicção no sentido de que o estabelecimento de uma organização para a conservação de longo prazo e de uso sustentado dos recursos pesqueiros no Sudeste do Oceano Atlântico serve a esses fins. A Convenção estrutura a *South East Atlantic Fisheries Organization*, referida como "Organização".

Constam no art. 13, como obrigações das partes contratantes: "a) Coletar e intercambiar dados científicos, técnicos e estatísticos com respeito aos recursos pesqueiros cobertos pela Convenção. b) Assegurar que os dados sejam coletados com detalhes suficientes para facilitar os relatórios dos estoques efetivos e que sejam providenciados de modo tempestivo, cumprindo-se as exigências da Comissão. c) Tomar medidas apropriadas para verificar a exatidão de tais dados. d) Providenciar anualmente para a Organização informações e dados estatísticos, biológicos ou outros, como a Comissão possa solicitar. e) Providenciar para a Organização, no modo e nos intervalos que a Comissão possa solicitar, informações concernentes a suas atividades pesqueiras, incluindo áreas de pesca e barcos de pesca, com a finalidade de facilitar a compilação, com segurança, das safras de peixe e um esforço estatístico".

## *4.44 Convenção sobre Poluentes Orgânicos Persistentes (Estocolmo, 22.5.2001)*[100]

A Convenção tem por objetivo tomar medidas de alcance mundial sobre os poluentes orgânicos persistentes. Esses poluentes têm propriedades tóxicas, são resistentes à degradação e se bioacumulam, sendo transportados pelo ar, pela água e pelas espécies migratórias através de

99. Disponível na Internet: *http://www.fao.org/leal/treaties/032t-e.htm*, acesso em 12.10.2005. Data da entrada em vigor: 13.4.2003.

100. Brasil, Decreto 5.472, de 20.6.2005, *DOU* 21.6.2005, Brasília/DF.

fronteiras internacionais e depositados em locais distantes do de sua liberação, como aponta o Preâmbulo da Convenção.

Uma das finalidades da Convenção é eliminar alguns produtos – como um inseticida ectoparasiticida local, o "Aldrim" e o "Clordano"; diversos cupinicidas, "Heptacloro" e "Mirex"; um solvente de agrotóxicos, o "Hexaclorobenzeno", e outros poluentes orgânicos persistentes, como "Bifenilas", "Texafeno", "Endrin" e "Dieldrin", todos mencionados no Anexo I da Convenção.

O art. 9 da Convenção trata do "intercâmbio de informações". Cada parte deverá facilitar ou realizar o intercâmbio de informações relacionadas com (a) redução ou eliminação da produção, utilização e liberação de poluentes orgânicos persistentes; (b) as alternativas para esses poluentes, inclusive seus riscos e custos econômicos e sociais.

Relevante nessa Convenção o parágrafo 5 do art. 9: "Para os fins da presente Convenção, as informações sobre saúde e segurança humana e ambiental não serão consideradas confidenciais. As Partes que trocarem outras informações relacionadas com a presente Convenção deverão proteger qualquer informação confidencial de mútuo acordo".

No art. 10 são abordadas a "Informação, Conscientização e Educação do Público". Aponto duas alíneas: "a) a conscientização dos formuladores de políticas e decisões com relação aos poluentes orgânicos persistentes; b) a comunicação ao público de todas as informações disponíveis relacionadas aos poluentes orgânicos persistentes, levando em consideração o disposto no art. 9-5". Esta Convenção dispõe sobre a informação como um intercâmbio entre os Estados e outras instituições internacionais e como comunicação das informações ao público. Além disso, afirma um campo em que não pode haver a caracterização de segredo: aquele que concerne à saúde e à segurança humana e ambiental.

## *4.45 Acordo sobre a Conservação dos Albatrozes e dos Petréis (Camberra, 19.6.2001)*[101]

O Acordo leva em consideração as ameaças às populações de albatrozes no Hemisfério Sul. Ressalta serem eles parte integrante dos

101. Disponível na Internet: *http://www.acap.aq/acap/text_of_the_agreement/accord_sur_des_albatros_et_des_petrels*, acesso em 12.10.2005.

ecossistemas marinhos, e fatores tais como a deterioração e a perturbação de seus *habitats*, a poluição, a redução dos recursos alimentares, a utilização e o abandono no mar de instrumentos de pesca não seletivos e, mais particularmente, a mortalidade acidental nas atividades de pesca comercial podem trazer prejuízo para o estado de conservação de albatrozes[102] e petréis.[103] Enfim, o Acordo tem por objetivo atingir e manter um estado de conservação favorável de albatrozes e petréis.

O art. III trata das "Medidas Gerais de Conservação": "1. Considerando a obrigação que lhes incumbe de tomar medidas visando a realizar e a manter um estado de conservação favorável de albatrozes e petréis, as Partes Contratantes devem, levando em conta o art. XIII, (...) f) Elaborar e implementar programas de conscientização e de informação concernentes às questões de albatrozes e petréis. g) Intercambiar as informações e conclusões extraídas dos programas de conservação de albatrozes e petréis".[104]

O art. V concerne à "Cooperação entre as Partes": "No quadro do plano de ação, as Partes cooperam com o fim: a) Elaborar sistema de coleta e de análise dos dados e da troca de informações. b) Proceder a trocas de informações para a adoção e aplicação das leis e de outras abordagens de gestão, visando à conservação de albatrozes e de petréis. c) Colocar em prática programas de formação e de conscientização para os utilizadores das zonas onde é possível encontrar albatrozes e petréis. d) Conceber e colocar e em execução programas

102. "Ave procelariiforme, diomedeídea (Thalassarche melanophris), do Atlântico e Pacífico Meridionais, de coloração branca, asas e cauda pardacento-escuras, pés e bico amarelos, com área negra sobre os olhos. É ave oceânica, só vindo à terra para nidificar; frequenta as costas do Brasil, onde excepcionalmente aparece além de 20º paralelo sul; alimenta-se de peixes" (Aurélio Buarque de Holanda Ferreira, *Novo Aurélio Século XXI: o Dicionário da Língua Portuguesa*, 3ª ed. – CD-ROM).

103. "Designação comum às aves procelariídeas ou hidrobatídeas, que frequentam os oceanos, se alimentam de peixes ou de refugos dos navios e nidificam em ilhas isoladas" (Aurélio Buarque de Holanda Ferreira, *Novo Aurélio Século XXI: o Dicionário da Língua Portuguesa*, cit., 3ª ed. – CD-ROM).

104. Disponível na Internet: *http://www.acap.aq/acap/text_of_the_agreement/accord_sur_des_albatros_et_des_petrels*, acesso em 12.10.2005 (minha a tradução).

intensivos para informar o público sobre a conservação de albatrozes e de petréis".

## *4.46 Convenção sobre a Proteção do Patrimônio Cultural Subaquático (Paris, 6.11.2001)*[105]

### *4.46.1 Introdução*

A Convenção reconhece a importância do patrimônio cultural subaquático enquanto parte integrante do patrimônio cultural da Humanidade e enquanto elemento particularmente importante da história dos povos, das nações e de suas relações recíprocas no que concerne a seu patrimônio comum.

Segundo Tullio Scovazzi, "a Convenção pode ser vista como um conjunto de medidas defensivas destinadas a remediar os inconvenientes causados pela aplicação da Convenção das Nações Unidas sobre o Direito do Mar – CNUDM em matéria de patrimônio cultural submarino. A Convenção constitui o resultado de uma negociação de longa duração, que, submetida a votação, obteve 87 votos favoráveis, 4 contra e 15 abstenções. A Convenção sobre a Proteção do Patrimônio Cultural Subaquático marca um progresso importante no desenvolvimento progressivo do direito internacional do mar. É difícil compreender como qualquer proteção do patrimônio cultural submarino, hoje cada vez mais ameaçado, possa ser assegurada com base em critérios da liberdade de (...) 'pesca' e de que 'o primeiro que chega será o primeiro a ser servido', consagrados na prática pela Convenção das Nações Unidas sobre o Direito do Mar".[106]

Scovazzi salienta que a interpretação do art. 303-3 da CNUDM – na sua versão inglesa contém a expressão "the law of salvage and other rules of admiralty" ("direito de recuperar bens abandonados no mar e outras regras do direito marítimo") – tem representado a consagração

105. Disponível na Internet: *http://www.portal.unesco.org./fr/ev.php_D0=D0_TOPIC&URL_SECTION=201.html*, acesso em 2.1.2006.

106. Tullio Scovazzi, "La protection du patrimoine culturel sous-marin de la Méditerranée. Le droit de La mer. En l'honneur du professeur Claude Imperiali", *L'Observateur des Nations Unies* 16/81-92 (minha a tradução).

completa dos interesses privados, com objetivo de exploração comercial dos objetos em questão, sem lugar algum para o interesse público da preservação de uma parte importante do patrimônio cultural da Humanidade.[107]

### *4.46.2 Conceito de "patrimônio cultural subaquático"*

"Entendem-se por patrimônio cultural subaquático todos os traços de existência humana apresentando um caráter cultural, histórico ou arqueológico que tenham estado submersos, parcial ou totalmente, de modo periódico ou permanente, pelo menos durante 100 anos, tais como: I. Os sítios, estruturas, edifícios, objetos e restos humanos, assim como seu contexto arqueológico e natural. II. Os navios, aeronaves, outros veículos ou qualquer parte deles, com sua carga ou outro conteúdo, assim como seu contexto arqueológico e natural. III. Os objetos de caráter pré-histórico" (art. 1 da Convenção).[108]

### *4.46.3 A informação na Convenção*

Os Estados devem partilhar as informações com os outros Estados-Partes da Convenção no que concerne à descoberta de elementos do patrimônio a ser protegido, sua localização e, em caso de contravenção à Convenção, sua recuperação (art. 19-2).

A informação relativa à descoberta ou à localização de elementos do patrimônio cultural subaquático, a ser partilhada entre os Estados-Partes ou entre a UNESCO e os Estados-Partes, fica confidencial na medida em que isto esteja conforme à legislação nacional, desde que a divulgação possa apresentar um perigo ou um risco para a preserva-

107. Tullio Scovazzi, "La Convention sur la Protection du Patrimoine Culturel Subaquatique", *Annuaire Français de Droit International* XLVIII/579-591 (minha a tradução). No mesmo sentido: Tullio Scovazzi, "The application of 'salvage law and other rules of admiralty' to the underwater cultural heritage: some relevant cases", in Roberta Garabello e Tullio Scovazzi (eds.), *The Protection of the Underwater Cultural Heritage*, pp. 19-77.

108. Disponível na Internet: *http://www.portal.unesco.org./fr/ev.php-L_D0=D0_TOPIC&URL_SECTION=201.html*, acesso em 2.1.2006 (minha a tradução).

ção dos elementos do patrimônio em questão (art. 19-3). Contudo, não estando esses bens em perigo, deve o Estado que tenha efetuado a apreensão ou a recuperação de um bem integrante do patrimônio cultural subaquático possibilitar o acesso do público ao mencionado bem (art. 18-4).

### *4.47 Protocolo à Convenção sobre Avaliação de Impacto Ambiental em um Contexto Transfronteiriço Relativo à Avaliação Estratégica Ambiental (Kiev, 21.5.2003)*[109]

O Protocolo visa a que as partes avaliem as consequências ambientais de seus projetos de planos e de programas através de um procedimento especial. O Protocolo avança mais que a Convenção de Espoo (Finlândia), de que faz parte, pois esta não previu a análise de atividades já planejadas. Um dos objetivos do Protocolo é "estabelecer procedimentos claros, transparentes e eficazes de avaliação estratégica ambiental" (art. 1-c).

"A expressão 'avaliação estratégica ambiental' designa a avaliação dos efeitos prováveis sobre o meio ambiente, compreendidos aqueles que ajam sobre a saúde, abrangendo a delimitação do campo de um relatório ambiental e sua elaboração, a colocação em prática de um processo de participação e de consulta do público, tendo-se em conta o relatório ambiental e os resultados do processo de participação e de consulta do público no plano e no programa. (art. 2-6).

"Uma avaliação estratégica ambiental é realizada para os planos e programas que são elaborados para a agricultura, a silvicultura, a pesca, a energia, a indústria, compreendida a extração de minérios, os transportes, o desenvolvimento regional, a gestão de rejeitos, a gestão da água, as telecomunicações, o turismo, o urbanismo e a gestão do território ou a afetação dos solos, segundo indica o art. 4-2."[110]

109. Disponível na Internet: *http://www.unece.org/env/eia/sea_protocol.htm*, acesso em 12.10.2005. O Protocolo é chamado, em Inglês, de *Strategic Environmental Assessment*.

110. Disponível na Internet: *http://www.unece.org/env/eia/documents/protocol french.pdf*, acesso em 12.10.2005 (minha a tradução).

Não estão abrangidos pelo Protocolo os planos e programas destinados unicamente a fins de defesa nacional ou de proteção civil e os planos e programas financeiros ou orçamentários (art. 4-5-a e b).[111]

Ao tratar da participação do público, no art. 8 afirma-se que "cada Parte fiscaliza para que disposições precisas para informar o público e consultar o público pertinente sejam decretadas e tornadas públicas". As Partes levarão em conta o Anexo V, estabelecendo este a obrigação de constarem a data do início do procedimento; as possibilidades de participação do público; a data e o lugar de qualquer audiência pública; a autoridade a quem se possa solicitar informações pertinentes e a indicação do lugar onde o procedimento informativo ficará depositado e acessível para consulta; as informações sobre o meio ambiente e a saúde relativas ao plano e programa projetados; a comunicação sobre se o plano ou o programa serão objeto de procedimento de avaliação transfronteiriça. Houve no Protocolo uma abertura para que o público esteja presente eficazmente na avaliação estratégica ambiental.

Tratando no art. 9 sobre a consulta das autoridades responsáveis pelo meio ambiente e pela saúde, explicita-se que "cada Parte decreta disposições precisas a executar para informar e consultar as autoridades responsáveis", acima referidas.

O art. 10 contém a norma referida à consulta transfronteiriça. No conteúdo da notificação encontram-se informações sobre os efeitos transfronteiriços prováveis advindos dos planos ou programas projetados, comunicando-se o procedimento da tomada de decisões e o prazo razoável para a apresentação de observações.

### *4.48 Convenção-Quadro sobre a Proteção e o Desenvolvimento dos Cárpatos (Kiev, 25.5.2003)*[112]

O Preâmbulo da Convenção salienta que os Cárpatos constituem um tesouro natural de grande beleza e valor ecológico, importante reservatório de biodiversidade, nascente de grandes rios, *habitat* essencial e

111. Idem.

112. Disponível na Internet: *http://www.carpathianconvention.org/text.htm*, acesso em 13.10.2005.

refúgio de muitas espécies ameaçadas e uma grande área de florestas virgens. São signatários da Convenção sete países: Hungria, Polônia, República Tcheca, República Eslovaca, Romênia, Sérvia e Montenegro e Ucrânia.

As partes devem ter por finalidade uma política abrangente e cooperar para a proteção e o desenvolvimento sustentado dos Cárpatos, com vistas à melhoria da qualidade de vida, fortalecimento das economias locais e das comunidades e conservação dos valores naturais e da herança cultural. Para a consecução desses objetivos, nos temas que estão arrolados do art. 4 ao art. 13, serão promovidos: (a) os princípios da precaução e da prevenção; (b) o princípio "poluidor-pagador"; (c) a participação do público; (d) a cooperação transfronteiriça; (e) o planejamento integrado, o ordenamento territorial e a gestão dos recursos hídricos; (f) a abordagem programática; e (g) a abordagem ecossistêmica.

O art. 12 trata de avaliação ambiental, sistema de informação, monitoramento e advertência antecipada. Nesse artigo, parágrafo 2, está previsto o sistema de informação, acessível a todas as partes da Convenção.

### *4.49 Conferência Africana sobre Recursos Naturais, Meio Ambiente e Desenvolvimento (Maputo, 11.7.2003)*[113]

A Convenção tem por objetivo melhorar a proteção do meio ambiente; promover a conservação e a utilização sustentada dos recursos naturais; harmonizar e coordenar as políticas nestes domínios, para implementar políticas e programas de desenvolvimento que sejam ecologicamente racionais, economicamente sadios e socialmente aceitáveis.[114]

Os Estados serão dirigidos pelos seguintes princípios: "1. Direito de todos os povos a um meio ambiente satisfatório que favoreça seu desenvolvimento. 2. O direito dos Estados, individual e coletivamente, de as-

113. Disponível na Internet: *rg/themes/law/pdfdocuments/Backup%20of%final @200french%20version%20f%20algiers%20convention%20%20Adopted.pdf*, acesso em 15.10.2005.

114. Art. II.

segurar seu desenvolvimento. 3. O dever dos Estados de vigiar para que as necessidades em matéria de desenvolvimento e meio ambiente sejam satisfeitas de modo duradouro, justo e equitativo".[115]

Constitui obrigação fundamental por essa Convenção adotar todas as medidas necessárias para realizar os objetivos referidos, especialmente através de medidas de prevenção e da aplicação do princípio da precaução, levando-se em conta valores éticos e tradicionais, assim como conhecimentos científicos, no interesse das gerações presentes e futuras.[116]

A Convenção explicita quatro direitos de procedimento (*droits proceduraux*) no art. XVI: "1. As Partes Contratantes adotam medidas legislativas e regulamentares para assegurar tempestivamente e de modo apropriado: a) A difusão de informações sobre o meio ambiente. b) O acesso do público às informações ambientais. c) A participação do público na tomada de decisões que possam ter impacto importante sobre o meio ambiente. d) O acesso à Justiça no que concerne às questões ligadas à proteção do meio ambiente e dos recursos naturais. 2. Qualquer Parte Contratante na origem de um dano ambiental transfronteiriço vela para que as pessoas afetadas pelo referido dano em uma outra Parte Contratante tenham direito de acesso aos seus procedimentos administrativos e judiciários, igual àquele concedido a seus nacionais ou residentes em caso de dano ambiental nos limites de suas fronteiras".[117]

A Convenção de 2003 deu uma nova forma à anterior Convenção de 15.9.1968. A África quer valorizar seu meio ambiente, e não ignora sua importância, não só para os africanos como para o Planeta. Entretanto, não quer ser simplesmente uma reserva para o turismo ecológico, ou fornecedor das riquezas do seu subsolo para os países desenvolvidos. Nessa Convenção, seguindo-se os princípios da Declaração do Rio de Janeiro/1992, afirma-se o direito ao desenvolvimento em harmonia com o meio ambiente, e de forma duradoura, justa e equitativa. A Convenção Africana sobre Recursos Naturais, Meio Ambiente e Desenvolvimento teve a sábia visão de inspirar-se na Convenção de Aarhus, e inseriu os princípios da informação, da participação e do acesso à Justiça como direitos procedimentais fundamentais.

115. Art. III – *Princípios* (minha a tradução).

116. Art. IV.

117. Minha a tradução.

## *4.50 Convenção para a Proteção do Meio Ambiente Marinho do Mar Cáspio (Teerã/Irã, 5.11.2003)*[118]

A Convenção, pretendendo proteger e valorizar o Mar Cáspio, agasalha três princípios: o princípio da precaução, o princípio do poluidor-pagador e o princípio do acesso à informação. O princípio do acesso à informação sobre a poluição do meio ambiente marinho do Mar Cáspio assegura que as partes contratantes providenciem informações relevantes na maior quantidade possível.[119]

O art. 21, em seus dois parágrafos, é dedicado à troca de informações e ao acesso à informação. As partes contratantes devem, diretamente ou através do Secretariado, efetuar troca regular de informações básicas e empenhar-se para assegurar o acesso público às informações sobre as condições ambientais do Mar Cáspio e sobre as medidas tomadas ou planejadas relativas a prevenção, controle e redução da poluição do Mar Cáspio; e de acordo com suas legislações nacionais e levando em conta as previsões existentes nos acordos internacionais concernentes ao acesso público à informação.

## *4.51 Convenção de Minamata sobre Mercúrio (Kumamoto/Japão, 10.10.2013)*

A Convenção de Minamata, foi assinada em Kumamoto, Japão, em 10.10.2013.[120] As Partes reconhecem que o mercúrio é uma substância química preocupante em escala mundial visto sua propagação atmosférica a longa distância, sua persistência no meio ambiente desde

118. Disponível na Internet: *http://www.caspianenvironment.org/newsite/Convention-FmeworkConventionText.htm*, acesso em 23.9.2005. Integram a Convenção os seguintes países: Federação Russa, República do Azerbaijão, República Islâmica do Irã, República do Kazaquistão e Turcomenistão.

119. Art. 5 da Convenção (minha a tradução).

120. 145 países assinaram a Convenção de Minamata sobre o Mercúrio. Disponível na Internet: *https://treaties.un.org/pages/ViewDetails.aspx?src=TREATY&mtdsg_no=XXVII-17&chapter=27&lang=fr*, acesso em 11.1.2016.

A Convenção entrou em vigor em 16.8.2017, tendo o Brasil feito a ratificação em 8.8.2017. Disponível na Internet: *https://treaties.un.org/pages/ViewDetails.aspx?src=TREATY&mtdsg_no=XXVII-17&chapter=27&lang=fr*, acesso em 5.10.2017.

quando ele seja introduzido pelo homem, substância com potencial de bioacumulação nos ecossistemas, sendo seus efeitos nefastos importantes sobre a saúde humana e o meio ambiente.[121] São reconhecidas as lições importantes extraídas da *doença de Minamata*, em particular os efeitos graves sobre a saúde e o meio ambiente resultantes da poluição pelo mercúrio, assim como a necessidade de assegurar uma gestão apropriada do mercúrio e de impedir que tais acontecimentos possam repetir-se.[122]

"Artigo 17. *Troca de informações*

"1. Cada Parte facilita a troca: a) de informações científicas, técnicas, econômicas e jurídicas concernentes o mercúrio e os compostos do mercúrio aí compreendidas as informações toxicológicas, ecotoxicológicas e relativas à segurança; b) de informações sobre a redução ou eliminação da produção, da utilização, do comércio, das emissões e dos rejeitos de mercúrio e dos compostos de mercúrio; c) de informações concernentes às soluções de substituição técnica e economicamente viáveis para: i) os produtos contendo mercúrio adicionado; ii) os processos de fabricação nos quais o mercúrio ou os compostos de mercúrio são utilizados; iii) as atividades e os processos que emitem ou rejeitam mercúrio e os compostos de mercúrio; compreendidas as informações relativas aos riscos para a saúde a para o meio ambiente e os custos e vantagens socioeconômicas das soluções de substituição; d) de informações epidemiológicas concernentes aos efeitos sobre a saúde da exposição ao mercúrios e aos compostos de mercúrio, em estrita cooperação com a Organização Mundial de Saúde e de outras organizações, segundo a necessidade.

"2. As Partes podem trocar as informações objeto do parágrafo 1 diretamente, por intermédio do Secretariado ou em cooperação com outras organizações competentes especialmente os Secretariados das Convenções relativas aos produtos químicos e os resíduos, segundo o que for conveniente.

"3. O Secretariado facilita a cooperação em matéria de troca de informações mencionada no presente artigo e a cooperação com as

121. *Convention de Minamata sur le Mercure* (minha tradução).

122. Idem (minha tradução).

organizações competentes, especialmente os Secretariados dos acordos multilaterais sobre meio ambiente e outras iniciativas internacionais. As informações em questão compreendem não somente aquelas fornecidas pelas Partes, mas também aquelas obtidas das organizações intergovernamentais e não governamentais e de instituições nacionais e internacionais que possuam competência na área do mercúrio.

"4. Cada Parte designa um correspondente nacional para a troca de informações com relação à presente Convenção, especialmente no que concerne ao consentimento das Partes importadoras mencionadas no artigo 3.

"5. *Para os fins da presente Convenção, as informações concernentes à saúde e a segurança das pessoas assim como ao meio ambiente não são consideradas como confidenciais*. As Partes que trocam outras informações em aplicação da presente Convenção respeitam o caráter confidencial das informações de modo mutuamente convencionado.

"Art. 18. *Informação, sensibilização e educação do público*:

"1. Cada Parte, nos limites de seus meios, encoraja e facilita: a) colocação à disposição do público das informações disponíveis concernentes: i) aos efeitos do mercúrio e os compostos de mercúrio sobre a saúde e o meio ambiente; ii) às soluções de substituição do mercúrio e dos compostos de mercúrio; iii) aos sujeitos identificados no parágrafo 1 do artigo 17; iv) aos resultados de suas atividades de pesquisa-desenvolvimento e de fiscalização relativa ao título do artigo 19; e v) às atividades que ela (Parte) executa para se desincumbir de suas obrigações em relação à presente Convenção. b) a educação, a formação e a sensibilização do público no que concerne aos efeitos da exposição ao mercúrio e aos compostos de mercúrio sobre a saúde humana e ao meio ambiente, em colaboração com as organizações intergovernamentais e não governamentais competentes e as populações vulneráveis, no caso concreto.

"2. Cada Parte utiliza mecanismos existentes ou os mecanismos que planeja elaborar, tais como registros de rejeitos e transferência de poluentes, se for o caso, com fins de coleta e difusão de informações sobre as quantidades anuais estimadas de mercúrio e de compostos de mercúrio que são emitidas, rejeitadas ou eliminadas pelas atividades humanas sobre seu território"[123] (grifos nossos).

Ressalto dois elementos fundamentais relativos à informação na Convenção sobre Mercúrio: primeiro, as informações concernentes à saúde e à segurança das pessoas, assim como do meio ambiente, não são consideradas como confidenciais; segundo, as informações a serem coletadas pelo Secretariado da Convenção não serão enviadas somente para entidades públicas, mas, também, para organizações não governamentais. Quanto à inexistência de sigilo nas informações sobre mercúrio e os compostos de mercúrio no que concerne à saúde e ao meio ambiente é de indicar-se que já existe norma nesse sentido na Convenção de Aarhus, de 1998.[124]

123. Idem (minha tradução).

124. Item n. 4.40, deste Capítulo.

*Capítulo 5*

# *DIREITO À INFORMAÇÃO AMBIENTAL NA LEGISLAÇÃO BRASILEIRA*

*5.1 Direito à informação ambiental na Lei de Política Nacional do Meio Ambiente: 5.1.1 Influência da Declaração de Estocolmo e breve histórico da Lei de Política Nacional do Meio Ambiente – 5.1.2 Pontos fundamentais da Lei de Política Nacional do Meio Ambiente – 5.1.3 A informação na Lei de Política Nacional do Meio Ambiente: 5.1.3.1 Direito à informação concernente às análises ambientais – 5.1.3.2 Dever de publicar e licenciamento ambiental na Lei de Política Nacional do Meio Ambiente – 5.1.3.3 A informação como um dos instrumentos da Política Nacional do Meio Ambiente – 5.1.3.4 A responsabilidade civil sem culpa e a não informação ou a informação deficiente na Lei de Política Nacional do Meio Ambiente e na Constituição Federal. 5.2 Direito à informação ambiental na Lei da Ação Civil Pública: 5.2.1 A ação civil pública – 5.2.2 A informação voluntária e o Ministério Público – 5.2.3 A informação requisitada e o Ministério Público. 5.3 Direito à informação ambiental na Constituição Federal: o Estudo Prévio de Impacto Ambiental, a educação ambiental e a conscientização pública: 5.3.1 O Estudo Prévio de Impacto Ambiental e a informação – 5.3.2 A educação ambiental na Constituição Federal – 5.3.3 A conscientização pública para a preservação do meio ambiente, os meios de comunicação e a Constituição Federal. 5.4 Direito à informação ambiental nas Constituições dos Estados Brasileiros. 5.5 Lei 7.802, de 11.7.1989. O registro de agrotóxicos e a informação. 5.6 Lei 8.078, de 11.9.1990 (Código do Consumidor), e a informação: 5.6.1 Introdução – 5.6.2 Direito do consumidor à informação – 5.6.3 Publicidade e dever de informar – 5.6.4 Infração penal na omissão de dizeres ou sinais – 5.6.5 Responsabilidade civil objetiva por informação insuficiente e inadequada. 5.7 Política Nacional de Recursos Hídricos, a Agência Nacional de Recursos Hídricos e informação: 5.7.1 Introdução – 5.7.2 Princípios básicos do Sistema de Informações sobre Recursos Hídricos – 5.7.3 Objetivos do Sistema Nacional de Informações sobre Recursos Hídricos – 5.7.4 A Agência Nacional de Águas (ANA) e a informação. 5.8*

## *5.1 Direito à informação ambiental na Lei de Política Nacional do Meio Ambiente*

### *5.1.1 Influência da Declaração de Estocolmo e breve histórico da Lei de Política Nacional do Meio Ambiente*

A Organização das Nações Unidas – ONU convocou em 1972 uma Conferência Internacional sobre Meio Ambiente em Estocolmo (Suécia). Os países integrantes da ONU elaboraram a Declaração de Estocolmo/1972, que passa a ser o alicerce da política ambiental internacional e que vai influenciar decisivamente as políticas nacionais de meio ambiente. Constou no Preâmbulo da Declaração que “o poder que o homem tem de transformar o meio no qual vive, se for utilizado com discernimento, pode trazer a todos os povos os benefícios do desenvolvimento e a possibilidade de melhorar a qualidade de vida. Utilizado abusivamente ou de forma desatenta, este mesmo poder pode causar um mal incalculável aos seres humanos e ao meio ambiente”.[1] O Princípio 13 da Declaração de Estocolmo afirma que os Estados devem adotar uma concepção integrada e coordenada do planejamento de seu desenvolvimento, de modo a que este seja compatível com a necessidade de proteger e de melhorar o meio ambiente, no interesse de sua população.

1. Michel Prieur e Stéphane Doumbé-Billé, *Recueil Francophone des Traités et Textes Internationaux en Droit de l'Environnement. Déclaration de Stockholm*, p. 27 (minha a tradução).

Os países começam a organizar Ministérios de Meio Ambiente ou setores governamentais destinados a cuidar dessa complexa área. O Brasil, em 1973, criou a Secretaria Especial do Meio Ambiente – SEMA,[2] que passou a integrar o Ministério do Interior.

A SEMA teve como seu primeiro Secretário o professor Dr. Paulo Nogueira Neto, com graduação em Direito e pós-graduação em Biologia, sendo também empresário da área do açúcar e do álcool. Sob a orientação do mencionado Secretário foi elaborado o Anteprojeto da Lei de Política Nacional do Meio Ambiente, tendo esse anteprojeto sido debatido no I Curso de Direito Internacional e Comparado de Meio Ambiente, realizado em Piracicaba, sob o patrocínio da Universidade Metodista de Piracicaba e da Faculdade Internacional de Direito Comparado de Estrasburgo (França).[3] O projeto de lei foi discutido e votado no Congresso Nacional em 1981, transformando-se na Lei 6.938, de 31 de agosto desse ano.

### *5.1.2 Pontos fundamentais da Lei de Política Nacional do Meio Ambiente*

Destacam-se alguns pontos relevantes na Lei 6.938/1981: (a) é inserida a noção de meio ambiente como patrimônio público; (b) formula-se o Sistema Nacional do Meio Ambiente – SISNAMA, que teoricamente procura entrelaçar a atuação da União, dos Estados e dos Municípios. Adjetiva-se o SISNAMA como uma concepção teórica, porque não se conseguiu, ainda, fazer uma partilha das competências comuns, como determina a Constituição Federal (art. 23, parágrafo único); (c) cria-se o Conselho Nacional do Meio Ambiente – CONAMA, sendo uma razoável aplicação do princípio da participação, tendo como seus integrantes representantes da União, de todos os Estados e de organizações não gover-

2. Brasil, Decreto 73.030, de 30.10.1973.

3. O curso realizou-se de 20.8 a 1.9.1979 e teve como copatrocinadores a UNESCO, a *Dana Foundation*, a Secretaria Especial do Meio Ambiente – SEMA e a Prefeitura Municipal de Piracicaba. No transcorrer desse Curso foi criada a Sociedade Brasileira de Direito do Meio Ambiente – SOBRADIMA, que interveio intensamente na elaboração do Projeto de Lei da Política Nacional do Meio Ambiente, no âmbito governamental e perante o Congresso Nacional.

namentais – ONGs; (d) apresentam-se os instrumentos da Política Nacional do Meio Ambiente, entre eles o Sistema Nacional de Informações sobre Meio Ambiente e a Avaliação de Impactos Ambientais; (e) institui-se a responsabilidade ambiental civil sem culpa, ou objetiva; (f) atribui-se ao Ministério Público da União e dos Estados a legitimidade para propor ação de responsabilidade civil e criminal por danos causados ao meio ambiente.

### *5.1.3 A informação na Lei de Política Nacional do Meio Ambiente*

O tema relativo à informação é encontrado na parte referente ao Sistema Nacional do Meio Ambiente (art. 6º, § 3º) e nos instrumentos da Política Nacional do Meio Ambiente (art. 9º, VII, X e XI, e art. 10, § 1º).

Os órgãos e entidades da União, dos Estados, do Distrito Federal, dos Territórios e dos Municípios, bem como as fundações instituídas pelo Poder Público, responsáveis pela proteção e melhoria da qualidade ambiental constituirão o Sistema Nacional do Meio Ambiente – SISNAMA (art. 6º). Fazem parte desse Sistema: o órgão superior – Conselho de Governo; o órgão consultivo e deliberativo – Conselho Nacional do Meio Ambiente – CONAMA; o órgão central – o Ministério do Meio Ambiente; o órgão executor – o Instituto Nacional do Meio Ambiente e dos Recursos Naturais Renováveis – IBAMA; os órgãos seccionais – os órgãos ou entidades estaduais; e os órgãos locais – os órgãos ou entidades municipais.

#### 5.1.3.1 *Direito à informação concernente às análises ambientais*

Diz o § 3º do art. 6º: "Os órgãos central, setoriais, seccionais e locais mencionados neste artigo deverão fornecer os resultados das análises efetuadas e sua fundamentação, quando solicitados por pessoa legitimamente interessada". Este parágrafo, em parte, foi introduzido por emendas, sugeridas pela Sociedade Brasileira de Direito do Meio Ambiente e propostas pelo senador Passos Porto e pelos deputados federais Adhemar Ghisi, Adhemar Santillo, Horácio Ortiz, José Frejat e Walter Silva.[4]

4. Paulo Affonso Leme Machado, *Direito Ambiental Brasileiro*, 25ª ed., p. 230.

Constou como justificativa das emendas: "O controle da poluição ambiental ganhará em dinamismo e seriedade se os dados colhidos pelos organismos públicos não ficarem restritos aos meios administrativos. Com a medida proposta, cria-se oportunidade para as vítimas da poluição e também aos poluidores de tomarem conhecimento das análises levadas a efeito e de debaterem as conclusões com os responsáveis pelos órgãos de defesa do meio ambiente, melhorando o nível de informação dos que têm competência para decidir sobre esses temas. Os dados poderão servir, eventualmente, para embasar ações judiciais daqueles que entenderem tenham sido vulnerados seus direitos".[5]

As emendas dos parlamentares não continham a última parte do parágrafo "quando solicitados por pessoa legitimamente interessada". Essa parte foi introduzida pelo Relator do projeto na Comissão Mista do Congresso Nacional, senador Milton Cabral. Justificou o acréscimo dizendo que muitos poderiam solicitar a mesma informação, não havendo condições de atender àqueles que realmente necessitassem dessa providência. Analisando-se hoje a menção à "pessoa legitimamente interessada", constata-se que não se havia atingido a compreensão do largo espectro dos direitos difusos, que veio consagrado pela Constituição Federal de 1988, quando afirma que "todos" estão legitimados a gozar do meio ambiente ecologicamente equilibrado e essencial à sadia qualidade de vida. Nesse sentido, veja-se a lição de Helita Barreira Custódio.[6]

Pode-se argumentar que a obtenção do conteúdo das análises ambientais não contém a informação em toda sua amplitude. Isso é verdade, mas o posicionamento do legislador de 1981, na primeira grande lei ambiental brasileira, foi cauteloso. Não se repassam as informações diretamente vindas do empreendedor público ou privado, mas se transmitem as análises ou os exames que a Administração Pública tenha feito. O material objeto da comunicação é submetido à verificação do órgão ambiental. Nas poucas linhas do § 3º há três caminhos: o dever do empreendedor de informar ao órgão ambiental, a obrigação de o órgão ambiental examinar criticamente a informação recebida (não pode igno-

5. Idem, ibidem.

6. Helita Barreira Custódio, "Direito ambiental e relevância da informação", *RDC* 57/58-66.

rar, esquecer ou menosprezar a informação recebida) e o direito de a pessoa pedir essa informação ambiental, acompanhada de sua fundamentação. A inclusão do termo "fundamentação" [*das análises efetuadas*] está em consonância com a moderna concepção da governança, pois *governar é prestar contas*. De outro lado, não sendo a informação caracterizada como sigilosa, a Administração Pública não pode recusar o pedido apresentado.

#### 5.1.3.2 *Dever de publicar e licenciamento ambiental na Lei de Política Nacional do Meio Ambiente*

O licenciamento ambiental obrigatório encontrou na Lei 6.938/1981 não só um grande espaço, como também foi revestido de transparência. Não pode haver licenciamento ambiental secreto, isto é, sem prévia informação ao público.

Diz o art. 10: "A construção, instalação, ampliação e funcionamento de estabelecimentos e atividades utilizadoras de recursos ambientais, considerados efetiva ou potencialmente poluidores, bem como os capazes, sob qualquer forma, de causar degradação ambiental, dependerão de prévio licenciamento de órgão estadual competente, integrante do Sistema Nacional de Meio Ambiente – SISNAMA, e do Instituto Brasileiro do Meio Ambiente e Recursos Naturais Renováveis – IBAMA, em caráter supletivo, sem prejuízo de outras licenças exigíveis".

O § 1º do art. 10 da Lei 6.938/1981 estatui: "Os pedidos de licenciamento, sua renovação e a respectiva concessão serão publicados no jornal oficial do Estado, bem como em um periódico regional ou local de grande circulação".

O art. 10, *caput*, não apontou pormenorizadamente quais os tipos de atividades e de empreendimentos que deveriam ser licenciados. Indicou, contudo, os dois critérios de exigibilidade para o licenciamento: primeiro, sejam eles efetiva ou potencialmente poluidores; segundo, possam causar degradação ambiental. A explicitação das atividades e dos empreendimentos ficou a cargo dos regulamentos federais, estaduais e municipais.

A lei brasileira estabeleceu três momentos para que sobre uma mesma atividade ou um mesmo estabelecimento haja comunicação ao público. Primeiro, quando é pedido o licenciamento, quando se saberá o local onde fica o empreendimento, o tipo ou a natureza da atividade ou estabelecimento. Ao se ter conhecimento do início do licenciamento, as pessoas e as organizações não governamentais poderão acompanhar o procedimento, inclusive, quando for o caso, o Estudo Prévio de Impacto Ambiental. Segundo, pedindo-se a renovação de um licenciamento, para que possa o público apontar razões para a conveniência, ou não, de um novo licenciamento. Terceiro, a concessão do licenciamento deve ser publicada, para que se saiba quais os motivos dados para o deferimento do pedido.

Escolheu-se como obrigatória a comunicação através da imprensa escrita, pois em 1981 a comunicação eletrônica não estava ainda difundida. Certamente, nas atualizações da lei essas inovações serão introduzidas. Vale acentuar que não se optou pela informação somente através do jornal oficial.

Os jornais locais de grande circulação ou jornais regionais devem também veicular os dados sobre o licenciamento ambiental, facilitando-se o acesso a essa informação.

A implementação da Lei 6.938/1981 no que se refere à efetivação do dever de informar sobre o licenciamento ambiental foi objeto de Resolução do Conselho Nacional de Meio Ambiente – CONAMA, que tem competência para "estabelecer, mediante proposta do IBAMA, normas e critérios para o licenciamento de atividades efetiva ou potencialmente poluidoras" (art. 8º, I, da Lei 6.938/1981). Pela Resolução CONAMA-6, de 24.1.1986, oito modelos estão configurados no que se refere aos pedidos de licenciamento, renovação e respectivas concessões. Em quaisquer de suas modalidades devendo constar: "a) nome da empresa e sigla (se houver); b) sigla do órgão onde requereu a licença; c) modalidade da licença requerida; d) finalidade da licença; e) prazo de validade da licença (no caso de publicação de concessão da licença); f) tipo de atividade que será desenvolvida; g) local de desenvolvimento da atividade".

Foi um longo percurso a implementação da publicidade do licenciamento. Houve um tipo de resistência – a inércia ou a omissão de certos órgãos ambientais e de setores empresariais –, que foi superada, graças a intervenções da sociedade civil e do Ministério Público, levando-se à efetiva observância do art. 10º, § 1º, da Lei 6.938/1981.

### 5.1.3.3 *A informação como um dos instrumentos da Política Nacional do Meio Ambiente*

Dentre os 12 instrumentos da Política Nacional do Meio Ambiente, no art. 9º podemos mencionar três que abordam o tema "informação". São eles o inciso VII – o Sistema Nacional de Informações sobre o Meio Ambiente; o inciso X – a instituição do Relatório de Qualidade do Meio Ambiente, a ser divulgado pelo Instituto Brasileiro do Meio Ambiente e dos Recursos Naturais Renováveis – IBAMA; e o inciso XI – a garantia da prestação de informações relativas ao meio ambiente, obrigando-se o Poder Público a produzi-las, quando inexistentes.

O Sistema Nacional de Informações sobre o Meio Ambiente pretende fazer fluir a informação ambiental por todos os órgãos públicos que tratam de matérias pertinentes ao meio ambiente. O termo "Sistema" está sendo utilizado com frequência na legislação, seja na Constituição Federal como na legislação infraconstitucional. O Sistema Nacional do Meio Ambiente – SISNAMA foi criado também pela Lei de Política Nacional do Meio Ambiente. O Sistema Nacional de Gerenciamento de Recursos Hídricos foi instituído pela Constituição Federal (art. 21, XIX). Outros sistemas de informação foram criados para recursos hídricos (art. 25-27 da Lei 9.433/1997) e para biossegurança (art. 19 da Lei 11.105/2005). Um sistema de informações visa à articulação das informações entre os diversos órgãos que recebem, organizam e transmitem essas informações. Para que o sistema de informações funcione no federalismo brasileiro é necessário que não se pretenda anular as autonomias constitucionais, mas se faça uma integração de esforços e de recursos humanos e financeiros, numa cooperação não hierarquizada.

O Relatório de Qualidade do Meio Ambiente, inserido na Lei de Política Nacional do Meio Ambiente pela Lei 7.804/1989, deve ser realizado pelo IBAMA, a cada ano. A lei não vem sendo cumprida, pois não se elabora anualmente o Relatório, não se tendo utilizado da ação civil pública para exigir o cumprimento dessa obrigação de fazer.

A inserção da "garantia da prestação de informações relativas ao meio ambiente, obrigando-se o Poder Público a produzi-las, quando inexistentes", na Lei de Política Nacional de Meio Ambiente, alterada pela Lei 7.804/1989, foi um passo de alto significado, com duas vertentes. A primeira afirma indiscutivelmente o dever de informar do Poder Público no concernente às matérias que compõem o tema "meio ambiente". A segunda vertente mostra que o Poder Público deve transmitir não só a informação disponível, mas aquela que ele não coletou e não organizou. Discute-se na Comunidade Europeia sobre a interpretação da diretiva sobre acesso à informação ambiental sob o espectro das obrigações estatais, alguns entendendo que o Poder Público só se obriga a transmitir as informações disponíveis. No Brasil a questão está superada, diante da norma do art. 9º, XI, da Lei 6.938/ 1981. "Produzir a informação quando inexistente" não quer dizer inventar ou fabricar o fato ou o dado a ser informado. "Informação inexistente", na expressão da lei, é a informação que não se encontra no órgão ambiental no momento em que ela é solicitada. Isso não exime o Poder Público de ir pesquisar ou de ir buscar e trazer a informação onde ela esteja, isto é, em outro órgão público ou com uma pessoa física ou jurídica privada. A existência ou a inexistência de uma informação antecedem a apreciação de sua comunicação, podendo, pois, mesmo existindo, não ser comunicada, se a informação for protegida pelo sigilo.

#### 5.1.3.4 *A responsabilidade civil sem culpa e a não informação ou a informação deficiente na Lei de Política Nacional do Meio Ambiente e na Constituição Federal*

Diz o art. 14, § 1º, da Lei 6.938/1981 – Lei de Política Nacional do Meio Ambiente: "Sem obstar à aplicação das penalidades previstas neste artigo, é o poluidor obrigado, independentemente da existência de culpa, a indenizar ou reparar os danos causados ao meio ambiente e a terceiros afetados por sua atividade".

Qualquer pessoa – física ou jurídica – que exerça atividade potencialmente causadora de danos ao meio ambiente tem a obrigação de informar ao Poder Público sobre tudo que possa degradar o meio ambiente. Não se trata de informar sobre a vida privada dessa pessoa, mas informar sobre a vida profissional dessa pessoa que tenha ou possa ter consequências danosas à sanidade humana e ambiental. Se essa pessoa não informar o Poder Público, só por isso já causará danos ao meio ambiente e a terceiros. Esta afirmação nada tem de exagerado. Basta refletir no alcance da obrigação de informar e no prejuízo que a não informação e/ou a desinformação causam ao Poder Público. O Poder Público só pode cumprir sua obrigação se for abastecido pela fonte da informação, que é o "poluidor" ou o degradador. Este responde objetivamente – isto é, independentemente de culpa –, não excluindo sua responsabilidade a imprudência, a negligência ou a imperícia ao não informar. O prejuízo da não informação ou da informação deficiente ao Poder Público não é presumido, pois ao recusar, retardar ou omitir a informação impossibilita-se ao Poder Público garantir "a prestação das informações relativas ao meio ambiente" (art. 9º, XI, da Lei 6.938/1981). O Poder Público sofre um prejuízo, e deve ser indenizado, pois ele também responde objetivamente perante as pessoas que não sejam tempestivamente informadas (art. 37, § 6º, da CF).

José Rubens Morato Leite cita Iturraspe, o qual afirma que, "em matéria de direito ambiental, adquire relevância a conduta omissiva, ao lado da ação positiva, como fonte de danos. A omissão pode referir-se a deveres específicos, impostos por leis, decretos ou normas, como dever genérico de diligência para evitar prejuízos ambientais".[7]

José Alfredo de Oliveira Baracho Jr. ensina que, "dentre os que expressamente consagram a ideia de risco integral como fundamento para a responsabilidade civil por dano ao meio ambiente, podemos citar os trabalhos elaborados por Mancuso, Milaré, Benjamin, Nery Jr. e Nery, Athias e Pasqualotto. Não identificamos em Machado uma referência expressa à teoria do risco integral, não obstante o autor claramente propõe um sistema bastante rigoroso".[8] O autor afirma compreender a preocupação dos doutrinadores brasileiros em estabelecer um sistema de responsabilidade por dano ao meio ambiente o mais rigoroso possível, em face do alarmante quadro de degradação existente no Brasil.

7. Jorge Monet Iturraspe, "Dano ambiental" (*Ponencia*), Congresso de Direito Ambiental, Instituto "O Direito por um Planeta Verde", 1997, pp. 83-87, *apud* José Rubens Morato Leite, *Dano Ambiental: do Individual ao Coletivo Extrapatrimonial*, p. 202.

8. José Alfredo de Oliveira Baracho Jr., *Responsabilidade Civil por Dano ao Meio Ambiente*, pp. 321-322.

## *5.2 Direito à informação ambiental na Lei da Ação Civil Pública*

### *5.2.1 A ação civil pública*

"A ação da Lei 7.347/1985 objetiva a tutela de interesses metaindividuais, de início compreensivos dos difusos e coletivos em sentido estrito, aos quais na sequência se agregaram os individuais homogêneos (Lei 8.078/1990, art. 81, III, c/c os arts. 83 e 117)" – na lição de Rodolfo de Camargo Mancuso.[9] Optou-se no sistema brasileiro pela solução de atribuir a legitimidade para a defesa do meio ambiente em juízo, ao mesmo tempo, a organismos públicos e privados, que podem atuar em conjunto ou separadamente, evitando o monopólio do exercício da ação por um único ente legitimado, conforme Álvaro Luiz Valery Mirra.[10]

Consuelo Yatsuda Moromizato Yoshida afirma que: "A importância da otimização dos resultados concretos da ação civil pública mais se revela quando se atenta para a relevância não apenas jurídica, mas social e política, da tutela jurisdicional coletiva, que tem nessa modalidade de ação seu principal veículo, e que está atrelada à relevância da gama crescente e diversificada de bens e valores difusos, coletivos e individuais, passíveis de serem tutelados por essa via, e prestigiados pela ordem constitucional brasileira".[11]

"A defesa dos interesses difusos, dos interesses coletivos e dos interesses individuais homogêneos mudaram a fisionomia processual do Brasil. Os processos civis não retratam mais, na sua imensa maioria, somente as disputas de ordem estritamente privada."[12] A sanidade ambiental, o meio ambiente ecologicamente equilibrado – corporificado nas águas, ar, solo, flora e fauna – e o patrimônio histórico, artístico, estético, turístico

9. Rodolfo de Camargo Mancuso, *Ação Civil Pública*, 6ª ed., p. 21.

10. Álvaro Luiz Valery Mirra, *Ação Civil Pública e a Reparação do Dano ao Meio Ambiente*, 2ª ed., p. 138.

11. Consuelo Yatsuda Moromizato Yoshida, "Ação civil pública: judicialização dos conflitos e redução da litigiosidade", in Edis Milaré (coord.), *A Ação Civil Pública Após 20 Anos: Efetividade e Desafios*, pp. 111-138.

12. Paulo Affonso Leme Machado, "A implementação da ação civil pública ambiental no Brasil", in Airton Buzzo Alves, Almir Gasquez Rufino e José Antônio Franco da Silva (orgs.), *Funções Institucionais do Ministério Público*, pp. 371- 389.

e paisagístico passaram a fruir mais intensamente uma proteção preventiva e reparadora graças à intervenção do Poder Judiciário.

### *5.2.2 A informação voluntária e o Ministério Público*

A Lei 7.347, de 24.7.1985 (art. 6º), previu que as pessoas possam provocar a iniciativa do Ministério Público, fornecendo-lhe informações sobre fatos que constituam objeto da ação civil pública. É uma faculdade das pessoas levar essas informações, sendo um dever do Ministério Público receber a comunicação de fatos ligados ao meio ambiente – pois, consoante a Constituição Federal, é função institucional do Ministério Público "promover o inquérito civil e a ação civil pública, para a proteção do patrimônio público e social, do meio ambiente e de outros interesses difusos e coletivos" (art. 129, III).

René Ariel Dotti destaca que "a regra do art. 6º da Lei 7.347/ 1985 está materialmente inspirada pelas vigorosas expressões de uma democracia participativa, posto que as liberdades de ser informado e de informar correspondem às mais caras expressões democráticas no campo do conhecimento".[13]

As pessoas, sejam brasileiras ou estrangeiras, devem indicar "elementos de convicção" ao Ministério Público (art. 6º da Lei 7.347/ 1985). "Elementos de convicção" significam princípio de prova. Mas a lei não exige que as pessoas tragam prova completa, pronta e acabada para que o Ministério Público interponha a ação civil pública. A lei, ao dizer "qualquer pessoa", não se restringiu às pessoas físicas, podendo as associações dirigir-se ao Ministério Público para levar-lhe informações, mesmo que essas associações estejam legitimadas para propor a ação judicial.

### *5.2.3 A informação requisitada e o Ministério Público*

Diz o art. 10 da Lei 7.347/1985: "Constitui crime, punido com pena de reclusão de 1 (um) a 3 (três) anos, mais multa de 10 (dez) a

13. René Ariel Dotti, "A atuação do Ministério Público na proteção dos direitos difusos", *Revista do Ministério Público* (Porto Alegre), Edição Especial "Ação Civil pública – Tutela dos Interesses Difusos", 1986, pp. 66-94.

1.000 (mil) Obrigações Reajustáveis do Tesouro Nacional – ORTNs, a recusa, o retardamento ou a omissão de dados técnicos indispensáveis à propositura da ação civil, quando requisitados pelo Ministério Público".

O legislador brasileiro entendeu que o Ministério Público precisava ser amparado, até pela via penal, para que pudesse efetivamente apresentar provas na ação civil pública. O art. 10 mostra que a informação ambiental não pode ser sonegada à Instituição, que tem constitucionalmente obrigação de propor essa ação judicial.

O crime ocorre quando o agente público ou qualquer pessoa que detenha dados técnicos se recuse, se omita ou retarde em transmiti-los ao Ministério Público. O art. 10 refere-se a "dados técnicos indispensáveis à propositura da ação civil". Rodolfo de Camargo Mancuso afirma que "elemento integrante do tipo é a indispensabilidade daqueles dados técnicos, em face da propositura da ação; sejam eles apenas úteis ou complementares, o crime não se terá configurado".[14] Questão complexa é aferir a aludida indispensabilidade dos dados a serem informados ao Ministério Público, pois é preciso situar quem irá avaliar tal imprescindibilidade. Nelson Nery Jr. e Rosa Maria Andrade Nery comentam que cabe ao "juiz aferir o que seriam dados técnicos *indispensáveis à propositura da ação civil*".[15]

Pondere-se que a indispensabilidade pode estar jungida à urgência da coleta dos dados, pois os vestígios ou resíduos deixados pelo dano ambiental podem ser dispersados ou até desaparecer.

"Os dados técnicos podem envolver qualidade e quantidade de substâncias emitidas por uma indústria; tipos, sistemas, localização etc., acerca do controle da poluição, amostragens de produtos fabricados ou utilizados como matéria-prima, mapas e localização de depósitos, cópias de licenciamento, informações sobre reformas pretendidas ou em execução no prédio tombado, informações sobre plantios efetuados, desmatamentos projetados, sistemas de aplicação de pesticidas, importação e exportação de produtos da fauna e da flora. A re-

14. Rodolfo de Camargo Mancuso, *Ação Civil Pública*, cit., 6ª ed., p. 306.

15. Nelson Nery Jr. e Rosa Maria de Andrade Nery, *Código de Processo Civil Comentado e Legislação Processual Civil Extravagante em Vigor*, 5ª ed., p. 1.572.

quisição de dados técnicos pode abranger a elaboração de exames de laboratório."[16]

As informações que o Ministério Público requisita e cuja recusa, retardamento ou omissão configuram crime são aquelas que se destinam a embasar a propositura de ação civil pública. As informações poderão integrar o inquérito civil que sirva de base para a propositura da ação civil pública, ou podem ser juntadas diretamente à petição inicial. Entretanto, as informações não se destinam a fundamentar um termo de ajustamento de conduta – e, portanto, a recusa, retardamento ou omissão da transmissão de dados técnicos para essa finalidade não tipificam o crime do art. 10 da Lei 7.347/1985.

"Para a caracterização do crime de desobediência à requisição do Ministério Público, previsto no art. 10 da Lei n. 7.347/1985, é necessário que a recusa ou retardamento no atendimento do pedido seja indevida, ou seja, que haja demonstração da intenção de desobedecer, de não atender à ordem" – conforme decidiu o Tribunal de Justiça de São Paulo.[17]

## *5.3 Direito à informação ambiental na Constituição Federal: o Estudo Prévio de Impacto Ambiental, a educação ambiental e a conscientização pública*

### *5.3.1 O Estudo Prévio de Impacto Ambiental e a informação*

Eros Roberto Grau salienta que: "A Constituição, destarte, dá vigorosa resposta às correntes que propõem a exploração predatória dos recursos naturais, abroqueladas sobre o argumento, obscurantista, segundo o qual as preocupações com a defesa do meio ambiente envolvem

16. Paulo Affonso Leme Machado, *Ação Civil Pública e Tombamento*, 2ª ed., pp. 23-23. O professor Des. Gilberto Passos de Freitas acolheu esse entendimento, citando-o em seu artigo "Breves considerações sobre o crime de desobediência da Lei de Ação Civil Pública", in Edis Milaré (org.), *A Ação Civil Pública Após 20 Anos: Efetividade e Desafios*, cit., pp. 185-193.

17. Rel. Des. Passos de Freitas, RT 770/571 (*apud* Gilberto Passos de Freitas, "Breves considerações sobre o crime de desobediência da Lei de Ação Civil Pública", cit., in Edis Milaré (org.), *A Ação Civil Pública Após 20 Anos: Efetividade e Desafios*, p. 186).

proposta de 'retorno à barbárie'. O Capítulo VI do seu Título VIII, embora integrado por um só artigo e seus parágrafos – justamente o art. 225 –, é bastante avançado".[18]

O Estudo Prévio de Impacto Ambiental foi consagrado pela CF no art. 225. O § 1º arrola diversas incumbências do Poder Público visando a assegurar o direito de todos ao meio ambiente ecologicamente equilibrado, "bem de uso comum do povo e essencial à sadia qualidade de vida". Entre essas obrigações do Poder Público está a de "exigir, na forma da lei, para instalação de obra ou atividade potencialmente causadora de significativa degradação do meio ambiente, Estudo Prévio de Impacto Ambiental, a que se dará publicidade".

O termo "estudo" significa a aplicação metódica do espírito ou do intelecto para aprender e compreender. O Estudo de Impacto Ambiental vai procurar reunir informações sobre o estado atual do meio ambiente e como se pretende agir nesse meio ambiente, seja através de programas, planos, projetos em macroescala ou em microescala. A Constituição Federal inovou em relação à legislação antecedente ao inserir o termo "prévio", sinalizando o espaço temporal de sua realização, configurando, assim, um procedimento antecipatório com relação ao surgimento de danos ao meio ambiente.

O Estudo Prévio de Impacto Ambiental é um instrumento, por excelência, de encontro do público com o privado. Nele nada pode ficar obscuro ou escondido. O que for sigiloso não entra nesse procedimento. Por isso, usou o constituinte a expressão "a que se dará publicidade". A publicidade ambiental não é uma faculdade, um gosto ou um capricho. A forma verbal mostra a obrigação ou o dever de se dar publicidade a esse procedimento administrativo de prevenção.

É preciso assinalar que a Resolução CONAMA-1/1986 deve ser lida de acordo com a redação da Constituição Federal de 1988. Textualmente, diz a Resolução 1/1986, na primeira frase do art. 11: "Respeitado o sigilo industrial assim solicitado e demonstrado pelo interessado, o RIMA será acessível ao público". O sigilo industrial que estiver conforme à legislação e assim for demonstrado pelo interessado fica excluído do procedimento, que não tem uma parte sigilosa e uma parte

18. Eros R. Grau, *A Ordem Econômica na Constituição de 1988*, 18ª ed., p. 248.

pública, mas é todo ele integralmente público, conforme a letra e o espírito do art. 225, § 1º, IV, da CF. De outro lado, a acessibilidade ao público não é somente do Relatório de Impacto do Meio Ambiente – RIMA, mas de todo o Estudo Prévio de Impacto Ambiental, que engloba o próprio RIMA.

Os dicionários trazem dois sentidos para o termo "publicidade", que podemos integrar. "Publicidade", no sentido jurídico, é o fato de levar ao conhecimento do público.[19] É difusão no nível da opinião pública.[20] É o caráter do que é feito em público.[21] Assim, a publicidade determinada pela Constituição Federal é um procedimento que leva ao conhecimento do público ou da opinião pública o que foi levantado, informado e analisado no Estudo Prévio de Impacto Ambiental, de forma totalmente pública.

### *5.3.2 A educação ambiental na Constituição Federal*

A Constituição Federal dá como incumbência do Poder Público "promover a educação ambiental em todos os níveis de ensino (...)" (art. 225, § 1º, VI). A educação é conceituada também pela Lei Maior como "direito de todos e dever do Estado e da família", e "será promovida e incentivada com a colaboração da sociedade, visando ao pleno desenvolvimento da pessoa, seu preparo para o exercício da cidadania e sua qualificação para o trabalho" (art. 205).

O capítulo da Constituição Federal que tratou do meio ambiente agiu com sabedoria ao não omitir a obrigação de o Poder Público inserir essa matéria no campo da educação. Não é tarefa exclusiva do Poder Público a educação ambiental, pois, como em todo processo educativo, intervêm também a família, em primeiro lugar, e a sociedade, como o próprio texto constitucional afirma.

19. *Le Petit Robert – Dictionnaire de la Langue Française*, 2003, CD-ROM (minha a tradução).

20. *Vocabolario della Lingua Italiana*, 13ª ed., Firenze, Felice Le Monnier, 1994.

21. Aurélio Buarque de Holanda Ferreira, *Novo Aurélio Século XXI: o Dicionário da Língua Portuguesa*, 3ª ed. (CD-ROM).

A Lei de Política Nacional de Educação Ambiental diz: "Entendem-se por educação ambiental os processos por meio dos quais o indivíduo e a coletividade constroem valores sociais, conhecimentos, habilidades, atitudes e competências voltadas para a conservação do meio ambiente (...)" (art. 1º da Lei 9.795/1999).[22] Dessa forma, vê-se que educação ambiental é um processo de recepção de informações e da análise das mesmas.

### *5.3.3 A conscientização pública para a preservação do meio ambiente, os meios de comunicação e a Constituição Federal*

*Conscientização* é a "tomada de consciência da natureza das relações humanas dentro da sociedade em que se vive".[23] "*Conscenciar*": "fazer que alguém seja consciente de algo. 2 Adquirir consciência de algo".[24] "*Conscientiser*": "fazer tomar consciência a qualquer um. Dar consciência política a".[25]

A conscientização é também uma forma de instruir. Não se processa somente nas escolas ou nos cursos institucionalizados oficialmente. A Constituição referiu-se a "conscientização pública" certamente para não deixar esse processo só na intimidade das consciências.

Os meios de comunicação social exercem aqui inegável papel. Nesse sentido, salienta John B. Thompson: "Poucos duvidam de que os vários meios de comunicação tenham desempenhado e continuarão desempenhando um papel crucial na formação de um sentido de responsabilidade pelo nosso destino coletivo. Eles ajudaram a pôr em movimento uma certa 'democratização de responsabilidade', no sentido que

22. Brasil, Lei de Política Nacional de Educação Ambiental – Lei 9.795, de 27.4.1999, *DOU* 28.4.1999, Brasília/DF.

23. Antônio Houaiss, *Dicionário Eletrônico Houaiss da Língua Portuguesa*, versão 10.12.2001 (CD-ROM).

24. *Diccionario de la Lengua Española – Real Academía Española*, 21ª ed. (minha a tradução).

25. *Le Petit Robert – Dictionnaire de la Langue Française*, cit., CD-ROM (minha a tradução).

a preocupação por outros distantes se torna mais entranhada na vida cotidiana de mais e mais indivíduos. É difícil ler relatos de espécies de animais ameaçados de extinção pelas atividades de caçadores inescrupulosos sem sentir alguma responsabilidade – misturada, talvez, com algum sentimento de culpa e de tristeza – pelo seu destino".[26] Afirma também o autor que tais sentimentos comprovam a possibilidade de que "a crescente difusão de informações e imagens através da mídia pode ajudar a estimular e aprofundar um sentido de responsabilidade pelo mundo não humano da Natureza e pelo universo de outros seres distantes, que não compartilham das mesmas condições de vida".

Ainda que a conscientização pública para a preservação do meio ambiente na Constituição Federal esteja entre as obrigações do Poder Público, este não a implementará nem sozinho, nem como monopólio. De outro lado, a conscientização pública não equivale a propaganda governamental. A Lei de Política Nacional de Educação Ambiental, inserindo a educação ambiental em um processo educativo mais amplo, aponta como incumbência dos meios de comunicação de massa "colaborar de maneira ativa e permanente na disseminação de informações e práticas educativas sobre meio ambiente e incorporar a dimensão ambiental em sua programação" (art. 3º, IV, da Lei 9.795, de 27.4.1999).

Trata-se, como educação ambiental, de formação para a cidadania, sendo a mesma um dos cinco fundamentos da República Federativa do Brasil, para o exercício da democracia, onde "todo o poder emana do povo, que o exerce por meio de representantes eleitos ou diretamente, nos termos desta Constituição" (art. 1º, parágrafo único, da CF).

## *5.4 Direito à informação ambiental nas Constituições dos Estados Brasileiros*

As Constituições de 1989 da maioria dos Estados Brasileiros previram o direito à informação ambiental por parte das pessoas, como o dever do Poder Público de prestar essa informação. Previram o acesso à informação ambiental, de um modo amplo: Espírito Santo (art. 186, parágrafo único, VII – "garantir a todos acesso às informações sobre as

26. John B. Thompson, *A Mídia e a Modernidade – Uma Teoria Social da Mídia*, 6ª ed., p. 227.

fontes e causas da poluição e da degradação ambiental"); Goiás (art. 127, § 1º – "assegurar o direito à informação veraz e atualizada em tudo o que disser respeito à qualidade do meio ambiente"); Minas Gerais (art. 214, § 1º, II – "assegurar, na forma da lei, o livre acesso às informações básicas sobre o meio ambiente"); Pará (art. 253 – "é assegurada a participação popular em todas as decisões relacionadas ao meio ambiente e o direito à informação sobre essa matéria, na forma da lei"); Rio de Janeiro (art. 258, § 1º, XIII – "garantir o acesso dos interessados às informações sobre as fontes e causas de degradação ambiental"); Roraima (art. 219, VIII – "... e proporcionar à comunidade a informação das questões ambientais orientadas por um atendimento cultural lógico das relações entre a Natureza e a sociedade"); e Tocantins (art. 110, V – "garantia de acesso aos interessados em informações sobre fontes e causas da poluição e da degradação ambiental"). O Estado do Paraná prevê a informação no art. 207, § 1º ("Cabe ao Poder Público, na forma da lei, para assegurar a efetividade desse direito: ... IX – informar a população sobre os níveis de poluição e situações de risco e desequilíbrio ecológico").

Outros Estados não só garantem o acesso à informação ambiental, como determinam que a informação seja prestada sistematicamente (Amazonas, art. 239; Bahia, art. 214, II; Mato Grosso, art. 263, parágrafo único, VI; Rio de Janeiro, art. 258, § 1º, XIV; Rio de Janeiro, art. 150, § 10; Santa Catarina, art. 182, VIII; Sergipe, art. 232, § 1º, XI). Alguns Estados garantem também que a população seja informada sobre o resultado das ações de monitoramento, chamadas também de monitorias, e das atividades de auditoria ambiental: Amazonas, art. 239; Mato Grosso, art. 263, parágrafo único, VI; Rio de Janeiro, art. 279 – estabelecendo a obrigação de divulgação semestral do monitoramento da água servida à população; São Paulo, art. 193, V; e Sergipe, art. 232, § 1º, XII.

Especificam outros elementos da informação a ser transmitida: Amazonas ("níveis e comprometimentos da qualidade do meio ambiente, as situações de risco e a presença de substâncias danosas à saúde e à vida" – art. 239); Bahia (acrescentando ao texto do Amazonas a presença de "substâncias danosas à saúde nos alimentos, água, ar e solo e as situações de riscos de acidente" – art. 214, II); Maranhão (no mesmo sentido das Constituições indicadas, acrescentando que a informação deva versar também sobre a presença de substâncias danosas encontradiças na água potável, nos rios e nos mares – art. 241, IX); Mato Grosso (explicitando que a informação deve abranger a presença de substâncias danosas à saúde na água potável e nos alimentos – art. 263, parágrafo único, VI); Rio de Janeiro (dispositivo idêntico ao de Mato Grosso – art. 258, § 1º, XIV); Rio Grande do Norte (a informação deverá abranger "os níveis de poluição, situações de risco e desequilíbrio ecológico para a população" – art. 150, § 10); Santa Catarina (a informação devendo abranger a presença de substâncias danosas à saúde na água, no ar, no solo e nos alimentos – art. 182, VIII); São Paulo (a informação devendo abarcar a "presença de substâncias potencialmente nocivas à saúde, na água potável e nos alimentos" – art. 193, V) e Sergipe (devendo a informação abranger a presença "de substâncias potencialmente danosas à saúde na água potável, nas praias, nos balneários e nos alimentos" – art. 232, § 1º, XI).

A inclusão da matéria nas Constituições Estaduais apontadas revela não só a impossibilidade de se deixar de informar sobre meio ambiente, como define, sem reticências, os deveres dos órgãos públicos ambientais no transmitir a informação.[27]

## *5.5 Lei 7.802, de 11.7.1989.*[28] *O registro de agrotóxicos e a informação*

Esta lei dispõe sobre a pesquisa, a experimentação, a produção, a embalagem e rotulagem, o transporte, o armazenamento, a comercialização, a propaganda comercial, a utilização, a importação, a exportação, o destino final dos resíduos e embalagens, o registro, a classificação, o controle, a inspeção e a fiscalização de agrotóxicos, seus componentes e afins.

"Protocolado o pedido de registro, será publicado no *Diário Oficial da União* um resumo do mesmo" (art. 5º, § 3º, da Lei 7.802/ 1989). O Decreto 4.074/ 2002 estabelece com mais detalhes o teor do resumo a ser publicado.

27. Paulo Affonso Leme Machado, *Direito Ambiental Brasileiro*, cit., 25ª ed., p. 228.

28. Brasil, *DOU* 12.7.1989 (Seção 1), Brasília/DF.

No art. 14 do mencionado decreto está indicado o conteúdo mínimo da publicação: "O órgão registrante do agrotóxico, componente ou afim deverá publicar no *Diário Oficial da União*, no prazo de até 30 (trinta) dias da data do protocolo do pedido e da data da concessão ou indeferimento do registro, resumo contendo: I – do pedido: a) nome do requerente; b) marca comercial do produto; c) nome químico e comum do ingrediente ativo; d) nome científico, no caso de agente biológico; e) motivo da solicitação; e f) indicação de uso pretendido; II – da concessão ou indeferimento do registro: a) nome do requerente ou titular; b) marca comercial do produto; c) resultado do pedido e, se indeferido, o motivo; d) fabricante(s) e formulador(es); e) nome químico e comum do ingrediente ativo; f) nome científico, no caso de agente biológico; g) indicação de uso aprovada; h) classificação toxicológica; e i) classificação do potencial de periculosidade ambiental".

O regulamento foi incompleto ao não obrigar que outros dados devessem constar da publicação, tais como a classificação referente à toxicidade humana e os resultados dos testes efetuados assim como das análises indicativas da persistência de resíduos.[29]

## *5.6 Lei 8.078, de 11.9.1990 (Código do Consumidor), e a informação*

### *5.6.1 Introdução*

A Política Nacional das Relações de Consumo tem por objetivos, entre outros, o atendimento das necessidades dos consumidores, o respeito à sua dignidade, saúde e segurança, a melhoria de sua qualidade de vida, bem como a transparência e harmonia das relações de consumo (art. 4º).

O direito do consumidor e o direito ambiental têm pontos de convergência, pois tratam da proteção da vida, da saúde e da melhoria da qualidade de vida e devem enfrentar situações de risco ou de perigo e a nocividade de produtos e de serviços, havendo profunda inter-relação entre as regras processuais destinadas a defender esses interesses.

29. Paulo Affonso Leme Machado, *Direito Ambiental Brasileiro*, cit., 25ª ed., p. 768.

Patrícia Miranda Pizzol acentua que: "O princípio da perfeita interação entre o Código de Defesa do Consumidor e a Lei da Ação Civil Pública pode ser extraído dos arts. 90 do CDC e 21 da LACP. Em razão dessa interação entre o Código de Defesa do Consumidor e os outros diplomas legais que cuidam das ações coletivas, especialmente a Lei da Ação Civil Pública, foi dedicada a última parte do Código à tarefa de adaptá-los, o que ensejou o surgimento de um microssistema único, destinado à tutela de todos os direitos e interesses 'coletivos', com base no qual se vem sustentando a existência da denominada 'jurisdição civil coletiva'".[30]

### *5.6.2 Direito do consumidor à informação*

Diz o art. 6º da Lei 8.078/1990: "São direitos básicos do consumidor: I – a proteção da vida, saúde e segurança contra os riscos provocados por práticas no fornecimento de produtos e serviços considerados perigosos ou nocivos; (...) III – a informação adequada e clara sobre os diferentes produtos e serviços, com especificação correta de quantidade, características, composição, qualidade, tributos incidentes e preço, bem como os riscos que apresentem" (redação dada pela Lei 12.741/2012).

A Lei 8.078/1990 refere-se à informação em pelos menos dois artigos: o art. 6º e o art. 31. No art. 6º foi expressa ao afirmar o direito do consumidor à informação "adequada e clara". Informação "adequada" é aquela que tem congruência, que é apropriada. Informação "clara" é aquela que tem limpidez, que é perfeitamente compreensível.

Nelson Nery Jr. acentua que "do dever de prestar informações não estaria eximido o fornecedor, sob qualquer argumento e em qualquer tempo, tendo-se o direito inequívoco de exigir sempre as informações sobre o produto ou serviço adquirido, sob pena de estar sendo flagrantemente violado o princípio da transparência (...)".[31]

30. Patrícia Miranda Pizzol, *A Competência no Processo Civil*, pp. 570-571.

31. Nelson Nery Jr., "Alimentos transgênicos e o dever de informar o consumidor", in Sálvio de Figueiredo Teixeira (org.), *Estudos em Homenagem ao Ministro Adhemar Ferreira Maciel*, pp. 547-576.

O art. 31 determina que "a oferta e apresentação de produtos ou serviços devem assegurar informações corretas, claras, precisas e ostensivas e em Língua Portuguesa sobre suas características, qualidades, quantidade, composição, preço, garantia, prazos de validade e origem, entre outros dados, bem como sobre os riscos que apresentem à saúde e segurança dos consumidores".

Informação "correta" é a isenta de erros,[32] isto é, a informação verdadeira. Para encerrar o rol de qualidades da informação, disse a lei que ela deve ser "ostensiva" – que significa "aparente, aberto, patente, visível"[33] –, isto é, com facilidade de ser lida e compreendida, implementando o acesso à informação.

O direito do consumidor à informação é exercido sem que se busque necessariamente a intermediação do Poder Público. A obrigação de informar existe antes e durante a relação de consumo. "Trata-se de um dever exigido mesmo antes do início de qualquer relação. A informação passou a ser componente necessário do produto e do serviço, que não podem ser oferecidos no mercado sem ela" – conforme Rizatto Nunes.[34]

O fornecedor do produto ou o fornecedor do serviço estão obrigados a estabelecer essa ligação com os consumidores. Nesse sentido, José Geraldo Brito Filomeno acentua ser indispensável que haja um elo de comunicação constante entre fornecedores/consumidores para que estes últimos possam efetivamente ter acesso às informações sobre os produtos e serviços.[35]

Nelson Nery Jr. é explícito ao dizer que: "O dever de informar tem sua imprescindibilidade destacada em situações *sui generis*, como a do desenvolvimento de novas tecnologias, o que ocorre nos alimentos transgênicos, considerando-se os aspectos ainda desconhecidos dos ex-

32. Aurélio Buarque de Holanda Ferreira, *Novo Aurélio Século XXI: o Dicionário da Língua Portuguesa*, cit., 3ª ed. (CD-ROM).

33. *Le Petit Robert – Dictionnaire de Langue Française*, cit., CD-ROM (minha a tradução).

34. Rizatto Nunes, *Curso de Direito do Consumidor: com Exercícios*, p. 129.

35. José Geraldo Brito Filomeno, "Dos direitos básicos do Consumidor", in Ada Pellegrini Grinover e outros, *Código Brasileiro do Consumidor Comentado pelos Autores do Anteprojeto*, 8ª ed., p. 138.

perimentos. Nesses casos, a informação completa nos rótulos é o único meio eficaz de diferenciar, num eventual rastreamento, um produto de outro, podendo-se chegar às causas de eventuais danos e impedir sua continuidade, cumprindo-se, ainda, o preceito constitucional e o princípio da liberdade de escolha do consumidor, a partir da identificação do produto transgênico".[36]

### *5.6.3 Publicidade e dever de informar*

O termo "publicidade" pode ser entendido em dois sentidos: "publicidade" como tornar público algo, não se mantendo em segredo o fato; e "publicidade" como propaganda ou técnica de obter a aceitação do público. Nesse último sentido o termo foi empregado no Código do Consumidor.

Antônio Herman de Vasconcelos e Benjamin afirma: "O Código não obriga o fornecedor a anunciar. A publicidade, por esse prisma, em não sendo dever, é direito, só que direito exercitável à conta e risco do anunciante. O legislador, em tal matéria, não sanciona a carência de publicidade, mas somente a existência de publicidade que traduza uma má ou insuficiente informação. Não há no Código nenhuma regra que imponha um dever de anunciar, *a priori*, dirigido ao fornecedor".[37]

Art. 37 do Código do Consumidor: "É proibida toda publicidade enganosa ou abusiva. (...). § 3º. Para os efeitos deste Código, a publicidade é enganosa por omissão quando deixar de informar sobre dado essencial do produto ou serviço".

A publicidade ou "mensagem publicitária" (art. 18 do Código do Consumidor) não pode ser abusiva e nem enganosa. Ela é abusiva, quando mente indicando qualidades que o produto a ser consumido ou o serviço a ser prestado não possuam. A publicidade é enganosa quando

36. Nelson Nery Jr., "Alimentos transgênicos e o dever de informar o consumidor", cit., in Sálvio de Figueiredo Teixeira (org.), *Estudos em Homenagem ao Ministro Adhemar Ferreira Maciel*, p. 574.

37. Antônio Herman de Vasconcelos e Benjamin, "Das práticas comerciais", in Ada Pellegrini Grinover e outros, *Código Brasileiro do Consumidor Comentado pelos Autores do Anteprojeto*, cit., 8ª ed., p. 300.

deixa de informar sobre dado essencial do produto ou do serviço, isto é, quando a publicidade oculta informação sobre a característica fundamental do produto ou do serviço, apresentando aspectos não essenciais ou somente aparentes ou superficiais.

A publicidade comercial, que deveria ser um instrumento de informação, transformou-se em instrumento de persuasão, de concorrência ou até de manipulação, conforme Guido Alpa.[38]

### *5.6.4 Infração penal na omissão de dizeres ou sinais*

Art. 63 do Código do Consumidor: "Omitir dizeres ou sinais ostensivos sobre a nocividade ou periculosidade de produtos, nas embalagens, nos invólucros, recipientes ou publicidade: Pena – Detenção de seis meses a dois anos e multa".

Dizer é "expor através de palavras", é "informar, avisar, advertir".[39] A omissão da informação sobre a nocividade ou a possibilidade de prejudicar de produtos e a ausência de informação sobre a periculosidade de produtos, em embalagens, em invólucros, em recipientes e na publicidade comercial configura, sem qualquer dúvida, uma infração penal. A nocividade ou periculosidade de produtos para tipificar a infração penal deve ser constatada através de perícia, não sendo presumível. Desde que a ausência de informação esteja comprovada, para a configuração da infração penal não se torna necessário que o produto tenha sido entregue ao consumidor, bastando que o produto tenha sido expedido, por qualquer meio de transporte ou que a omissão dos dizeres conste da publicidade comercial.

### *5.6.5 Responsabilidade civil objetiva por informação insuficiente e inadequada*

A insuficiência ou inadequação da informação sobre a utilização ou os riscos dos produtos acarreta a responsabilidade civil sem culpa,

38. Guido Alpa, *Il Diritto dei Consumatori*, pp. 114-115.

39. Antônio Houaiss, *Dicionário Eletrônico Houaiss da Língua Portuguesa*, ob. cit.

pela reparação dos danos causados aos consumidores. São responsáveis o fabricante, o produtor, o construtor, nacional ou estrangeiro, e o importador, Esse é o expressivo conteúdo do art. 12, caput, do Código do Consumidor. O texto comentado mostra a necessidade do aprofundamento da informação, que não pode se ater à informações óbvias e superficiais. Não é qualquer informação que torna os atores do processo econômico referido irresponsáveis civilmente, mas a informação adequada sobre a utilização e os riscos, isto é, informação até sobre a probabilidade da ocorrência de danos incertos ou riscos, como indica o princípio da precaução.

## *5.7 Política Nacional de Recursos Hídricos, a Agência Nacional de Recursos Hídricos e informação*

### *5.7.1 Introdução*

A Lei de Política Nacional de Recursos Hídricos – Lei 9.433, de 8.1.1997 – tem quatro títulos, sendo que no "Título I – Da Política Nacional dos Recursos Hídricos" encontra-se, no Capítulo IV, a previsão de seis instrumentos de política hídrica, e especificamente o art. 5º, VI, que prevê o Sistema de Informações sobre Recursos Hídricos.

Além dos fundamentos, dos objetivos e das diretrizes gerais de ação, a lei vai focalizar com intensidade o plano de recursos hídricos, a outorga de uso dos recursos hídricos e a cobrança pelo uso desses recursos. De outro lado, a lei procura estruturar o Sistema Nacional de Gerenciamento de Recursos Hídricos, instituindo diversos órgãos.

O Sistema de Informações sobre Recursos Hídricos está contemplado em três artigos: o art. 25, que define o Sistema; o art. 26, que estabelece os princípios básicos; e o art. 27, que apresenta os objetivos do Sistema.

A Seção VI, que engloba os arts. 25 a 27, tem redação diferente no que tange ao nome do Sistema, sendo que no *caput* do art. 25 está a expressão "Sistema de Informações de Recursos Hídricos" e no mesmo art. 25, no parágrafo único, já está escrito "Sistema Nacional de Recursos Hídricos"; no art. 26 só consta "Sistema de Informações de Recursos Hídricos"; e, finalmente, no *caput* do art. 27 consta "Sistema Nacional de Informações sobre Recursos Hídricos". Não se pode deixar de fazer esse registro, pois essa diferenciação na redação tem inegável influência na interpretação jurídica.

A existência de um Sistema Nacional de Recursos Hídricos tem razão de ser legalmente, apoiando-se na instituição do Sistema Nacional de Gerenciamento de Recursos Hídricos, criado não só pela Lei 9.433/1997, mas pela própria Constituição Federal (art. 21, XIX).

### *5.7.2 Princípios básicos do Sistema de Informações sobre Recursos Hídricos*

Diz o art. 26 da Lei 9.433/1997: "São princípios básicos para o funcionamento do Sistema de Informações sobre Recursos Hídricos: I – descentralização da obtenção e produção de dados e informações; II – coordenação unificada do Sistema; III – acesso aos dados e informações garantido a toda a sociedade".

O sistema hídrico de informações é descentralizado na obtenção e produção de dados, mas é unificado na coordenação do sistema (art. 26, I e II). É de se ponderar que a unificação da coordenação desse Sistema merece ser interpretada também à luz do art. 18 da mesma CF, que reconhece os entes federados como autônomos. Dessa forma, principalmente levando-se em conta que o art. 26 não se reporta ao Sistema Nacional, mas a cada sistema de informações, que será estruturado pela União, pelos Estados e pelos Municípios. Parece-me que os entes federados, cada um por si mesmo, terão sua coordenação do Sistema de Informações de Recursos Hídricos, fluindo essas informações para um Sistema Nacional, que, evidentemente, terá sua própria direção ou coordenação. Há de se levar em conta que a própria Constituição Federal não unifica o domínio das águas, mas partilha esse domínio em águas da União e dos Estados (art. 20, III, e art. 26, I) e possibilita aos Municípios registrar, acompanhar e fiscalizar a exploração dos recursos hídricos (art. 23, XI).

O acesso aos dados e informações do Sistema está garantido a toda a sociedade. A Lei 9.433/1997 não abriu qualquer exceção de sigilo em relação ao direito de acesso às informações hídricas. O direito de obtenção e consulta dos dados e informações é das pessoas físicas e jurídicas, diante da expressão "toda a sociedade", que não exclui ninguém. Este princípio "básico" de acesso à informação é completado pela sua outra face: a divulgação obrigatória dos dados, prevista no art. 27.

### *5.7.3 Objetivos do Sistema Nacional de Informações sobre Recursos Hídricos*

Diz o art. 27 da Lei 9.433/1997: "São objetivos do Sistema Nacional de Informações sobre Recursos Hídricos: I – reunir, dar consistência e divulgar os dados e informações sobre a situação qualitativa e quantitativa dos recursos hídricos no Brasil; II – atualizar permanentemente as informações sobre disponibilidade e demanda de recursos hídricos em todo o território nacional; III – fornecer subsídios para a elaboração dos Planos de Recursos Hídricos".

O art. 27 dirige-se ao tratamento e disponibilização dos dados e informações sobre recursos hídricos em todo o Brasil. Visa a abarcar todo o território nacional, superando as partilhas de competência do regime federal e levando em conta que as águas superam a divisão política do país.

Os incisos I e II interpenetram-se. O inciso I preconiza o levantamento e a organização de dados e informações referentes ao estado do meio ambiente hídrico, isto é, situação qualitativa e situação quantitativa. Esses dados e informações devem ser divulgados, enquadrando-se em um comportamento pró-ativo da Administração Pública. Essas informações, portanto, não precisam ser solicitadas pela sociedade, pois devem chegar a ela sem qualquer pedido.

Adequadamente, a lei afirma que as informações deverão fornecer subsídios aos Planos de Recursos Hídricos. A Lei 9.433/1997 deixou, contudo, de indicar expressamente como os cidadãos e a sociedade civil serão informados sobre a elaboração desses planos, como também do procedimento de concessão das outorgas e da cobrança pelo uso dos recursos hídricos.

### *5.7.4 A Agência Nacional de Águas (ANA) e a informação*

Por emenda parlamentar foi introduzido na Lei 9.984/2000 o art. 8º, do seguinte teor: "A ANA dará publicidade aos pedidos de outorga de direito de uso de recursos de domínio da União, bem como aos atos administrativos que deles resultarem, por meio de publicação na Imprensa Oficial e em pelo menos um jornal de grande circulação na respectiva região".

Partilhar a água – bem de uso comum do povo – requer ampla publicidade, possibilitando a fiscalização de todos, e em especial daqueles que queiram obter a outorga de seu uso. A publicidade previne litígios hídricos e a desconfiança no próprio órgão público que concede a outorga. O procedimento da outorga não pode ser oculto, ignorado ou até sigiloso. O art. 8º foi inserido na lei que trata da instituição da ANA, e essa é a razão de ser atribuída a obrigação da publicidade somente a essa agência federal. Contudo, a publicidade na outorga deve ser estendida a todos os órgãos públicos estaduais através de norma geral federal, pois a metodologia administrativa das águas merece ser uniforme.

### *5.8 O Estatuto da Cidade e a informação – Lei 10.257, de 10.7.2001*

O Estatuto da Cidade estabelece normas de ordem pública e interesse social que regulam o uso da propriedade urbana em prol do bem coletivo, da segurança e do bem-estar dos cidadãos e do equilíbrio ambiental (art. 1º).

Entre os instrumentos da política urbana, está o planejamento municipal, nos quais se insere o plano diretor. O plano diretor deve assegurar o "atendimento das necessidades dos cidadãos quanto à qualidade de vida, à justiça social e ao desenvolvimento das atividades econômicas" (art. 39), sendo "instrumento básico da política de desenvolvimento e expansão urbana" (art. 40).

De acordo com a referida Lei 10.257/2001 (Estatuto da Cidade), no processo de elaboração do plano diretor e na fiscalização de sua implementação, os Poderes Legislativo e Executivo municipais garantirão, conforme o art. 40, § 4º: II – a publicidade quanto aos documentos e informações produzidos; III – o acesso de qualquer interessado aos documentos e informações produzidos.

O Prefeito Municipal incorre em improbidade administrativa, nos termos da Lei 8.429, de 2.6.1992, quando impedir ou deixar de garantir os requisitos contidos nos incisos I a III do § 4º do art. 40 do Estatuto da Cidade, conforme o art. 52 da mesma lei. O Prefeito Municipal deve ser responsabilizado judicialmente quando agir impedindo a publicidade de documentos e informações ou quando não garantir o acesso de qualquer interessado aos documentos e informações em todas as fases de elaboração do plano diretor e quando se pretender fiscalizar a execução desse plano.

## *5.9 Informação ambiental na Lei 10.650, de 16.4.2003*[40]

### *5.9.1 Introdução*

A lei mencionada dispõe sobre o "acesso público aos dados e informações existentes nos órgãos e entidades integrantes do SISNAMA", conforme está em sua ementa. A lei originou-se do Projeto de Lei 4.649/1998, apresentado pelos deputados federais Fábio Feldmann e Rita Camata.[41] O projeto de lei, aprovado no Congresso Nacional, continha 10 artigos, sendo que os arts. 6º e 7º foram vetados pelo Presidente da República.

A Lei 10.650/2003 inspirou-se na proposta da Convenção de Aarhus, conforme consta da justificativa do projeto.[42]

A lei trata do acesso público às informações ambientais e do fornecimento dessas informações como, também, da obrigatoriedade da publicação de determinadas matérias no *Diário Oficial*.

### *5.9.2 Informações existentes e órgãos públicos que devem fornecer a informação ambiental*

O art. 1º da Lei 10.650/2003 diz: "Esta Lei dispõe sobre o acesso público aos dados e informações ambientais existentes nos órgãos e entidades integrantes do Sistema Nacional do Meio Ambiente – SISNAMA, instituído pela Lei n. 6.938, de 31 de agosto de 1981".

40. Brasil, *DOU* 17.4.2003 (Seção 1), Brasília/DF.

41. Brasil, *Diário da Câmara dos Deputados*, 16.9.1998, p. 22.687.

42. Idem, pp. 22.689-22.690.

Ao se autolimitar em conceder acesso público aos dados e informações ambientais "existentes", a Lei 10.650 mostrou-se incompleta. A Constituição Federal afirma que "todos têm direito a receber dos órgãos públicos informações de seu interesse particular, ou de interesse coletivo ou geral, (...)" (art. 5º, XXXIII) – não se limitando a informações existentes. Especificamente sobre informações ambientais, a Lei 6.938/1981, referida na própria Lei 10.650, dispõe que entre os instrumentos da Política Nacional do Meio Ambiente está "a garantia da prestação de informações relativas ao meio ambiente, obrigando-se o Poder Público a produzi-las, quando inexistentes" (art. 9º, XI).

O Poder Público deve informar sobre as matérias que lhe compete controlar ou fiscalizar. Não pode desculpar-se por não informar alegando que não detém as informações. A admissão dessa desculpa significaria a concordância com o descumprimento da obrigação constitucional, pois a omissão governamental se tornaria praxe. Além do mais, abre-se uma porta para a conivência do Poder Público com os agressores da Natureza e com os poluidores, estimulando-se os órgãos públicos a não saber, para não informar.

O art. 6º da Lei 6.938/1981 estatui: "Os órgãos e entidades da União, dos Estados, do Distrito Federal, dos Territórios e dos Municípios, bem como as fundações instituídas pelo Poder Público, responsáveis pela proteção e melhoria da qualidade ambiental, constituirão o Sistema Nacional do Meio Ambiente – SISNAMA".

O SISNAMA comporta na estrutura um órgão superior, um órgão consultivo e deliberativo, um órgão central, um órgão executor, órgãos seccionais e órgãos locais, conforme o referido art. 6º.

Ao referir-se a órgãos e entidades "responsáveis pela proteção e melhoria da qualidade ambiental" não está a Lei 6.938/1981 dizendo que integram o SISNAMA somente aqueles organismos administrativos que tratem exclusivamente de matéria ambiental. O meio ambiente é assunto transversal, que permeia quase todos os órgãos públicos, sendo que a finalidade da criação do SISNAMA foi a de integrar órgãos, associações e pessoas interessadas e competentes na matéria.

Encontra-se uma razoável orientação para saber os órgãos que interagem em meio ambiente na lista dos integrantes do Conselho Nacional do Meio Ambiente – CONAMA. Todos esses órgãos públicos, inclusive as fundações instituídas pelo Poder Público, estão obrigados a franquear o acesso público a dados e informações ambientais.

### *5.9.3 Acesso público e fornecimento de informações*

Diz o art. 2º da Lei 10.650/2003: "Os órgãos e entidades da Administração Pública, direta, indireta e fundacional, integrantes do SISNAMA, ficam obrigados permitir o acesso público aos documentos, expedientes e processos administrativos que tratem de matéria ambiental e a fornecer todas as informações ambientais que estejam sob sua guarda, em meio escrito, visual, sonoro ou eletrônico, especialmente (...)".

#### 5.9.3.1 *Acesso público*

"Acessar" é entrar em algo, é poder participar de alguma coisa. A Lei 10.650/2003 estabelece a liberdade do acesso para o público no concernente a documentos, expedientes e processos administrativos que tratam de matéria ambiental. Ter acesso a documento administrativo, a expediente administrativo ou a processo administrativo é poder vê-los e manuseá-los, ainda que sob a vigilância de um agente da Administração Pública. Para que se realize o acesso é preciso um meio físico adequado (espaço, mesa, cadeira, iluminação) para quem quer ter acesso aos papéis ou outros documentos guardados pela Administração Pública.

"Documentação administrativa é o conjunto de documentos das repartições administrativas – atas, ofícios, portarias, instruções, despachos – do mais alto interesse para a Administração e para o administrado e que, por isso mesmo, estão à disposição do interessado para a defesa de direitos e esclarecimento de situações."[43] "A Administração Pública, para registro de seus atos, controle da conduta de seus agentes e solução de controvérsias dos administrados, utiliza-se de diversos *procedimentos* que recebem a denominação comum de *processo administrativo*."[44]

43. José Cretella Jr., *Dicionário de Direito Administrativo*, 3ª ed., p. 203.

44. Hely Lopes Meirelles, *Direito Administrativo Brasileiro*, 42ª ed., p. 818.

*Expediente administrativo* é a "correspondência, requerimentos, ofícios etc. duma repartição".[45] O expediente administrativo, na sua concepção geral, enquadra-se como um documento público não reservado. Contudo, ele pode, em determinadas circunstâncias, constituir uma "comunicação interna", que poderia estar coberta por sigilo (art. 2º, § 2º, da Lei 10.650/2003), desde que haja a indicação "expressa e fundamentada" (art. 2º, § 3º). Uma das formas de comunicação interna sigilosa seria a troca de correspondência, ofícios ou outro tipo de comunicação referente à apuração de ilícitos ambientais. Pondere-se que as comunicações internas não são catalogadas como necessariamente sigilosas, porque isso feriria o princípio da publicidade (art. 37 da CF).

O acesso faz parte de uma das fases do direito à informação. Podemos ter o acesso total e o acesso parcial às peças administrativas, conforme inexistam restrições legais ao seu conhecimento. O acesso supõe uma vontade de ser informado, pois depende da procura da informação; ao contrário da publicidade, onde a informação é transmitida independentemente de solicitação.

### 5.9.3.2 *Fornecimento de informações*

Os órgãos da Administração Pública – direta, indireta e fundacional – deverão fornecer todas as informações ambientais que estejam sob sua guarda, em meio escrito, visual, sonoro ou eletrônico. Interessa sublinhar que a Lei 10.650/2003 estabelece expressamente que sejam fornecidas "todas" as informações ambientais, não deixando à Administração Pública a faculdade de escolher quais informações serão transmitidas a quem as pedir.

Cabe, aqui, crítica à redação do art. 2º quando inseriu a expressão as "informações ambientais que estejam sob sua guarda". Os argumentos da crítica são os mesmos que foram formulados no item 5.6.2. Levada a uma interpretação puramente literal, poder-se-ia permitir a passividade ou a inércia da Administração Pública como órgão informador.

45. Aurélio Buarque de Holanda Ferreira, *Novo Aurélio Século XXI: o Dicionário da Língua Portuguesa*, cit., 3ª ed. (CD-ROM).

O conceito de *meio ambiente* expresso na Lei 6.938/1981 deve servir para balizar o conteúdo da "matéria ambiental" (art. 2º da Lei 10.650/2003). Contudo, esta Lei quis enfatizar oito áreas do meio ambiente cujas informações devem ser comunicadas aos interessados.

A qualidade do meio ambiente é o primeiro tema da estrada informativa. É abrangente o tema, já constando na Lei 6.938/1981 como objeto de Relatório Anual a ser elaborado pelo IBAMA (art. 9º, X). A Lei 10.650/2003 também insere a obrigação anual de serem feitos relatórios sobre a qualidade do ar e da água (art. 8º). No caso do art. 2º, a diferença é que não se esperará um ano para informar a qualidade do meio ambiente, mas essa informação será transmitida num prazo de até 30 dias (art. 2º, § 5º).

O acesso público a políticas, planos e programas potencialmente causadores de impacto ambiental passou a ser garantido. Havendo incerteza sobre a possibilidade de impacto ambiental, a solução é abrir para o conhecimento público políticas, planos e programas. Não obstante não ter a lei apontado a fase em que se deva dar acesso aos documentos referidos, é de se refletir sobre as vantagens da presença participativa dos interessados, sendo a informação fornecida em todas as fases da formulação desses documentos. Não se há de esperar que as políticas, planos e programas ambientais estejam totalmente prontos para que o público possa deles tomar conhecimento, colocando-se os informados praticamente diante de fatos consumados, em que se mudará muito pouco ou em que as alterações só poderão ocorrer em pontos insignificantes, pois o grande esqueleto dos documentos já foi traçado, quase de forma imutável.

A inserção do direito de acesso aos resultados de monitoramentos e de auditorias nos sistemas de controle de poluição e o possível conhecimento dos planos de recuperação de áreas degradadas merecem elogios. Contudo, não basta ficar constando no art. 2º, III, da Lei 10.650 o direito de pedir essa informação. O que está na lei é muito pouco, e não dá chances a um permanente e ativo controle social da poluição e da recuperação de áreas degradadas. Da mesma forma em relação a todas as matérias tratadas nos incisos IV a VIII – acidentes, situações de risco ou de emergência ambientais; emissões de efluentes líquidos e gasosos e produção de resíduos sólidos; substâncias tóxicas e perigosas; diversidade biológica e organismos geneticamente modificados – OGMs.

A Lei 10.650/2003 tem seus méritos, mas não se pode deixar de afirmar que se tornou insuficiente, diante da velocidade e da intensidade dos fatos poluidores dos ecossistemas. Precisamos de uma reforma dessa legislação ou, mesmo, de uma antecipação voluntária dos órgãos do SISNAMA, propiciando que a Administração Pública Ambiental ininterruptamente bata à porta das cidadãs e dos cidadãos informando-os, via Internet, do estado do meio ambiente. Sem isso a informação se tornará uma partitura chorosa e resignada, a ser executada diante de degradações irreversíveis.

### *5.9.4 Quem pode ter acesso às informações ambientais*

Diz o art. 2º, § 1º, da Lei 10.650/2003: "Qualquer indivíduo, independentemente da comprovação de interesse específico, terá acesso às informações de que trata esta Lei, mediante requerimento escrito, no qual assumirá a obrigação de não utilizar as informações colhidas para fins comerciais, sob as penas da lei civil, penal, de direito autoral e de propriedade industrial, assim como de citar as fontes, caso, por qualquer meio, venha a divulgar os aludidos dados".

A lei afirma que o acesso às informações ambientais não depende da "comprovação de interesse específico". É um ponto alto da lei. Não há necessidade de ser dito o motivo por que se deseja a informação. Não é um favor que a lei está concedendo aos indivíduos, pois a comunicação a ser feita é um direito fundamental (art. 5º, XXXIII, da CF) e da lógica dos fatos tratando-se de interesses difusos, inseridos no interesse geral. Afasta-se, sem tergiversação, a trava que houvera sido posta no acesso à informação ambiental no final do § 3º do art. 6º da Lei 6.938/1981. Para se obter a informação não se discute a legitimidade do requerente.

A lei brasileira inspirou-se na Convenção de Aarhus, que inseriu amplamente o acesso à informação ambiental, dizendo "sem que o público tenha que fazer valer um interesse particular" (art. 4-1-a). O parágrafo comentado da Lei 10.650/2003, frente à Convenção, tem uma certa timidez, pois somente fala no requerente como "indivíduo", quando esta se refere a "público". A redação da lei comentada não impede que as associações solicitem informações ambientais, pois as associações, ainda que possam ter personalidade jurídica, nada mais são que indivíduos agrupados ao redor da mesma finalidade. Seria um contrassenso admitir a legitimidade das associações para agir na justiça (Lei 7.347/1985) sem que se lhes permitisse buscar as informações ambientais.

Outro dado importante do Direito Comparado é a Lei da Liberdade de Informação dos Estados Unidos da América (*Freedom of Information Act*), de 1967, emendada em 1974-1975, pela qual compete à Administração provar a legitimidade de qualquer recusa de informação, e não ao requerente provar o fundamento de seu pedido.[46]

No § 1º do art. 2º obriga-se o requerente da informação a assumir duas obrigações: não utilizar as informações colhidas para fins comerciais e citar as fontes, caso venha a divulgar os dados recebidos. A obrigação referente à não utilização das informações para fins comerciais já tem sua defesa no § 2º do mesmo art. 2º, quando se assegura o sigilo comercial. Uma informação ambiental não é necessariamente neutra, podendo ter reflexos diretos e indiretos sobre o comércio de um produto. Se a informação é verdadeira, não há razão para impedir sua livre divulgação, ainda que tenha consequências sobre o comércio de determinado produto. Entendo que a imposição feita pelo art. 2º, § 1º, da Lei 10.650/2003 viola o art. 5º, em seus incisos X, XIV e XXXIII, da CF.

A Lei 12.527/2011 ilumina a questão ao preceituar que "São vedadas quaisquer exigências relativas aos motivos determinantes da solicitação de informações de interesse público" (art. 10, § 3º). A exigência que o § 1º do art. 2º da Lei 10.650, de que o requerente da informação "assumirá a obrigação de não utilizar as informações colhidas para fins comerciais", além de ser descabida e exagerada, conflita com a referida Lei 12.527/2011, que proíbe qualquer exigência quanto ao motivo determinante da solicitação de informação. Pela Lei 12.527 quem requer informação não tem que assumir nenhuma obrigação, pois, uma possível utilização indevida da informação só pode ser apreciada *a posteriori* e não *a priori*, o que equivaleria a uma censura prévia da solicitação. A Lei 12.527 revoga a Lei 10.650, no texto apontado, pois a lei poste-

46. Ignazio F. Caramazza, "Dal principio de segretezza al principio di trasparenza. Profili generali de una riforma", *Rivista Trimestrale di Diritto Pubblico* 4/941-958.

rior revoga a anterior, quando seja com ela incompatível, conforme a Lei de Introdução às Normas do Direito Brasileiro.[47]

### *5.9.5 Matérias protegidas por sigilo*

Dispõe o art. 2º, § 2º, da Lei 10.650/2003: "É assegurado o sigilo comercial, industrial, financeiro ou qualquer outro sigilo protegido por lei, bem como o relativo às comunicações internas dos órgãos e entidades governamentais".

Os diferentes tipos de sigilo admitidos por lei ou previstos no Direito Internacional serão analisados em tópico posterior.

### *5.9.6 A Administração Pública e a prestação de informações pelas entidades privadas*

Diz o art. 3º da Lei 10.650/2003: "Para o atendimento do disposto nesta Lei, as autoridades públicas poderão exigir a prestação periódica de qualquer tipo de informação por parte das entidades privadas, mediante sistema específico a ser implementado por todos os órgãos do SISNAMA, sobre os impactos ambientais potenciais e efetivos de suas atividades, independente da existência ou necessidade de instauração de qualquer processo administrativo".

As entidades privadas devem informar aos órgãos do SISNAMA os impactos ambientais potenciais e efetivos de suas atividades. Essa prestação de informações deve constituir rotina na vida de uma empresa. A transmissão das informações ambientais não elimina a responsabilidade jurídica da informante, mas não deixa de mostrar sua boa-fé, por não operar clandestinamente. A lei procura fazer fluir as informações ambientais das empresas para os órgãos ambientais sem o trauma de um processo administrativo, não obstante possam ser utilizados, para a obtenção dessas informações, meios coercitivos das áreas civil, penal e administrativa.

O artigo foi indulgente e omisso com as "autoridades públicas" ao conceder a elas uma faculdade de exigir a prestação de informações

47. Redação dada pela Lei 12.376, de 2010 – Decreto-lei 4.657, de 1942, art. 2º, § 1º.

ambientais das entidades privadas, quando o correto seria que essas autoridades exigissem ser informadas. A obtenção de informações ambientais por parte dos órgãos públicos significa, antes de mais nada, a viabilização para todos do direito ao meio ecologicamente equilibrado e essencial à sadia qualidade de vida – direito fundamental assegurado constitucionalmente.

### *5.9.7 Indeferimento de pedido de informações ou de consulta a documentos*

Preceitua o art. 5º da Lei 10.650/2003: "O indeferimento do pedido de informações ou consulta a processos administrativos deverá ser motivado, sujeitando-se a recurso hierárquico, no prazo de 15 (quinze) dias, contado da ciência da decisão, dada diretamente nos autos ou por meio de carta com aviso de recebimento, ou em caso de devolução pelo Correio, por publicação em *Diário Oficial*".

A Lei 10.650/2003 foi explícita em exigir que o indeferimento do pedido de informações ou de consulta a processos administrativos seja motivado. Mesmo não constando do art. 5º que o indeferimento a consulta a documentos e expedientes deva ser também motivado, não se pode legalmente aceitar sua não motivação, pois todo ato administrativo deve ser motivado.[48]

### *5.9.8 Publicação no* Diário Oficial

A Lei 10.650/2003 enumera no art. 4º diversos casos em que há obrigação de publicação em *Diário Oficial*: pedidos de licenciamento, sua renovação e respectiva concessão; pedidos de licenças para supressão de vegetação; autos de infrações e respectivas penalidades impostas pelos órgãos ambientais; lavratura de termos de compromisso de ajustamento de conduta; reincidência em infrações ambientais; recursos interpostos em processo administrativo e respectivas decisões; registro de apresentação de Estudo de Impacto Ambiental e sua aprovação ou rejeição.

48. Brasil, Lei 9.784, de 29.1.1999 (art. 2º), *DOU* 1.2.1999, Brasília/DF.

Pelo que se vê do rol das atividades que devam ser noticiadas, a lei em exame repetiu anteriores exigências legais e inovou ao obrigar a publicidade em casos que ficavam escondidos. Não se pode negar que é um princípio de abertura, em que se começa a afastar a "cortina do silêncio" atrás da qual se movem os atores da poluição e da utilização dos recursos ambientais. Entretanto, temos que convir que a informação obrigatória do art. 4º é insuficiente, e só bem utilizável pelos especialistas. Nem o grande público e nem os meios de comunicação serão atingidos por uma comunicação tão acanhada e tão avara no mencionar os fatos. A realidade mundial e nacional com relação à informação não pode permanecer no mesmo quadro de 1981, quando a Lei de Política Nacional do Meio Ambiente foi formulada, buscando inovar, o quanto possível, à época. A Lei 10.650/2003, 22 anos depois da Lei 6.938, está, lamentavelmente, em descompasso com as necessidades atuais da informação ambiental.

### *5.9.9 Pagamento do fornecimento de informações. A informação não é mercadoria*

Diz o art. 9º da Lei 10.650/2003: "As informações de que trata esta Lei serão prestadas mediante o recolhimento de valor correspondente ao ressarcimento dos recursos despendidos para o seu fornecimento, observadas as normas e tabelas específicas, fixadas pelo órgão competente em nível federal, estadual ou municipal".

Importa centrar-se no essencial do artigo: a lei permite o ressarcimento dos recursos despendidos com o fornecimento da informação. Esses recursos podem compreender as despesas com a compra de papel para imprimir informações escritas ou para enviar informações por *fax* ou por telefone. Incumbe aos órgãos públicos comprovar abertamente os gastos com o fornecimento das informações, para que o público possa constatar a adequação dos preços. A exacerbação injustificada dos preços configura denegação da informação.

O direito constitucional à informação estaria sendo negado se os órgãos públicos pretendessem ter lucro com o fornecimento das informações. Estas não podem ser conceituadas como mercadorias, que se expõem a venda e compra. É preciso ter cautela para impedir o monopólio das notícias públicas, evitando-se que só um órgão ou agência possa ser o agente transmissor como, também, o editor das informações ambientais.

## *5.10 Lei 11.105, de 24.3.2005. Biossegurança e informação*

### *5.10.1 Introdução*

A Lei 11.105/2005 estabelece normas de segurança e mecanismos de fiscalização relacionados com organismos geneticamente modificados – OGMs e seus derivados (art. 1º). OGM é um organismo cujo material genético – ADN/ARN – tenha sido modificado por qualquer técnica de Engenharia Genética (art. 3º, V). O material genético expresso pela sigla "ADN" é o ácido desoxirribonucléico; e a sigla "ARN" é do ácido ribonucléico, contendo informações determinantes dos caracteres hereditários transmissíveis à descendência (art. 3º, II).

As normas de segurança e de fiscalização vão abranger a construção, o cultivo, a produção, a manipulação, o transporte, a transferência, a importação, a exportação, o armazenamento, a pesquisa, a comercialização, o consumo, a liberação no meio ambiente e o descarte dos OGMs.

A Lei 11.105/2005 estabelece três grandes diretrizes a serem observadas no emprego das técnicas de Engenharia Genética: a primeira diretriz é a proteção à vida e à saúde humana, animal e vegetal; a segunda diretriz é o estímulo ao avanço científico na área de biossegurança e biotecnologia; e a terceira diretriz concerne à observância do princípio da precaução para a proteção do meio ambiente. A ordem em que coloquei as diretrizes é a que me parece mais consentânea com a Constituição Federal, onde a proteção da vida se antepõe ao avanço científico. A biossegurança não está definida na Lei 11.105/2005. Assim, trazemos o conceito inserto em dicionário: *biossegurança é o conjunto de estudos e procedimentos que visam a evitar ou controlar os eventuais problemas suscitados por pesquisas biológicas e/ou por suas aplicações.*[49] A Engenharia Genética, não obstante seus elevados objetivos, é matéria

49. Aurélio Buarque de Holanda Ferreira, *Novo Aurélio Século XXI: o Dicionário da Língua Portuguesa*, cit., 3ª ed. (CD-ROM).

que comporta, em tese, risco para a segurança da saúde humana, animal e vegetal e do meio ambiente; e, por isso, há inegável interesse público em controlar e fiscalizar suas atividades.

Na área federal estão envolvidos intensamente no tema os seguintes Ministérios: da Ciência e Tecnologia; da Agricultura, Pecuária e Abastecimento; do Meio Ambiente; e a Secretaria Especial de Aquicultura e Pesca da Presidência da República. A Lei 11.105 criou duas instâncias administrativas colegiadas para tratar dos organismos geneticamente modificados: o Conselho Nacional de Biossegurança – CNBS e a Comissão Técnica Nacional de Biossegurança – CTNBio.

### *5.10.2 Conselho Nacional de Biossegurança (CNBS)*

O Conselho Nacional de Biossegurança – CNBS é vinculado à Presidência da República e é órgão de assessoramento superior do Presidente da República para a formulação e implementação da Política Nacional de Biossegurança – PNB.

Entre suas competências está a de analisar e julgar, em última e definitiva instância, os pedidos de liberação para uso comercial de OGMs e seus derivados (art. 8º da Lei 11.105/2005). A lei não se refere ao modo de divulgação dos atos desse Conselho.

### *5.10.3 Comissão Técnica Nacional de Biossegurança (CTNBio) e informação*

Estatui o art. 10 da Lei 11.105/2005 que a CTNBio, integrante do Ministério da Ciência e Tecnologia, é instância colegiada multidisciplinar de caráter consultivo e deliberativo, para prestar apoio técnico e de assessoramento ao Governo Federal na formulação, atualização e implementação da PNB de OGMs e seus derivados, bem como no estabelecimento de normas técnicas de segurança e de pareceres técnicos referentes à autorização para atividades que envolvam pesquisa e uso comercial de OGMs e seus derivados, com base na avaliação de seu risco zoofitossanitário, à saúde humana e ao meio ambiente.

Em resumo, uma das funções da CTNBio – a mais solicitada – é a da avaliação do risco referente às atividades que envolvam pesquisa de

OGMs e seus derivados e uso comercial de OGMs e seus derivados com relação à saúde humana e o meio ambiente. Quem trata de *risco*, trata de *prevenção* e de *precaução*.

A Lei 11.105/2005 colocou textualmente que a PNB deve observar o princípio de precaução. A aplicação deste princípio deve levar a CTNBio a agir prevenindo mesmo quando haja incerteza científica sobre se uma pesquisa ou um produto podem causar danos à saúde humana e ao meio ambiente. Antes da adoção do princípio de precaução havia o dever de prevenir diante da certeza científica; e, agora, o Poder Público passa a ter responsabilidade específica de não deixar que a saúde humana e o meio ambiente tenham a possibilidade de ser vulnerados pela utilização de OGMs cujos riscos não tenham sido amplamente avaliados.

O controle sobre o OGM não é somente uma questão de governo, mas é do governo e da sociedade civil. Sociedade civil leiga ou sem qualificações científicas e sociedade civil especializada querem atuar no controle social dos OGMs. Daí a necessidade de a CTNBio ter transparência em sua ação – transparência, essa, que não é sem limites, como se verá.

Entre as atribuições da CTNBio está a de "divulgar, no *Diário Oficial da União*, previamente à análise, os extratos dos pleitos e, posteriormente, dos pareceres dos processos que lhe forem submetidos, bem como dar ampla publicidade no Sistema de Informações em Biossegurança – SIB a sua agenda, processos em trâmite, relatórios anuais, atas das reuniões e demais informações sobre suas atividades, excluídas as informações sigilosas, de interesses comercial, apontadas pelo proponente e assim consideradas pela CTNBio" (art. 14, XIX).

Com relação à informação, a Lei 11.105/2005 estabelece dois deveres para a CTNBio: divulgação no *Diário Oficial da União* e publicidade de suas atividades por meio do SIB. Em contraposição à obrigação de informar da CTNBio está sua possibilidade de impor sigilo a determinado assunto de interesse comercial, a pedido de quem requer autorização ou outra medida do Colegiado. O sigilo poderá recair sobre determinada matéria somente e exclusivamente naquilo em que a publicidade prejudique o interesse comercial.

A publicidade sempre é a regra geral dos atos administrativos (art. 37, *caput*, da CF). E, portanto, não se torna necessário comprovar, a cada ato, as razões que levam a torná-lo público. O contrário sucede com o sigilo, que é uma exceção, quebrantando o princípio da transparência e da prestação de contas dos órgãos públicos. Por isso, a CTNBio necessita *motivar*, isto é, apresentar amplamente os fundamentos de sua decisão colegiada – e não de ato do presidente da CTNBio – que deliberar pela não publicidade de determinado processo.

A CTNBio poderá realizar audiências públicas, garantir a participação da sociedade civil, na forma do regulamento (art. 15, *caput*, da Lei 11.150/2005). Foi um avanço da lei diante do que dispunha a Instrução Normativa 19/2000, em que a presença à audiência dependia de convite da Comissão.[50] O parágrafo único do art. 15 da lei em análise possibilita que as organizações da sociedade civil requeiram a realização de audiências públicas em casos de liberação comercial de OGMs. Estão legitimadas a fazer tal requerimento as organizações ou associações que tenham interesse nas áreas de "biossegurança, biotecnologia, biologia, saúde humana e animal ou meio ambiente" (art. 6º, *caput*, do Decreto 5.591/2005) e "consumidor", "agricultura familiar" e "saúde do trabalhador" (art. 6º, III, VII e VIII, c/c o art. 43, § 4º, do mencionado decreto).

### *5.10.4 Sistema de Informações em Biossegurança (SIB)*

A Lei 11.105/2005 criou no âmbito do Ministério da Ciência e Tecnologia o Sistema de Informações em Biossegurança – SIB para fazer a gestão das informações decorrentes "das atividades de análise, autorização, registro, monitoramento e acompanhamento das atividades que envolvam OGM e seus derivados" (art. 19).

Não só a CTNBio deverá enviar informações ao SIB mas, também, todos os Ministérios envolvidos (art. 16, IV e V, da Lei 11.105/2005).

As leis brasileiras de Política Nacional de Gerenciamento de Recursos Hídricos e de Biossegurança criaram sistemas de informações – e, neste aspecto, merecem elogios. Contudo, é de se lembrar que as in-

50. Paulo Affonso Leme Machado, *Direito Ambiental Brasileiro*, 25ª ed., pp. 1.211 e ss.

formações a serem transmitidas ao público não caem no domínio da atividade discricionária da Administração Pública, cumprindo ela um dever constitucional e legal. A comunicação pública, contudo, como adverte Vignudelli, não pode derrapar para a propaganda.[51]

51. Aljs Vignudelli, "Genesi fenomenologica della communicazione pubblica dello Stato Autoritario 'secretante' alla trasparenza dello Stato Democratico", *Il Diritto dell'Informazione e dell'Informatica* 2/241, Ano XXI.

# *Capítulo 6*

# *OS LIMITES À INFORMAÇÃO E O MEIO AMBIENTE*



## *6.1 Os limites ao direito de informação na Constituição Federal*

### *6.1.1 O art. 5º, X, da CF e o direito à intimidade e à vida privada*

O art. 5º, X, da CF afirma que "são invioláveis a intimidade, a vida privada, a honra e a imagem das pessoas, assegurado o direito à indenização pelo dano material ou moral decorrente de sua violação".

A CF utiliza, no art. 5º, pelo menos quatro vezes o termo "inviolável", a saber: "é inviolável a liberdade de consciência e de crença" (inciso VI); no inciso em exame (inciso X); "a casa é asilo inviolável do indivíduo" (inciso XI); "é inviolável o sigilo da correspondência e das comunicações telegráficas, de dados e das comunicações telefônicas" (inciso XII). O vocábulo "inviolável" significa um limite que não se pode transpor, reflete um valor a ser estritamente protegido e que não pode ser sacrificado, nem invadido ou perturbado. A inviolabilidade traz à tona o alto grau de valor que se atribui ao bem protegido; isto é, significa profundo respeito e imenso reconhecimento.

Intimidade[1] e vida privada dizem respeito à vida da pessoa e da família. A família é a "base da sociedade" (art. 226, *caput*, da CF) e entendida como sendo formada pelos pais ou quaisquer dos pais e seus descendentes. Adequadamente, a Constituição refere-se à família como uma "comunidade", onde se quer estabelecer uma "comunhão plena de vida" (art. 1.511 do CC Brasileiro).

A inviolabilidade da intimidade e da vida privada não abrange a vida do trabalho profissional ou empresarial. *Vida pessoal* e *empresa* são áreas que se justapõem, não se excluem, mas que guardam sua esfera própria de atuação.

No inciso X do art. 5º da CF reserva-se para a pessoa um mundo próprio, que não fica fora do mundo dos outros, da sociedade ou das relações. A vida privada não é antagônica à vida pública; são áreas que se complementam. Nenhuma área existiria por si só, e por isso são interdependentes. Mesmo na vida da pessoa ou da família não se exclui o interesse social, que se expressa pela legislação dos direitos da personalidade e da família. Neste campo, a noção de inviolabilidade constitucional pode ser traduzida por uma ingerência mínima do corpo social e estatal.

1. "*Intimità*: s.f. 1. La sfera dei sentimenti e degli affetti più gelosamente impedita alla curiosità o all'indiscrezione altrui; grande confidenza e familiarità. Ambiente, luogo intimo" (Giacomo Devoto e Gian Carlo Oli, *Vocabolario della Lingua Italiana*, 13ª ed., p. 587).

"*Intimidad*: f. Amistad íntima. 2. Zona espiritual íntima y reservada de una persona o de un grupo, especialmente de una familia" (*Diccionario de la Lengua Española – Real Academia Española*, 21ª ed., vol. I, p. 1.182).

"*Intimate*. Very personal; private; secret. See synonyms at familiar" (William Morris (ed.), *The American Heritage Dictionary of the Language*, p. 686).

A pessoa é objeto, evidentemente, da tutela de todo o capítulo dos direitos individuais, tendo a Constituição Federal de 1988 concebido o nome do Capítulo I do Título II como "Dos Direitos e Deveres Individuais e Coletivos". No inciso X do art. 5º foram escolhidas algumas facetas da personalidade: a intimidade, a vida privada, a honra e a imagem.

Os valores e bens invioláveis não foram classificados constitucionalmente como sigilosos, à exceção daqueles mencionados no inciso XII do art. 5º (sigilo da correspondência etc.). Não disse a Constituição que a intimidade, a vida privada, a honra e a imagem são secretas. Contudo, a própria Constituição tomou posição em matéria de processo judicial com referência à intimidade. "A lei só poderá restringir a publicidade dos atos processuais quando a defesa da intimidade ou o interesse social o exigirem" (art. 5º, LX, da CF).

Luís Roberto Barroso assinala que: "A intimidade e a vida privada são esferas diversas compreendidas em um conceito mais amplo: o de direito à privacidade. A intimidade corresponde a um círculo mais restrito de fatos relacionados exclusivamente ao indivíduo, ao passo que a vida privada identifica um espaço mais amplo de suas relações sociais. Aí estão incluídos os fatos ordinários ocorridos geralmente no âmbito do domicílio ou em locais reservados, como hábitos, atitudes, comentários, escolhas pessoais, vida familiar, relações afetivas".[2]

O direito à intimidade pode expressar-se de diversas formas, como no direito de ir e vir, no direito de estar só, no direito de não ser perturbado nos espaços privados ou públicos. O direito à intimidade exterioriza-se também pelo direito de a pessoa não ser espionada, devassada, fotografada ou filmada sem prévia autorização. Reconheço que nessa questão surge uma diferença a ser feita entre o homem "privado" – a quem a Constituição concede a proteção da intimidade – e o homem "público". Quanto ao homem "público", o cidadão comum tem um especial interesse "em verificar qualidades e defeitos, vida passada, vida presente, estado de saúde. A este homem 'público', a democracia obriga uma perfeita transparência, para que o cidadão, esclarecido pela verda-

2. Luís Roberto Barroso, "Colisão entre liberdade de expressão e direitos da personalidade. Critérios de ponderação. Interpretação constitucionalmente adequada do Código Civil e da Lei de Imprensa", *RDA* 235/13.

de, possa lucidamente escolhê-lo, afastá-lo ou rejeitá-lo" – como acentua Jean-Denis Bredin.[3]

A área da intimidade de uma pessoa, no plano físico, não é infinita, mas pode ser infinita no plano psíquico, com a fruição do direito de pensar e de sonhar. As regras que regulam a vida do indivíduo em sociedade não deixam de ser a justaposição dos direitos à intimidade interagindo com os interesses, obrigações e direitos das demais pessoas.

Emmanuel Mounier escreveu: "A linguagem identifica frequentemente vida pessoal e vida interior. A expressão é ambígua. Ela diz bem que a pessoa tem necessidade de retiro, de meditação. Mas pode deixar entender que se define a vida normal da pessoa pelo isolamento orgulhoso. Contudo, a pessoa encontra-se ao doar-se, pelo aprendizado com a comunidade. A vida privada recobre exatamente esta zona de ensaio da pessoa, no encontro da vida interior e da vida coletiva, zona confusa mas vital, onde uma e outra encontram a raiz".[4]

O filósofo francês mencionado não esconde, contudo, as possíveis derrapagens da vida privada, ao dizer que ela pode ser atingida pelo "marasmo pequeno-burguês, mundo sem amor, com sua avareza sórdida e sua lamentável indiferença. Mas isto não é senão contaminação da vida privada pela mediocridade do homem e pela decomposição do regime: na secura do próprio interior, ela recebe as águas sujas da corrupção do dinheiro e do egoísmo das castas. Não se pode defender honestamente a vida privada sem decidir-se desinfetá-la de toda essa pestilência".[5]

A jurisprudência vai estabelecendo os casos em que a intimidade, a vida privada, a honra e a imagem merecem ficar discretas ou não conhecidas.

A Corte Constitucional Italiana reconheceu os direitos da personalidade "em múltiplas manifestações: a) os direitos à identidade pessoal – direito ao nome, ao 'signo distintivo da identidade pessoal' e os conexos; b) o direito à imagem, ligado à *riservatezza*, à intimidade; c) o di-

3. Jean-Denis Bredin, "Secret, transparence et démocratie", *Pouvoirs – Revue Française d'Études Constitutionnelles et Politiques* 97/5-15 (minha a tradução).

4. Emmanuel Mounier, *Écrits sur le Personnalisme*, p. 106 (minha a tradução).

5. Idem, p. 107 (minha a tradução).

reito à identidade sexual" – destaca José Adércio Leite Sampaio.[6] O Conselho Constitucional da França reconheceu o direito ao respeito da vida privada.[7]

"Há uma inevitável tensão de relação entre a liberdade de expressão e de comunicação, de um lado, e os direitos da personalidade constitucionalmente protegidos, de outro, que pode gerar uma situação conflituosa, a chamada colisão de direitos fundamentais" – no entender de Gilmar Ferreira Mendes.[8]

A Corte Constitucional Alemã entendeu que a divulgação de dados sobre um agente delituoso referente a crime perpetrado em época anterior poderia pôr em risco o processo de sua reintegração social. Nesse caso, o julgado não descartou o direito de se publicar fatos criminosos da atualidade, mas proibiu essa publicidade com referência ao passado.[9]

### *6.1.2 O art. 5º, XII, da CF: a informação e o sigilo da correspondência e das comunicações telegráficas, de dados e das comunicações telefônicas*

O art. 5º, XII, da CF diz: "É inviolável o sigilo da correspondência e das comunicações telegráficas, de dados e das comunicações telefônicas, salvo, no último caso, por ordem judicial, nas hipóteses e na forma que a lei estabelecer para fins de investigação criminal ou instrução processual penal".

Quatro áreas estão cobertas por sigilo, segundo a Constituição. A redação empregada pelos constituintes parece ter construído duas conjunturas ou dois casos protegidos pelo sigilo: primeiro caso – sigilo da correspondência e sigilo das comunicações telegráficas; segundo caso – sigilo de dados e sigilo das comunicações telefônicas. Essa interpre-

6. José Adércio Leite Sampaio, *A Constituição Reinventada pela Jurisdição Constitucional*, p. 707.

7. Idem, p. 714.

8. Gilmar Ferreira Mendes, "Colisão de direitos fundamentais: liberdade de expressão e de comunicação e direito à honra e à imagem", *Revista de Informação Legislativa* 122/298.

9. Idem, pp. 300-301. Em idêntico sentido: Robert Alexy, *Teoría de los Derechos Fundamentales*, pp. 95-98 (v. *Teoria dos Direitos Fundamentais*, trad. de Virgílio Afonso da Silva, 2ª ed., 5ª tir., Malheiros Editores, 2017).

tação encontra sua base na colocação da conjunção aditiva "e" ligando correspondência *e* comunicações telegráficas, dados *e* comunicações telefônicas. Entendendo-se dessa forma, pode-se afirmar que a inviolabilidade do sigilo da correspondência e das comunicações telegráficas é absoluta, não podendo ser suspensa por ordem judicial. Já o sigilo de dados e o sigilo das comunicações telefônicas podem ser levantados por ordem judicial, somente para investigação criminal ou instrução processual penal, nas hipóteses e na forma que a lei estabelecer.

O sigilo de dados "refere-se a cadastros em geral, inclusive os utilizados pela ciência da Informática e dados dos cadastros bancários. Quer dizer, o sigilo bancário encontra aqui a sua proteção constitucional" – segundo José Afonso da Silva.[10] A Diretiva da Comunidade Europeia CE/96/45, de 1996, interdita recolher informações sobre "dados pessoais que revelem a origem racial ou étnica, a opinião política, a convicção religiosa ou filosófica, a filiação sindical, como também dados relativos à saúde e à vida sexual".[11]

A Lei 9.296 de 1996 previu em seu art. 10º: "Constitui crime realizar interceptação de comunicações telefônicas, de informática ou telemática, ou quebrar segredo da Justiça, sem autorização judicial ou com objetivos não autorizados em lei. Pena: reclusão, de dois a quatro anos, e multa".

A Lei 9.296, suprarreferida, não tratou da comunicação através da informática e da telemática. A Constituição Federal previu expressamente "nas hipóteses e na forma que a lei estabelecer". A lei tipificou o cometimento de crime se houver interceptação dos dados informáticos ou telemáticos, sem ordem judicial e à margem dos objetivos por ela fixados. Essa parte do crime não é aplicável, a meu ver, pois ficou omissa a Lei 9.296, só sendo imponível com respeito às comunicações telefônicas.

Quanto aos crimes cometidos através da Informática ou da Telemática, na forma tentada ou consumada, o Poder Judiciário deve ter meios de ordenar a interceptação de tais comunicações, desde que haja previ-

10. José Afonso da Silva, *Comentário Contextual à Constituição*, 9ª ed., p. 108.

11. Juri Monducci, *Diritti della Persona e Trattamento dei Dati Particolari*, p. 4 (minha a tradução).

são na lei. Assim, ordens judiciais que estejam sendo expedidas para apreensão de computadores, mesmo havendo suspeita de crime, estarão ao desabrigo da Constituição.

### *6.1.3 O art. 5º, XXXIII, da CF: a informação e a segurança da sociedade e do Estado*

Diz o art. 5º, XXXIII, da CF: "todos têm o direito de receber informações de seu interesse particular, ou de interesse coletivo ou geral, que serão prestadas no prazo da lei, sob pena de responsabilidade, ressalvadas aquelas cujo sigilo seja imprescindível à segurança da sociedade e do Estado".

O direito à informação já foi tratado em tópico anterior. Interessa, aqui, abordar a matéria que excepciona o direito à informação: a segurança da sociedade e do Estado.

Celso Ribeiro Bastos não deixou de assinalar a inquietação produzida pelo texto do inciso analisado, afirmando um direito de sigilo que pode afastar o direito à informação. "Deixar à apreciação discricionária do administrador o saber quando uma informação diz ou não respeito à segurança da sociedade e do Estado é conferir uma margem tão ampla de discrição que acaba por, praticamente, descaracterizar o próprio direito individual. Dada a natureza deste, a sua regulamentação há de ser levada a efeito pelo legislador".[12]

Em 2005 foi editada a Lei 11.111,[13] de 5 de maio desse ano, tratando especificamente de regulamentar a parte final do art. 5º, XXXIII, da CF.

"O segredo não é um valor, mas um instrumento polivalente e que adquire, portanto, um sinal positivo, negativo ou neutro conforme o interesse que se propõe a proteger."[14] O segredo foi por muito tempo altamente utilizado com referência aos documentos em poder da Admi-

12. Celso Ribeiro Bastos e Ives Gandra Martins, *Comentários à Constituição do Brasil (Promulgada em 5 de Outubro de 1988)*, vol. II, p. 164.

13. Brasil, Lei 11.111, de 5.5.2005, *DOU 6.5.2005* (oriunda da conversão da Medida Provisória 228, de 9.12.2004).

14. Ignazio Francesco Caramazza, "Dal principio di segretezza al principio di trasparenza. Profili generali di una reforma", *Rivista Trimestrale di Diritto Pubblico* 4/944-945 (minha a tradução).

nistração Pública, chegando-se a pensar que "a autoridade afirmava-se na medida da distância em que eram mantidos os interessados".[15]

### *6.1.4 O art. 5º, XXIX, da CF e a propriedade intelectual*

O art. 5º, XXIX, da CF preceitua: "a lei assegurará aos autores de inventos industriais privilégio temporário para sua utilização, bem como proteção às criações industriais, à propriedade das marcas, aos nomes de empresas e a outros signos distintivos, tendo em vista o interesse social e o desenvolvimento tecnológico e econômico do país".

José Afonso da Silva afirma que o enunciado e o conteúdo da norma denotam, quanto à eficácia, que "o direito aí reconhecido decorrerá da *lei*, a que o constituinte remeteu a sua garantia. A lei, hoje, é a de n. 9.279, de 14.5.1996. Trata-se, pois, de uma norma constitucional de eficácia limitada, o que não se compraz com as normas definidoras do direito individual".[16]

A Constituição dá um mandamento ao legislador ordinário para que dê um privilégio temporário relativo ao uso de inventos industriais, criações industriais, propriedade de marcas, nomes de empresas e outros sinais distintivos. Como se vê no inciso XXIX do art. 5º da CF, não são utilizadas a denominação "patente" nem a expressão "propriedade intelectual", que são empregadas na Lei 9.279/1996.

De outro lado, no inciso comentado não há qualquer determinação de limitação da informação ou obrigação de segredo de comércio, segredo de indústria ou segredo de negócio concernentes aos bens protegidos, inclusive os patenteados.

Lucas Rocha Furtado salienta que "o segredo de negócios diferencia-se da patente e da marca registrada porque estas últimas exigem seu registro junto à autoridade pública que concede direitos temporários a seus titulares. Em diversas situações é possível que determinado con-

15. M. J. C. Boulard, "Rapporto nazionale sulla Francia", in *Le Secret Administratif dans les Pays Développés*, Paris, 1977, *apud* Ignazio Francesco Caramazza, "Dal principio di segretezza al principio di trasparenza. Profili generali di una reforma", cit., *Rivista Trimestrale di Diritto Pubblico* 4/945 (minha a tradução).

16. José Afonso da Silva, *Comentário Contextual à Constituição*, 9ª ed., cit., p.127.

ceito possa ser enquadrado na proteção de patentes ou de segredo de negócio. Optando pela patente, terá garantido o uso exclusivo durante sua vigência".[17]

O texto constitucional de 1988 possibilita ao legislador conceder monopólio temporário para o titular de uma patente, no sentido de impedir que terceiro, sem seu consentimento, produza, use, coloque à venda, venda ou importe com estes fins produto objeto de patente e processo, ou produto obtido diretamente por processo patenteado. Atente-se a que não se protege a invenção ou a criação só pela vantagem que possa trazer ao inventor ou criador, mas é imprescindível que o bem a ser protegido esteja de acordo com o interesse social e com o interesse do desenvolvimento tecnológico e econômico do país. Sem a comprovação de que o interesse geral não será prejudicado não se poderá conceder a patente ou a proteção legal.

### *6.2 Limites à informação no Acordo dos Direitos de Propriedade Intelectual Relacionados ao Comércio (ADPICs)*

Esse Acordo foi aprovado pelo Congresso Nacional Brasileiro pelo Decreto Legislativo 30, de 15.12.1994, e promulgado pelo Decreto 1.355, de 30.12.1994, de cuja ementa consta: "Promulga a Ata Final que incorpora os Resultados da Rodada Uruguai de Negociações Comerciais Multilaterais do GATT".[18] O Acordo é conhecido pela abreviatura ADPICs, em Português, ou pela sigla TRIPs, em Inglês.

Marcelo Dias Varella assinala que: "Muito embora o fato de os textos do GATT não preverem regras específicas para a proteção do meio ambiente, elas foram gradualmente sendo consideradas nas relações internacionais comerciais. O meio ambiente torna-se, em certas situações, um elemento utilizado para estabelecer obstáculos comerciais, como no caso das taxas ecológicas, impostas sobre combustíveis fósseis, por exemplo, ou mesmo da proibição de importação (de orga-

17. Lucas Rocha Furtado, *Sistema de Propriedade Industrial no Direito Brasileiro: Comentários à Nova Legislação sobre Marcas e Patentes: Lei n. 9.279, de 14 de maio de 1996*, p. 28.

18. Brasil, *DOU* 31.12.1994, Brasília/DF. O Acordo foi assinado em Marrakesh (Marrocos) em 12.4.1994 (GATT: *General Agreement on Tariffs and Trade* – Acordo Geral sobre Tarifas e Comércio, Genebra).

nismos geneticamente modificados, entre outros); de modo inverso, ele pode ser a razão para a redução de tarifas e supressão de obstáculos".[19]

A "Seção 7 – Proteção de Informação Confidencial" contém somente o art. 39, composto de três parágrafos. "O TRIPs é o primeiro tratado internacional contendo dispositivos sobre a tutela das informações confidenciais" – segundo Elisabeth Edith G. Kasznar Fekete.[20]

### *6.2.1 Art. 39, parágrafo 1, do Acordo dos Direitos de Propriedade Intelectual Relacionados ao Comércio (ADPICs)*

Transcrevo o parágrafo 1 do art. 39: "1. Ao assegurar proteção efetiva contra competição desleal, como disposto no art. 10*bis* da Convenção de Paris (1967), os Membros protegerão informação confidencial de acordo com o parágrafo 2 abaixo, e informação submetida a governos ou a agências governamentais, de acordo com o parágrafo 3 abaixo".

No Acordo, a informação confidencial visa a assegurar proteção contra a competição desleal. Não são empregadas as expressões "segredo de negócio", "segredo de fábrica", "segredo industrial" e "segredo comercial".

O Acordo só se insurge contra a concorrência "desleal", admitindo, *a contrario sensu*, como defensável a concorrência leal. "Concorrência" significa competição, disputa. A lealdade – qualidade de quem é leal – está ligada à franqueza e à sinceridade. A concorrência comercial – vender e comprar –, para poder ser leal, exige alguns requisitos, entre os quais que os produtores e os comerciantes não se apropriem de ideias, inventos, criações ou formulações uns dos outros, pelo menos enquanto haja possibilidade de guardar a prioridade de uso dos inventores ou dos criadores. "(...). De um ponto de vista político, a livre concorrência é garantia de oportunidades iguais a todos os agentes, ou seja, é uma forma de desconcentração de poder. (...)" – segundo Tércio Sampaio Ferraz Jr.[21]

19. Marcelo Dias Varella, *Direito Internacional Econômico Ambiental*, p. 256.

20. Elisabeth Edith G. Kasznar Fekete, *Perfil do Segredo de Indústria e Comércio no Direito Brasileiro: Identificação e Análise Crítica* (tese de Doutorado em Direito), 1999.

21. Tércio Sampaio Ferraz Jr., *A Economia e o Controle do Estado, apud* Eros Roberto Grau, *A Ordem Econômica na Constituição de 1988*, 18ª ed., p. 206.

A Convenção de Paris,[22] em seu art. 10*bis*, parágrafo 2, conceitua como *ato de concorrência desleal* "qualquer ato contrário aos usos honestos em matéria industrial ou comercial".[23]

### *6.2.2 Art. 39, parágrafo 2, do Acordo dos Direitos de Propriedade Intelectual Relacionados ao Comércio (ADPICs)*

Diz o parágrafo 2 do art. 39 do ADPICs: "2. Pessoas físicas e jurídicas terão a possibilidade de evitar que a informação legalmente sob seu controle seja divulgada, adquirida ou usada por terceiros, sem seu consentimento, de maneira contrária a práticas comerciais honestas, desde que tal informação: a) seja secreta, no sentido de que não seja conhecida em geral nem facilmente acessível a pessoas de círculos que normalmente lidam com o tipo de informação em questão, seja como um todo, seja na configuração e montagem específica de seus componentes; b) tenha um valor comercial por ser secreta; c) tenha sido objeto de precauções razoáveis, nas circunstâncias, pela pessoa legalmente em controle da informação, para mantê-la secreta".

O parágrafo 2 resvala em um fechamento à informação social, como se a pessoa física ou jurídica pudesse pretender isolar-se do corpo a que pertence: a própria sociedade. As atividades de produção e de comércio, cuja importância não se discute, não existem somente para o lucro de seus proprietários ou empreendedores. Há, é verdade, uma parte do parágrafo 2 que pode evitar a vontade de ocultação total de dados: as pessoas físicas e jurídicas só podem evitar a divulgação da informação "legalmente sob seu controle". Para que ficasse vedada a divulgação seria preciso apoio prévio de uma fonte legal e a conformidade a práticas comerciais honestas.

Se a prática comercial for considerada desonesta, a pessoa física ou jurídica estaria sem um dos pilares de sustentação do segredo. O Acor-

22. A Convenção de Paris para a Proteção da Propriedade Industrial foi assinada inicialmente em 20.3.1883, sendo signatários 11 países: Bélgica, Brasil, Espanha, França, Guatemala, Itália, Países Baixos, Portugal, El Salvador, Sérvia e Suíça (Jean-Luc Piotraut, *Droit de la Propriété Intellectuelle*, p. 16). O Decreto 1.263, de 10.10.1994, ratifica a declaração de adesão do Brasil aos arts. 1 ao 12 e ao art. 28, alínea "I", do texto de revisão de Estocolmo da Convenção de Paris para a Proteção da Propriedade Industrial.

23. Irineu Strenger, *Marcas e Patentes*, p. 104.

do TRIPs apresentou a "seguinte nota explicativa oficial":[24] "Para os fins da presente disposição, a expressão 'de maneira contrária a práticas comerciais honestas' significará pelo menos práticas como violação ao contrato, abuso de confiança, indução à infração, e inclui a obtenção de informação confidencial por terceiros que tinham conhecimento, ou que desconheciam por grave negligência, que a obtenção dessa informação envolvia tais práticas".

"Trata-se da moral social, ou seja, dos conceitos morais concretamente dominantes na sociedade. Partindo da linha de raciocínio de autor italiano, para quem o conceito de 'correção' é extremamente fluido, consideramos positivo que a nota de esclarecimento do TRIPs não se proponha a definir de modo inflexível o que é deslealdade concorrencial, fornecendo somente exemplos."[25]

O impedimento da divulgação, da aquisição ou do uso da informação por terceiros dependerá, conforme as três alíneas do parágrafo 2 do art. 39, de atualmente se guardar segredo sobre a informação; de a informação ter valor comercial por ser secreta; e de o detentor da informação ter tomado precauções razoáveis para manter o segredo.

### *6.2.3 Art. 39, parágrafo 3, do Acordo dos Direitos de Propriedade Intelectual Relacionados ao Comércio (ADPICs) e a informação dos órgãos públicos*

Diz o parágrafo 3 do art. 39: "3. Os Membros que exijam a apresentação de resultado de testes ou outros dados não divulgados, cuja elaboração envolva esforço considerável, como condição para aprovar a comercialização de produtos farmacêuticos ou de produtos agrícolas químicos que utilizem novas entidades químicas, protegerão esses dados contra seu uso comercial desleal. Ademais, os Membros adotarão providências para impedir que esses dados sejam divulgados, exceto quando necessário para proteger o público, ou quando tenham sido adotadas medidas para assegurar que os dados sejam protegidos contra o uso comercial desleal".

24. Elisabeth Edith G. Kasznar Fekete, *Perfil do Segredo de Indústria e Comércio no Direito Brasileiro: Identificação e Análise Crítica*, cit., p. 377.

25. Idem, p. 378.

Trata-se, aqui, do controle público que os países integrantes do Acordo queiram fazer de determinados produtos ou atividades, para autorizar, ou não, sua comercialização. O fato de haver uma previsão legal no sentido de que se faça necessário esse controle – apresentação de resultados de testes ou outros dados – mostra que os produtos têm possibilidade de causar algum dano ao ser humano ou ao meio ambiente. Se fossem completamente destituídos de qualquer possibilidade de fraude ou de perigo, evidentemente, não se exigiria qualquer controle prévio, não se empregando nem tempo, nem dinheiro nessa atividade da Administração Pública.

Os produtores de produtos farmacêuticos e de produtos agrícolas químicos (pesticidas ou agrotóxicos) constituem empresas não só nacionais como, principalmente, transnacionais, e se fizeram presentes no Acordo dos Direitos de Propriedade Intelectual Relacionados ao Comércio – ADPICs ou TRIPs. Pretendem ser protegidas contra o comércio desleal – situação a que todos os produtores e comerciantes têm direito. Primeiro coloca-se ênfase nessa proteção para, depois, procurar-se facilitar a "aprovação da comercialização", através de um procedimento que passaria a ser não divulgado – ou seja, seria sigiloso. E o Acordo transforma o que deveria ser feito de forma transparente – a aprovação de produtos a serem controlados – em um procedimento opaco e sem luz.

Consta do parágrafo 3 do art. 39 que "os Membros adotarão providências para impedir que esses dados sejam divulgados, exceto quando necessário para proteger o público". Pondere-se que o ônus da prova de que os fármacos e os agrotóxicos não são agressivos à saúde humana é de quem – pessoa física ou jurídica – pede o deferimento de sua comercialização. A proteção do público, a proteção da população, de cada cidadão e da sociedade civil, não se faz somente quando alguma medida de cautela deva ser tomada em consequência da aprovação de um produto. A proteção do público faz-se, também, previamente, na divulgação, passo a passo, do procedimento de aprovação dos produtos, para acompanhar se as práticas estão sendo "honestas" – para utilizar a terminologia que o próprio Acordo empregou nesse artigo. A inserção pura e simples deste parágrafo em muitas legislações nacionais, por certo, irá esbarrar no direito constitucional fundamental de todos à informação.

## *6.3 Legislação brasileira infraconstitucional, segredo e meio ambiente*

Serão analisadas, por ordem cronológica: a Lei 9.279, de 14.5.1996, sobre direitos da propriedade industrial; a Lei 10.603, de 17.12.2002, sobre a proteção de informação não divulgada submetida para a aprovação de comercialização de produtos; e a Lei 11.111, de 5.5. 2005, que regula a parte final do disposto no inciso XXXIII do *caput* do art. 5º da CF.

### *6.3.1 Lei 9.279, de 14.5.1996, sobre direitos da propriedade industrial, e informação*

A Lei 9.279, de 14.5.1996, regula direitos e obrigações relativos à propriedade industrial. A proteção dos direitos relativos à propriedade industrial efetua-se mediante a concessão de patentes de invenção e de modelo de utilidade; concessão de registro industrial; concessão de registro de marca; repressão às falsas indicações geográficas e combate à concorrência desleal, conforme o art. 2º da Lei 9.279/1996. A Lei refere-se à "propriedade intelectual" no art. 241, que diz: "Fica o Poder Judiciário autorizado a criar juízos especiais para dirimir questões relativas à propriedade intelectual". Pode-se dizer que o tema "propriedade industrial" se insere no tema maior que é a "propriedade intelectual".

Segundo Jean-Luc Piotraut, a propriedade intelectual é a disciplina constituída pelo agrupamento de dois ramos do Direito: a propriedade literária e artística (que se interessa pelo direito autoral) e a propriedade industrial, que compreende o direito das criações industriais e o direito dos sinais distintivos (as marcas e as indicações geográficas).[26] O autor citado coloca em discussão a amplitude da noção de *propriedade intelectual*, criticando seu excesso, por exemplo, ao incluir os "sinais distintivos" (registro de marca, quando um comerciante adota seu patronímico como título de marca e a indicação geográfica, como a chamada *appelation d'origine*), que não revelam uma criação intelectual.[27]

Essa ampliação indevida do campo do direito da propriedade industrial constata-se no Direito Brasileiro no tocante aos crimes de con-

26. Jean-Luc Piotraut, *Droit de la Propriété Intellectuelle*, cit., p. 8.
27. Idem, p. 9.

corrência desleal. Esses crimes estavam inseridos inicialmente no Decreto-lei 2.848, de 7.12.1940 (Código Penal Brasileiro), não tendo o Código da Propriedade Industrial (Lei 5.772, de 21.12.1971) revogado os artigos correspondentes do Código Penal. Nelson Hungria afirmava que "todos os crimes em questão pressupõem nos sujeitos ativo e passivo a qualidade de *concorrentes*".[28] Os possíveis sujeitos ativo e passivo do crime de concorrência desleal eram as pessoas envolvidas no processo de produção e de comercialização, não se trazendo para o campo desse crime a Administração Pública.

A Lei 9.279/1996 enumera 14 crimes referentes à concorrência desleal, no art. 195. Interessa-nos, aqui, examinar o inciso XIV do art. 195: "Comete crime de concorrência desleal quem: (...) XIV – divulga, explora, utiliza-se, sem autorização, de resultados de testes ou outros dados, cuja elaboração exija esforço considerável e que tenham sido apresentados a entidades governamentais como condição para aprovar a comercialização de produtos". Ainda: "§ 2º. O disposto no inciso XIV não se aplica quanto à divulgação por órgão governamental competente para autorizar a comercialização de produto, quando necessário para proteger o público".

As atividades dos incisos I a XIII do art. 195, que passam a ser tipificadas como crimes, podem ocorrer dentro de uma empresa ou fora dela, no desenrolar da vida econômica. Já o inciso XIV do art. 195 trata do momento em que uma pessoa física ou jurídica se submete ao procedimento de autorização ou de licenciamento ambiental. O inciso XIV do art. 195 é uma cópia parcial do art. 39, parágrafo 3, do Acordo dos Direitos de Propriedade Intelectual Relacionados ao Comércio, anteriormente comentado.

Denis Kessler, discorrendo sobre a teoria da concorrência, assinala que, "nesse modelo, cada um deve poder concorrer com o outro, e as virtudes da concorrência manifestam-se plenamente somente quando ela é total e sejam evitadas situações de monopólio, oligopólio etc. Chega-se a um ótimo econômico, porque cada produtor é incessantemente suscetível de ser eliminado do mercado, se ele for ineficaz. E o que dizer da inovação? Se um produtor puder copiar a inovação de outro produtor sem qualquer vergonha, compreende-se facilmente que um efeito perverso

28. Nelson Hungria, *Comentários ao Código Penal*, 2ª ed., vol. VII, p. 381.

aparece. O incentivo para inovar, para financiar projetos de pesquisa e de desenvolvimento, desaparece, porque aquele que faz os investimentos não pode beneficiar-se de suas consequências econômicas. É por essa razão que se considera que a propriedade industrial deva ser protegida".[29]

A propriedade industrial, quando inovadora, tem sido protegida pela patente. Esta concede exclusividade na produção, uso, divulgação e comercialização. Contudo, ela não é permanente; e não poderia sê-lo, pois, se não, geraria "rendas eternas", pouco propícias à difusão das inovações. Assim, tudo acaba caindo, mais cedo ou mais tarde, no domínio público.[30] "Uma patente restringe a concorrência em favor de seu titular, impedindo que os demais competidores usem da mesma tecnologia" – acentua Denis Borges Barbosa.[31]

Denis Kessler, economista e Presidente da Federação Francesa de Seguros, em 1990, reconhece que a velocidade das informações no mundo contemporâneo está acelerada: "O tempo que separa o instante em que a informação está revestida de um caráter secreto e o instante em que essa mesma informação transforma-se em semipública, e depois pública, está cada dia mais curto".[32] Além disso, constata que a informação circula no interior de uma empresa moderna, seja no sentido vertical, horizontal como oblíquo, operando, de certa forma, uma desconcentração de poder.

O art. 195 da Lei 9.279/1996, em seu inciso XIV, diferentemente da técnica utilizada pelo art. 39, parágrafo 3, do Acordo dos Direitos de Propriedade Intelectual Relacionados ao Comércio – ADPICs ou TRIPs,[33] colocou o trecho relativo à possibilidade da divulgação dos testes ou dados de interesse público somente em um parágrafo: o § 2º. Para a mais sábia e justa utilização da Lei deveria ter fundida a redação somente no inciso XIV. Da forma em que está, quem não for graduado

29. Denis Kessler, "L'entreprise entre transparence et secret", *Pouvoirs – Revue Française d'Études Constitutionnelles et Politiques* 97/33-46 (minha a tradução).

30. Idem, p. 41.

31. Denis Borges Barbosa, "Proteção das informações confidenciais pela Lei 9.279/1996", disponível na Internet: *http://denisbarbosa.addr.com/trabalhospi.htm*, acesso em 11.1.2006.

32. Denis Kessler, "L'entreprise entre transparence et secret", cit., *Pouvoirs – Revue Française d'Études Constitutionnelles et Politiques* 97/35 (minha a tradução).

33. *Agreement on Trade Related Aspects of Intellectual Property Rights*.

em Direito, poderá olvidar-se em ler o parágrafo e utilizar somente a redação do inciso, que considerada isoladamente é um freio inconstitucional à publicidade da intervenção da Administração Pública.

Ao comentar o § 2º do inciso XIV do art. 195, afirma José Carlos Tinoco Soares: "Estes, quando aproveitados por terceiros, serão considerados crimes contra concorrência desleal; no entanto, aqueloutros, que objetivam a proteção do público, como, por exemplo, os testes para novas vacinas, os testes de segurança contra incêndio, roubos etc. poderão e deverão ser divulgados em benefício geral".[34]

A publicidade ou a divulgação, no interesse público, deve ser impessoal por parte da Administração Pública. Esta não pode tratar diferentemente empresas semelhantes ou do mesmo ramo, divulgando os dados de umas e mantendo sigilo em relação a outras. Aí, os agentes públicos é que estariam agindo criminosamente. O que fragiliza uma empresa é o fato de ela estar sendo submetida a exigência diferente em relação a seus concorrentes, porque, se numa matéria for necessária transparência, "não se pode ser mais transparente que seus concorrentes".[35]

### *6.3.2 Lei 10.603, de 17.12.2002,*[36] *e a informação não divulgada*

#### 6.3.2.1 *Introdução*

Consta da ementa da lei que ela "dispõe sobre a informação não divulgada submetida para aprovação da comercialização de produtos". A Lei 10.603/2002 seguiu o método da Lei 9.279/1996, que em seu art. 195, XIV, trata de proteger a informação não divulgada referente a produtos que necessitem de aprovação por órgãos governamentais.

A Lei 10.603/2002 passa a diferenciar-se da Lei 9.279/1996 ao afirmar que a proteção concedida é contra "o uso comercial desleal", não se utilizando da expressão comum "concorrência desleal", ainda que sejam conceitos semelhantes. A Lei 10.603/2002 especifica os pro-

34. José Carlos Tinoco Soares, *Tratado da Propriedade Industrial (Patentes e Sucedâneos)*, p. 713.

35. Denis Kessler, "L'entreprise entre transparence et secret", cit., *Pouvoirs – Revue Française d'Études Constitutionnelles et Politiques* 97/42 (minha a tradução).

36. Brasil, *DOU* 18.12.2002, Brasília/DF.

dutos protegidos – “produtos farmacêuticos de uso veterinário, fertilizantes e agrotóxicos e seus componentes e afins”.

A Lei 10.603/2002 especifica que as informações relativas a testes e outros dados destinam-se à aprovação de registro e à manutenção de registro para a comercialização. A indústria de produtos agropecuários visou a ganhar uma metodologia de segredo não só no momento inicial do registro dos produtos, como na renovação desses registros. Essa intenção é criticável, mas não deixa de trazer para o campo das coisas concretas a verificação do segredo de indústria ou de comércio, que geralmente é suscitado de modo impreciso e vago. A lei procura ir até mais longe que a Organização Mundial do Comércio – OMC na ânsia de comercializar com um mínimo de barreiras, ou até sem barreiras, pois procura introduzir o sigilo das informações antes, durante e depois do registro dos produtos.

#### 6.3.2.2 *Caracterização de “informação não divulgada”*

Para a caracterização de uma informação como *não divulgada* até a data da solicitação do registro, duas condições são necessárias, legalmente: primeiro, que essa informação não seja facilmente acessível a pessoas que normalmente lidam com esse dado informativo; segundo, que tenha havido o emprego de medidas acautelatórias eficazes para a manutenção da confidencialidade da informação. O art. 2º e seus incisos I e II da Lei 10.603/2002 repetem o Acordo dos Direitos de Propriedade Intelectual Relacionados ao Comércio – ADIPCs, ao explicar o conceito de *informações não divulgadas*.

A lei inova no parágrafo único do artigo em comentário, que diz: “Atendido o disposto nos incisos I e II, presumem-se não divulgadas as informações apresentadas sob declaração de confidencialidade”. “A expressão ‘presunção’ vem do Latim *praesumptio*, traz a ideia daquilo que é tomado antecipadamente. *Praesumptio* deriva do verbo *sumere* e da preposição *prae*, a qual, por sua vez, significa tomar-se algo como verdadeiro antes de ser provado. O Código de Napoleão, no art. 1.349, diz: ‘As presunções são consequências que a lei ou o magistrado extraem de um fato conhecido para remontar a um fato desconhecido’”.[37] Procura-

37. Francisco J. M. Sampaio, *Evolução da Responsabilidade Civil e Reparação de Danos Ambientais*, p. 212.

-se fazer da declaração de confidencialidade das informações apresentadas para registro um fato consumado, querendo-se evitar a prova de que as informações não foram divulgadas, e, para isso, o requerente só deve provar o cumprimento dos incisos I e II do art. 2º.

A aludida presunção da existência de informação não divulgada está limitada à fase anterior ao registro. A presunção referida não pode ser estendida para qualquer outro campo da Lei 10.603, porque a própria lei já traçou essa fronteira. Querer ampliar o uso da presunção para não informar é uma exorbitância que fere diretamente o art. 5º, XXXIII, da CF, pois todos têm direito a receber dos órgãos públicos informações de interesse coletivo geral, excetuadas aquelas cujo sigilo seja imprescindível à segurança da sociedade e do Estado.

#### 6.3.2.3 *O comportamento das "autoridades competentes", a confidencialidade e a informação ao público*

A proteção das informações no caso dos produtos mencionados implicará: "I – não utilização pelas autoridades competentes dos resultados de testes ou outros dados a elas apresentados em favor de terceiros; "II – não divulgação dos resultados de testes ou outros dados apresentados às autoridades competentes, exceto quando necessário para proteger o público" (art. 3º).

O procedimento de registro, de autorização ou de licenciamento de um produto para sua produção ou comercialização não é uma relação bilateral entre produtor e "autoridade competente". Esse conceito, antes de ser enfocado pelo direito positivo, é discutido na sociologia jurídica, na ciência política e no direito ambiental, em uma reflexão atenta ao sentido de "proteção do público", pois "proteger" significa "garantir", ensejando o controle social do procedimento como garantia de sua correção. Assentada essa ideia de que o procedimento administrativo moderno é trilateral – requerente/Administração/sociedade civil –, chega-se a outra ideia: a da liberdade da informação.

A garantia da correção do procedimento das autoridades públicas não se destina somente ao público. Os possíveis concorrentes do requerente têm legítimo interesse em observar a igualdade entre os competidores, para constatar se as exigências foram semelhantes e se não houve alguma discriminação. Nesse sentido, decidiu a Corte de Justiça da Comunidade Europeia que "a paridade de acesso deve ser garantida e (...) a prática discriminatória deve ser comparada com a divulgação da informação pertencente à empresa. Um nexo instrumental une o princípio da publicidade àquele da não discriminação".[38]

Os resultados dos testes ou outros dados apresentados às autoridades competentes deverão ser divulgados "quando necessário para proteger o público" (art. 3º, II). Situa-se a proteção do público diante dos agrotóxicos, dos fertilizantes e produtos farmacêuticos de uso veterinário, no direito de todos à saúde e ao meio ambiente ecologicamente equilibrado, com fundamento nos arts. 196 e 225 da CF. Dessa forma, a avaliação da necessidade ou da desnecessidade de o público tomar conhecimento do resultado de testes ligados a esses produtos não fica submetida ao gosto ou à opinião subjetiva da autoridade competente. Na dúvida entre informar ou não informar, deve a autoridade decidir pela informação quando haja perigo de haver lesão ou prejuízo aos direitos constitucionais mencionados. Para informar não é necessário que o prejuízo se instale ou se manifeste; basta sua potencialidade. Aqui, não se trata do "livre acesso ao público", previsto no art. 3º, § 1º, mas do acesso necessário à informação como meio de proteção.

O art. 3º da Lei 10.603/2002 preocupou-se em assegurar a confidencialidade dos resultados dos testes a que se submetem os produtos farmacêuticos de uso veterinário, fertilizantes e agrotóxicos. Levanto a questão de que, antes de se saber dos "resultados", é preciso que se saiba a que testes devem ser submetidos os produtos, pois haverá testes mais precisos, mais idôneos que outros. Além de que, para se verificar a exatidão dos testes, devem ser estabelecidos parâmetros comparativos.

#### 6.3.2.4 *Prazo da confidencialidade das informações do procedimento e plena liberação das informações*

O procedimento administrativo de registro e comercialização dos produtos referidos na Lei 10.603/2002 não tem como regra geral a

38. Andrea Santini, *Il Principio di Trasparenza nell'Ordinamento dell'Unione Europea*, p. 117 (minha a tradução).

confidencialidade, como se todos os atos fossem secretos e só por exceção se abrisse uma janela numa casa mergulhada na escuridão. Quem não atentar para as bases constitucionais do direito à informação sobre "interesse coletivo ou geral" (art. 5º, XXXIII, da CF) – e isso vale para as "autoridades competentes" – poderá esquecer-se da obrigação de informar à sociedade. Se a regra geral fosse a conservação do segredo no procedimento de autorização dos fármacos, fertilizantes e dos agrotóxicos, haveria a transformação do licenciamento ambiental em algo ineficiente e supérfluo, com odor de hipocrisia, cuja finalidade seria simplesmente a de aprovar. Após a devida análise pelas autoridades competentes sobre o que informar e como informar o público em relação à proteção do interesse geral ou coletivo, as matérias em que houver concordância das autoridades sobre seu caráter confidencial ganham a condição de *informação protegida*, a partir da concessão do registro (arts. 3º e 4º da Lei 10.603/2002). Na decisão de registro e de comercialização não agem as autoridades públicas abrindo totalmente as informações ou fechando totalmente a divulgação. Sendo possível, nos casos a serem concretamente considerados, devem ser separadas as informações sigilosas das informações acessíveis ao público.

Válido olhar o Direito Comparado sobre a matéria e focalizar a Convenção sobre o Acesso à Informação, a Participação do Público no Processo Decisório e o Acesso à Justiça em Matéria de Meio Ambiente (Aarhus). Diz ela, em seu art. 4-6: "Cada Parte age de tal modo, se possível, sem comprometer o caráter confidencial, dissociando as informações sobre meio ambiente solicitadas que, em virtude da alínea 'c' do parágrafo 3 e do parágrafo 4 deste artigo, não possam ser divulgadas das outras informações ambientais pedidas, sendo que as autoridades públicas comunicarão estas últimas".[39]

A condição de informação protegida terá a duração de 10 ou de 5 anos (art. 4º, I e II, Lei 10.603/2002) e, quando houver necessidade de novos dados, o prazo será regido pelo inciso III do art. 4º. Findos os prazos constantes do art. 4º, as informações passam ao livre acesso do público (art. 3º, § 1º).

39. *Revue Juridique de l'Environnement*, Numéro Spécial "La Convention d'Aarhus", pp. 89-113 (minha a tradução).

### *6.3.3 A Lei 12.527, de 18.11.2011, sobre "segredo de Estado", e informação*

A informação é classificada quanto ao grau e prazo de sigilo.

"Art. 23. São consideradas imprescindíveis à segurança da sociedade ou do Estado e, portanto, passíveis de classificação as informações cuja divulgação ou acesso irrestrito possam: I – pôr em risco a defesa e a soberania nacionais ou a integridade do território nacional; II – prejudicar ou pôr em risco a condução de negociações ou as relações internacionais do País, ou as que tenham sido fornecidas em caráter sigiloso por outros Estados e organismos internacionais; III – pôr em risco a vida, a segurança ou a saúde da população; IV – oferecer elevado risco à estabilidade financeira, econômica ou monetária do País; V – prejudicar ou causar risco a planos ou operações estratégicos das Forças Armadas; VI – prejudicar ou causar risco a projetos de pesquisa e desenvolvimento científico ou tecnológico, assim como a sistemas, bens, instalações ou áreas de interesse estratégico nacional; VII – pôr em risco a segurança de instituições ou de altas autoridades nacionais ou estrangeiras e seus familiares; ou VIII – comprometer atividades de inteligência, bem como de investigação ou fiscalização em andamento, relacionadas com a prevenção ou repressão de infrações."

O art. 23 apresenta nos seus oito incisos as situações onde o sigilo da informação é considerado imprescindível à segurança da sociedade ou do Estado. Antes dessa lei, a Constituição da República prevê como uma exceção à não informação duas hipóteses: segurança da sociedade e segurança do Estado (art. 5º, XXXIII), quando seja "imprescindível", isto é, "que não é prescindível, de que não se pode prescindir".[40] Essa imprescindibilidade não é uma situação normal, devendo ser pesquisada, mediante um procedimento, como a "avaliação de risco". A imprescindibilidade ou a absoluta necessidade do sigilo precisa ser demonstrada, caso contrário o ato passa a ser arbitrário.

Em sete dos oito incisos, que integram o art. 23 referido, encontram-se as expressões "pôr em risco", "oferecer elevado risco" e "causar risco". O risco situa-se na zona da probabilidade, do que, por indí-

40. Antônio Houaiss, *Dicionário Eletrônico Houaiss da Língua Portuguesa*.

cios, possa a ocorrer. Não é toda a situação relativa à segurança da sociedade e do Estado, que vai acarretar o sigilo da informação.

Cabe, portanto, aos órgãos públicos o ônus de provar, através de fundamentação motivada, a imprescindibilidade do sigilo.[41] Qualquer risco, um risco banal ou um risco pequeno é insuficiente para derrogar a regra geral da publicidade (art. 37 da Constituição da República) e o próprio direito à informação afirmado no art. 5º, XXXIII).

### 6.3.3.1 *Classificação do sigilo*

"Art. 24. A informação em poder dos órgãos e entidades públicas, observado o seu teor e em razão de sua imprescindibilidade à segurança da sociedade ou do Estado, poderá ser classificada como ultrassecreta, secreta ou reservada. § 1º. Os prazos máximos de restrição de acesso à informação, conforme a classificação prevista no *caput*, vigoram a partir da data de sua produção e são os seguintes: I – ultrassecreta: 25 (vinte e cinco) anos; II – secreta: 15 (quinze) anos; e III – reservada: 5 (cinco) anos. (...) § 5º. Para a classificação da informação em determinado grau de sigilo, deverá ser observado o interesse público da informação e utilizado o critério menos restritivo possível, considerados: I – a gravidade do risco ou dano à segurança da sociedade e do Estado; e II – o prazo máximo de restrição de acesso ou o evento que defina seu termo final."

A Lei 12.527/2011 modificou a denominação das formas de sigilo e os prazos de duração. De inegável importância que para a classificação da informação em determinado grau de sigilo deverá ser observado o interesse público da informação (§ 5º do art. 24), levando-se em conta a gravidade do risco ou dano à segurança da sociedade e do Estado e o prazo máximo da restrição. Não é uma classificação que fica ao alvedrio somente de quem classifica a informação como sigilosa, mas submete essa classificação ao exame e ponderação do interesse público existente na divulgação da informação.

41. *Les Principes de Johannesbourg Securité Nationale, Liberté d'Expression et Accès à l'Information*, cit., U.N. Doc. E/CN. 4/1996/39 (minha a tradução). (*Principe 1: liberté d'opinion, d'expression et d'information, alinea "d"*). Os Princípios de Johannesburgo são um "conjunto de princípios voluntários redimidos por um grupo de especialistas internacionais em direitos humanos e legislação sobre meios de comunicação, e são frequentemente invocados pela Comissão da ONU sobre Direitos Humanos".

Cabe invocar os Princípios de Johanesburgo, em seu princípio 1: "qualquer restrição trazida à expressão ou à informação deve ser prevista pela lei. A lei deve ser acessível, sem ambiguidades, escrita de modo preciso e com limites, de modo a permitir aos indivíduos saber se uma determinada ação é ilegal".[42]

Os *arcana*[43] *imperii* – segredos do império ou "segredos do poder estabelecem um dentro e fora do poder político e, portanto, hierarquizam as pessoas em relação à prática política e à qualidade dos conhecimentos e argumentos que possam ter à sua disposição". "A posse ou o acesso aos *arcana imperii* investe de poder a seus sujeitos, pois não é só uma relação de conhecimento (saber mais que os outros), senão uma relação política (dominar ou governar aos outros em razão desse saber)".[44]

Essa classe de informação poderá ser imposta desde que conhecimento não autorizado tenha a possibilidade de acarretar dano grave à segurança da sociedade e do Estado. Introduzem-se novos conceitos, como a inteligência e a estratégia.[45]

Uma definição mais restrita diz que a inteligência "é a coleta de informações sem o consentimento, a cooperação ou mesmo o conhecimento por parte dos alvos da ação".[46] Há riscos nas atividades dos serviços de inteligência. Num extremo está a sua instrumentalização por parte de um governo contra seus oponentes políticos internos, enquanto no outro extremo está a autonomia desses serviços

42. *Les Principes de Johannesbourg Securité Nationale, Liberté d'Expression et Accès à l'Information*, cit., U.N. Doc. E/CN. 4/1996/39 (minha a tradução).

43. "Arcanum, *i*, n. Hor. Segredo, mistério, arcano" (José Cretella Jr. e Geraldo Ulhoa Cintra, *Dicionário Latino-Português*, p. 84).

44. Jesús Rodriguez Zepeda, *Estado y Transparencia: un Paseo por la Filosofía Política*, pp.14-15 (minha a tradução).

45. "*Estratégia* é a arte de aplicar com eficácia os recursos de que se dispõe ou de explorar as condições favoráveis de que porventura se desfrute, visando ao alcance de determinados objetivos" (Antônio Houaiss, *Dicionário Eletrônico Houaiss da Língua Portuguesa*, versão 10.12.2001 (CD-ROM).

46. Abram Shulsky, *apud* Marco Cepik, "Inteligência e políticas públicas: dinâmicas operacionais e condições de legitimação", in *Security and Defense Studies Review. Interdisciplinary Journal of the Center for Hemispheric Defense Studies* 2/ 246-247 (disponível na Internet: *http://www3.ndu/chds/journal/PDF/2002-3/Depik-Marco.pdf*, acesso em 26.5.2005).

e sua transformação em centros de poder independentes no sistema político.[47]

O terrorismo está compreendido entre as matérias relacionadas à segurança interna e externa, como também ao setor da inteligência. O terrorismo emprega ações violentas ilegais e, muitas vezes, brutais para fins políticos. Conferência sobre "terrorismo e meios de comunicação", realizada sob o patrocínio da UNESCO afirmou: "os meios de comunicações têm o direito e o dever de prestar contas, de forma rigorosa, do terrorismo em razão do direito de saber do público e para possibilitar um debate aberto, com conhecimento de causa, sobre o terrorismo".[48] Os atos de terrorismos acontecidos em diversas partes do mundo têm sido noticiados por todos os meios de comunicação.

A liberdade de expressão e de comunicação precisa ser mantida, através da prática dos direitos fundamentais universalmente reconhecidos, mesmo diante desses atos cruentos. "Proteger os indivíduos de atos terroristas e respeitar os direitos fundamentais da pessoa humana fazem parte da mesma rede integrada de proteção que incumbe ao Estado", afirmou a "Declaração de Berlim sobre a Defesa dos Direitos Humanos e do Estado de Direito na Luta contra o Terrorismo".[49] A prevenção do terrorismo e a luta contra suas ações não pode ensejar um "terrorismo de Estado".[50] De outro lado, a restrição às liberdades individuais "é ato anormal, que demonstra a situação crítica em que se acha a sociedade e a necessidade de meios incomuns, porém institucionais, para o retorno à normalidade, sendo circunscrita aos princípios da necessidade e da temporariedade."[51] A

47. Marco Cepik, "Inteligência e políticas públicas: dinâmicas operacionais e condições de legitimação", cit., in *Security and Defense Studies Review. Interdisciplinary Journal of the Center for Hemispheric Defense Studies* 2/262.

48. *Résolution sur le Terrorisme et les Médias. Conférence sur le Terrorisme et les Médias, Tenue à Manile (Philippines)/2002, sous les Auspices de l'UNESCO*, disponível na Internet: *http://portal.unesco.org?ci/fr/ev.php-URL_ID=5354&URL_DO=DO_TOPIC&URL_SE*, acesso em 12.7.2005 (minha a tradução).

49. *Apud* Dalmo de A. Dallari, "No combate ao terrorismo, liberdades individuais podem sofrer restrições? Não. Defesa, sim, mas com liberdade", *Folha de S. Paulo* de 16.7.2005, "Caderno A3", p. 3.

50. Idem, ibidem.

51. Alexandre de Moraes, "No combate ao terrorismo, liberdades individuais podem sofrer restrições? Sim. Pela democracia e pelo Estado de Direito", *Folha de S. Paulo* de 16.7.2005, "Caderno A", p. 3.

implementação do princípio da não violência, ainda que custe muito sacrifício, haverá de triunfar sobre o terror.

A informação reservada é aquela "cuja revelação não autorizada possa comprometer planos, operações ou objetivos neles previstos ou referidos". De plano, é insustentável este tipo de classe de sigilo diante da Constituição Federal (art. 5º, XXXIII), pois o sigilo, que afasta o direito à informação dos dados de interesse particular, coletivo e geral, é uma exceção fundamentada na possibilidade de ameaça à segurança da sociedade e do Estado, ameaça aqui não apontada.

O sigilo oficial, na classificação de documento ultrassecreto e secreto, imporá, afastada a prorrogação, um silêncio de vinte e cinco anos na história do país. Diversas gerações crescerão e farão sua formação escolar não podendo conhecer e refletir sobre situações, comportamentos e pessoas que as influenciaram e continuam influenciando. A costura de uma colcha de retalhos, com pedaços de tecido escuro da não informação, possibilita fazer-se prescreverem crimes, cujo prazo máximo de prescrição é de vinte anos (art. 109, I, do Código Penal Brasileiro). Só com real justificativa poder-se-á criar e instalar uma reduzida casta de informados frente aos amplos segmentos de desinformados.

A imposição de prazos rígidos não se ajusta à existência ou não da ameaça à segurança da sociedade e do Estado. Cessada a ameaça, é lógico e jurídico que se levante o sigilo, isto é, seja feita a desclassificação da informação.

A imposição de sigilo a qualquer situação, dado ou fato não possibilita à autoridade – classificadora do sigilo – perdoar ilícitos administrativos, civis ou criminais. Havendo indícios desses ilícitos, a sua não apuração, pela ausência de comunicação, implica, sem qualquer dúvida, na responsabilidade jurídica de quem determinou o sigilo.

#### 6.3.3.2 *Controle judicial do sigilo administrativo*

"Poderá o Poder Judiciário, em qualquer instância, determinar a exibição reservada de qualquer documento sigiloso, sempre que indispensável à defesa de direito próprio ou esclarecimento de situação pessoal da parte.

"Parágrafo único. Nenhuma norma de organização administrativa será interpretada de modo a, por qualquer forma, restringir o disposto neste artigo" (art. 24 da Lei 8.159/1991).[52]

A presença deste artigo na lei que trata da Política Nacional de Arquivos Públicos e Privados não está incorreta, mas está incompleta. Pode conduzir a raciocínio equivocado, induzindo a pensar que o Poder Judiciário só pode controlar o acesso a documento sigiloso que diga respeito a direito pessoal ou particular da parte.

O Poder Judiciário tem atribuição para controlar o acesso não só ao direito invocado pelo particular, que peticione em seu interesse exclusivo, como tem competência para examinar e decidir sobre o interesse coletivo e social à informação. Estes três interesses são direitos fundamentais constitucionais (art. 5º, XXXIII).

Todo o Poder Judiciário, em qualquer de suas instâncias, tem como obrigação a guarda genérica da Constituição, sendo que ao Supremo Tribunal Federal compete "precipuamente a guarda da Constituição" (art. 102) – isto é, uma guarda principal, mas não exclusiva. De outro lado, nenhuma lei poderia excluir da apreciação do Poder Judiciário lesão ou ameaça a direito (art. 5º, XXXV, da CF). Inequivocamente, a não informação, ou o sigilo indevido, representa lesão consumada a um direito ou uma ameaça ao seu exercício, que merecem ser apreciadas pelo Poder Judiciário. A harmonia entre os Poderes da República está ligada indissoluvelmente à independência dos mesmos Poderes (art. 2º), para que os objetivos nacionais de liberdade, de justiça e de solidariedade, como bem de todos, sejam alcançados (art. 3º).

### 6.3.3.3 *A organização da Administração Pública e a imposição do sigilo*

A Constituição Federal estabeleceu dois interessados no sigilo da informação: a sociedade e o Estado. Essa foi a ordem expressa no art. 5º, XXXIII. Correta a precedência da sociedade, pois o Estado deve assentar-se sobre esta, e não o contrário. Além disso, há três interesses legitimados pela Constituição: o particular, o coletivo e o geral.

52. Brasil, Lei 8.159, de 9.1.1991 ("Dispõe sobre a Política Nacional de Arquivos Públicos e Privados e dá outras providências").

O Poder Executivo Federal instituirá, no âmbito da Casa Civil da Presidência da República, Comissão de Averiguação e Análise de Informações Sigilosas, com a finalidade de decidir sobre a aplicação da ressalva ao acesso a documentos, consoante a Lei 11.111/2005. A Comissão de Averiguação e Análise de Informações Sigilosas será composta pelos seguintes membros: Ministro de Estado Chefe da Casa Civil da Presidência da República, que a coordenará; Ministro de Estado Chefe do Gabinete de Segurança Institucional da Presidência da República; Ministro de Estado da Justiça; Ministro de Estado da Defesa; Ministro de Estado das Relações Exteriores; Advogado-Geral da União; e Secretário Especial dos Direitos Humanos da Presidência da República.[53]

É normal que o Estado se organize através de seus integrantes (temporários, efetivos ou vitalícios) para decidir sobre o sigilo imprescindível à segurança relativa à documentação de interesse geral. O anormal ou o indevido é que a sociedade seja exclusivamente representada pelo próprio Estado, como se este detivesse a exclusividade ou o monopólio do interesse coletivo.

Para aferir a existência de ameaça à segurança da sociedade, em diversos graus, que a transmissão de uma informação possa gerar, é a própria sociedade, e não o Estado, que deve ser chamada a decidir. A sociedade representada pelos seus corpos intermediários ou pelas suas associações e os particulares, através de personalidades de notório saber e de reputação ilibada.

Desantes Guanter levanta uma questão: quem deve medir o valor dos interesses em confronto?[54] Responde que não deve ser o Estado ou as autoridades administrativas de diversos graus, porque se estariam erigindo em juízes de um pleito do qual fazem parte. O normal é que houvesse conselhos mistos ou conselhos de informação constituídos nas Câmaras Legislativas, que decidiriam que matérias seriam, ou não, suscetíveis de reserva ou sigilo. De certo modo, o que interessaria é uma figura, individual ou coletiva, parecida com o *ombudsman*.

53. Brasil, Lei 8.159, de 9.1.1991 ("Dispõe sobre a Política Nacional de Arquivos Públicos e Privados e dá outras providências").

54. José María Desantes Guanter, *La Información como Derecho*, p. 78.

*Capítulo 7*

# *A INTERPRETAÇÃO DO DIREITO À INFORMAÇÃO AMBIENTAL E DO DIREITO AO SEGREDO: INTERESSE SOCIAL E INTERESSE EMPRESARIAL*

*7.1 A interpretação e o meio ambiente. 7.2 A função social da empresa e o desenvolvimento sustentado. 7.3 Os tribunais e os critérios axiológicos: interesse coletivo e interesse privado. 7.4 A Constituição Federal e a interpretação frente às possíveis antinomias entre a informação e o segredo.*

## *7.1 A interpretação e o meio ambiente*

"A interpretação é um processo intelectivo através do qual, partindo-se de *fórmulas linguísticas* contidas nos atos normativos (os textos, enunciados, preceitos, disposições), alcançamos a determinação do seu *conteúdo normativo*" – segundo Eros Roberto Grau.[1] A interpretação tem um aspecto objetivo – que se refere ao objeto a ser interpretado – e um aspecto subjetivo – que se refere às qualificações do intérprete, que participa com a carga de experiência, de conhecimentos, cultura e ideologia que informam sua formação jurídica, segundo José Afonso da Silva.[2]

Nicolas de Sadeleer discorre dizendo: "A preservação dos recursos naturais não é seguramente do gosto de todos, na medida em que impõe sacrifícios, que são exigidos em nome de interesses coletivos, às vezes

1. Eros Roberto Grau, "Prefácio" (à 1a ed.) in Juarez Freitas, *A Interpretação Sistemática do Direito*, 5ª ed., p. 16.

2. José Afonso da Silva, "Interpretação da Constituição e democracia", *Interesse Público* 34/13-25.

incertos. Ora, o Direito é uma matéria a que repugna o excesso. A este título, o princípio da proporcionalidade deveria atenuar as veleidades intervencionistas das regras ambientais, através da moderação. Muitos veem neste princípio o cavalo-de-Troia das liberdades econômicas, que lhes permitirá torpedear a proteção do meio ambiente, a partir do próprio interior. Seria conveniente colocar em perspectiva, de um lado, como o princípio de proporcionalidade pode atuar a favor ou contrariamente ao direito ambiental, quando este entra em conflito com outros interesses, e, de outro lado, como os princípios do direito ambiental podem, ao ocupar a antessala do controle de proporcionalidade, atenuar-lhe os efeitos perversos".[3]

## *7.2 A função social da empresa e o desenvolvimento sustentado*

A CF, no art. 170, *caput*, afirma que "a ordem econômica, fundada na valorização do trabalho humano e na livre iniciativa, tem por fim assegurar a todos existência digna, conforme os ditames da justiça social, observados os seguintes princípios: (...) III – função social da propriedade; IV – livre concorrência; V – defesa do consumidor; VI – defesa do meio ambiente, (...)". Entre os nove incisos do art. 170 selecionei quatro, que estão, inclusive, inseridos na própria sequência do texto.

José Afonso da Silva anota que nesses incisos do art. 170 "tem-se configurada sua direta implicação com a propriedade dos bens de produção, especialmente imputada à empresa, pela qual se realiza e efetiva o poder de dominação empresarial. Disso decorre que tanto vale falar da função social da propriedade dos bens de produção como de função social do poder econômico".[4] Eros Roberto Grau assevera que "a inclusão do princípio da garantia da *propriedade privada dos bens de produção* entre os princípios da ordem econômica" "tem o condão de não apenas afetá-los pela *função social* (...) mas, além disso, de subordinar a existência dessa propriedade aos ditames da justiça social (...)".[5] "To-

3. Nicolas de Sadeleer, *Essai sur la Gènese et la Portée Juridique de Quelques Principes de Droit de l'Environnement* (tese de Doutorado), 1998 (minha a tradução).

4. José Afonso da Silva, *Comentário Contextual à Constituição*, 9ª ed., pp. 727-728.

5. Eros Roberto Grau, *A Ordem Econômica na Constituição de 1988*, 18ª ed., p.244.

do e qualquer bem apropriável – móvel, imóvel ou mesmo imaterial, de produção ou consumo – submete-se ao princípio da função social da propriedade. A exclusão de bens que são objeto de fruição exclusivamente privada seria, em tese, justificável se o efeito de seu uso não ultrapassasse a relação entre sujeito e objeto. Todavia, essa situação não exonera o proprietário do dever de utilizá-lo de forma a não prejudicar o interesse da coletividade" – conforme Guilherme Purvin de Figueiredo.[6]

A livre concorrência, portanto, deve ser manifestada cumprindo a função social da empresa que concorre no mercado. Não há empresa que possa conduzir-se como um conglomerado que ou afronta deliberadamente o interesse geral, ou age como se o interesse geral não existisse. "Concorrência" tem uma origem próxima a "concorrer", tendo este termo também o sentido de "cooperar", "ajudar". Mas o vocábulo "concorrência" acabou sendo usado ao contrário de mútua ajuda, querendo significar "rivalidade", "competição". Felizmente, a CF de 1988, em seu art. 170, exige a integração de vários princípios, não podendo a empresa agir apegada só a um princípio. Focalizado fora do contexto constitucional, o princípio da livre concorrência é uma incitação para a luta comercial e industrial, onde há vencedores e, portanto, vencidos. Este estado de guerra comercial e industrial não possibilita a paz entre os homens e as Nações. E nunca é ocioso manifestar um magno princípio da ética política: a paz justa deve ser uma aspiração de todos.

Não vejo a inserção do segredo industrial e comercial, sem limites, como uma purificação dos costumes empresariais ou como uma prática honesta, a que se referiu a Convenção de Paris. Não se nega a justeza de uma discrição equilibrada nos negócios. Mas um regime de "segredo de empresa" sem limites, ou com limites não implementados, significa a exacerbação dos poderes de um novo Estado: o Estado Empresarial, globalizado e sem fronteiras políticas, que não presta contas e que manipula os consumidores. "O poder econômico vem se infiltrando no Estado de forma a comprometer a soberania. O Estado perdeu a vergonha de transformar a ordem jurídica interna numa arma de pressão e de controle das aspirações dos cidadãos, (...)" – afirma Luiz Gonzaga Belluzzo.[7]

6. Guilherme J. Purvin de Figueiredo, *A Propriedade no Direito Ambiental*, p. 272.

7. Luiz Gonzaga Belluzzo, "Prefácio" in Eros Roberto Grau, *Ensaio e Discurso sobre a Interpretação/Aplicação do Direito*, 5ª ed., p. 8.

A transmissão adequada da informação é um dos modos de a empresa cumprir sua função social. Anota José Afonso da Silva que "no mesmo art. 5º, XIV e XXXIII, já temos a dimensão coletiva do direito à informação. É o interesse geral contraposto ao interesse individual da manifestação de opinião, ideias e pensamentos, veiculados pelos meios da comunicação social. Daí por que a liberdade de informação deixa de ser mera função individual para tornar-se função social".[8]

Valoriza-se a empresa justa – e ela deve ser justa (não é ingenuidade da Constituição afirmar que a livre iniciativa deve pautar-se pela justiça social – art. 170). A empresa justa pode lucrar com o desenvolvimento sustentado.

"O gênero humano tem perfeitamente os meios de assumir o desenvolvimento sustentado, respondendo às necessidades do presente, sem comprometer a possibilidade para as gerações futuras de virem a satisfazer as suas necessidades."[9] Nesta síntese, a Comissão Mundial de Meio Ambiente e Desenvolvimento da ONU, após ouvir e debater os problemas das populações em várias partes da Terra, inclusive do Brasil, ofereceu as bases para a construção do *princípio do desenvolvimento sustentado*. "As relações das gerações com o meio ambiente não podem ser concebidas como se a presença humana no Planeta não fosse uma cadeia com elos sucessivos. O art. 225 consagra uma ética da solidariedade."[10] Parte-se do pressuposto de que se deve procurar o desenvolvimento. "Desenvolver" não é crescer sempre, mas crescer na medida das reais necessidades. O adjetivo "sustentado" quer indicar o objetivo do crescimento: que seja contínuo, não seja efêmero e que tenha fundamentos sólidos.

Shinya Murase entende que "o conceito de sustentabilidade no seu sentido original estava em conformidade com o princípio tradicional da obrigação de prevenir, que foi baseado em testes objetivos e empíricos, assegurando a previsibilidade. Todavia, o conceito de desenvolvimento

8. José Afonso da Silva, *Comentário Contextual à Constituição*, 9ª ed., cit., p. 112.

9. *Notre Avenir à Tous. La Commission Mondiale sur l'Environnement et le Développement*, Montreal, Les Éditions du Fleuve, 1987, p. 10 (minha a tradução).

10. Paulo Affonso Leme Machado, "L'environnement dans la Constitution Brésilienne", *Les Cahiers du Conseil Constitutionnel* 15/162-169 (minha a tradução).

sustentado, que foi introduzido nos anos recentes, está mais e mais associado com o chamado princípio da precaução".[11]

A Constituição Federal de 1988 "estabelece as *presentes e futuras gerações* como destinatárias da defesa e da preservação do meio ambiente. (...). O art. 225 consagra a ética da solidariedade entre as gerações, pois as gerações presentes não podem usar o meio ambiente fabricando a escassez e a debilidade para as gerações vindouras".[12]

### *7.3 Os tribunais e os critérios axiológicos: interesse coletivo e interesse privado*

Em casos concretos em que a liberdade de iniciativa choca-se com o interesse geral da saúde pública, por exemplo, os tribunais têm decido que a legislação de saúde pública e de meio ambiente pode prevalecer.

"Na França, o Conselho Constitucional criou diretrizes de valor constitucional destinadas a orientar a legislação para uma melhor realização do bem público, incluindo a interdição de publicidade para a venda de tabaco e de álcool, que eram livremente vendidos. Como interditar a publicidade para a venda desses produtos sem atingir a liberdade de comércio e indústria? O Conselho entendeu que a liberdade de comércio e indústria poderia, no domínio preciso da saúde pública, ser um pouco prejudicada como objetivo, em si, infinitamente mais fundamental que o enriquecimento de alguns comerciantes."[13]

Gerd Winter explica que, "em muitos sistemas legais, os interesses na existência de segredos contra os interesses na divulgação podem ser avaliados caso a caso. Outros sistemas legais, tal como o do Canadá, dão ao interesse público, como o relativo à saúde pública, segurança pública e proteção do meio ambiente, uma certa prioridade".[14]

11. Shinya Murase, "Perspectives from international economic law on transnational environmental issues", Académie de Droit International, *Recueil des Cours* 253/283-431 (minha a tradução).

12. Paulo Affonso Leme Machado, *Direito Ambiental Brasileiro*, 25ª ed., p. 160.

13. Jacques Robert, *La Garde de la Republique*, Paris, Plon, 2000, *apud* José Afonso da Silva, "Interpretação da Constituição e democracia", cit., *Interesse Público* 34/13-25.

14. Gerd Winter, "Freedom of environmental information", in Gerd Winter (ed.), *European Environmental Law – A Comparative Perspective*, pp. 81-94 (minha a tradução).

Finalizo este item com um aporte doutrinário de Robert Alexy sobre o direito de liberdade frente aos interesses coletivos: "Pode-se sustentar a concepção do direito geral de liberdade e, sem embargo, conferir maior relevância, em geral, a princípios que se direcionam para bens coletivos, de forma tal que, ao final, a liberdade negativa definitiva seja muito reduzida. Isto mostra o alto grau de neutralidade do direito geral de liberdade frente às teorias concretas sobre a relevância relativa dos direitos individuais e os interesses coletivos. Porém, a neutralidade do direito geral de liberdade é concluída em um ponto decisivo. As intervenções na liberdade negativa seguem sendo o que são, isto é, intervenções em um determinado tipo de liberdade. Isto significa que, como tais, têm que ser justificáveis".[15]

### *7.4 A Constituição Federal e a interpretação frente às possíveis antinomias entre a informação e o segredo*

A Constituição Federal de 1988 posicionou-se expressamente em prol da amplitude da informação. No panorama mundial não é voz isolada. Pelo contrário, seguiu as aspirações da Humanidade, bem exteriorizadas na Declaração Universal dos Direitos Humanos de 1948, em seu art. 19.

O Título II da Constituição Federal trata "Dos Direitos e Garantias Fundamentais". Seu "Capítulo I – Dos Direitos e Deveres Individuais e Coletivos" é composto de um único artigo: o art. 5º. O *caput* desse artigo mostra os fundamentos sobre os quais os constituintes especificaram os direitos, garantindo a inviolabilidade do direito à vida, do direito à liberdade, do direito à igualdade, do direito à segurança e do direito à propriedade.

Juarez Freitas esclarece que "o intérprete tópico-sistemático precisa, pois, ao concretizar o Direito, preservar a sua unidade substancial e formal". Cita um julgado do Supremo Tribunal Constitucional da Espanha que diz: "La Constitución es u todo en el que cada precepto adquiere valor y sentido en función del conjunto".[16]

15. Robert Alexy, *Teoría de los Derechos Fundamentales*, p. 366 (minha a tradução).

16. Juarez Freitas, *A Interpretação Sistemática do Direito*, cit., 5ª ed., p. 72 e nota de rodapé 20.

Dizem respeito à informação as seguintes garantias constitucionais: liberdade de manifestação do pensamento; direito de resposta; liberdade de consciência e de crença; liberdade de expressão da atividade intelectual, artística, científica e de comunicação; liberdade do exercício de qualquer trabalho, ofício ou profissão; acesso à informação; direito dos autores de utilizar, publicar e reproduzir suas obras; proteção das participações individuais em obras coletivas e tutela da reprodução da imagem e voz humanas; direito de os criadores e intérpretes fiscalizarem o aproveitamento econômico das obras; direito dos autores de inventos industriais de privilégio temporário para sua utilização nos termos da lei, tendo em vista o interesse social e o desenvolvimento tecnológico e econômico do país; proteção às criações industriais, à propriedade das marcas, aos nomes das empresas e a outros, nos termos da lei, tendo em vista o interesse social e o desenvolvimento tecnológico e econômico do país; direito de receber dos órgãos públicos informações de seu interesse particular, ou de interesse coletivo ou geral; direito de receber certidões das repartições públicas; direito de publicidade dos atos processuais; direito de impetrar mandado de segurança; direito da concessão de *habeas data* para assegurar o conhecimento de informações relativas à pessoa do impetrante ou para retificação de dados; direito de propor ação popular para anular ato lesivo ao patrimônio público, à moralidade administrativa, ao meio ambiente e ao patrimônio histórico e cultural.

Vejam-se casos em que a Constituição Federal limita a informação: a inviolabilidade da intimidade, da vida privada, da honra e da imagem das pessoas; o indivíduo tem na sua casa um asilo inviolável, salvo exceções previstas; a inviolabilidade do sigilo da correspondência e das comunicações telegráficas, de dados e das comunicações telefônicas, salvo exceções previstas; resguarda-se o sigilo da fonte de informação, quando necessário ao exercício profissional; nas informações a serem prestadas pelos órgãos públicos é reconhecido o sigilo imprescindível à segurança da sociedade e do Estado; a defesa da intimidade poderá restringir a publicidade dos atos processuais; a defesa do interesse social poderá limitar a publicidade dos atos processuais; direito de o preso ficar calado; possibilidade de se optar pela retificação de dados, em *habeas data*, através de processo sigiloso.

Retorno aos ensinamentos de Juarez Freitas, ao dizer que "as melhores leituras sistemáticas da Constituição visualizam os direitos fundamentais como totalidade indissociável e, nessa medida, procuram restringir ao máximo as suas eventuais limitações, (...)".[17]

Na Constituição Federal há, pois, uma manifesta opção pelo princípio do livre acesso à informação, a não ser nas exceções claramente previstas. Não se mencionou a garantia de segredo comercial, de segredo industrial, de segredo de negócios, em qualquer parte do texto constitucional, não sendo direitos fundamentais esses segredos. Entretanto, a liberdade de informação cessa, sem tergiversação, diante da garantia da inviolabilidade da intimidade, da vida privada, da honra e imagem das pessoas.

A publicidade pode ser considerada como um princípio estruturante da Constituição, conforme José Joaquim Gomes Canotilho, que diz: "Os princípios estruturantes podem ser concretizados através dos mesmos princípios, embora com acentuações diversas. Assim, por exemplo, o princípio da publicidade dos actos da autoridade com efeitos externos (cf. art. 119º) é, simultaneamente, uma concretização ou densificação do princípio democrático e do princípio do Estado de Direito: a publicidade é o contrário da política de segredo (princípio democrático); a publicidade é uma exigência da segurança dos cidadãos (princípio do Estado de Direito)".[18]

Além do interesse individual, os interesses social, coletivo e geral servem de fundamento para garantir a informação, mas também podem evitar a publicidade dos atos processuais e, nos casos imprescindíveis, garantir a segurança social.

17. Juarez Freitas, *A Interpretação Sistemática do Direito*, cit., 5ª ed., p. 209.

18. José Joaquim Gomes Canotilho, *Direito Constitucional e Teoria da Constituição*, 2ª ed., p. 1.056.

# *CONCLUSÕES*

*1.* A informação, ao passar conhecimentos, enseja da parte do informado a criação de novos saberes, através do estudo, da comparação ou da reflexão. Aceder à informação não é sinônimo de agir somente com curiosidade. A existência da informação e sua transmissão não justificam ordinariamente qualquer ato de força ou de invasão para seu apossamento. A transmissão da informação é condição de sobrevivência da espécie e sinal de cooperação.

*2.* Sem liberdade, aquele que produz a informação ou quem a transmite não poderá assegurar a idoneidade e a veracidade dessa informação. Sem liberdade não se consegue organizar a informação, pois todos os envolvidos no processo estarão submetidos a pressões íntimas ou exteriores para deturpar o conteúdo dos fatos e das mensagens. A informação não coletada e não organizada é uma forma de negar a informação. A participação na vida política e social é resultado de uma informação adequada, e a recusa da informação de interesse geral ou coletivo é uma mutilação cívica.

*3.* A Revolução Francesa e a Revolução Americana forneceram o alicerce doutrinário para se estabelecer um direito universal à informação. E, dessa forma, a maioria dos países integrantes da ONU aprovou a Declaração Universal dos Direitos Humanos/1948, que declara que toda pessoa tem direito de procurar, receber e transmitir informações. A Convenção Europeia para a Proteção dos Direitos Humanos e das Liberdades Fundamentais/1950 reafirma o direito de toda pessoa de receber e transmitir informações. A Convenção Americana de Direitos Humanos/1969, denominada *Pacto de San José da Costa Rica*, reafirma a mesma ideia e acrescenta o direito de difundir a informação. Ambas as Convenções limitam, contudo, o direito à informação por razões, entre outras, de segurança nacional, da ordem, da saúde ou da moral públicas e da proteção da reputação alheia. Ao mesmo tempo em que se afirma o direito à informação, colocam-se limites a este direito.

*4.* A democracia nasce e vive dentro da informação veraz, completa e tempestiva. Não é democrático que só um segmento social possa ter acesso à informação, pois se cria a aristocracia da comunicação, como também se institui a tirania caso só o governo controle a informação. Propõe-se a organização de um "Estado da Informação Democrática de Direito". Há uma estrada a percorrer: "Informação Democrática" onde a isonomia possibilite a todos, sem exceção, acessar a informação existente, recebê-la e difundi-la em matéria de interesse geral; "Estado de Direito" porque o acesso e a divulgação da informação não são direitos absolutos, estando subordinados às normas, à interpretação e à decisão dos tribunais, nos casos conflitantes.

*5.* A informação é assegurada a todos, independentemente da profissão. Garante-se o direito de guardar sigilo de suas fontes às profissões ligadas à informação, se esse sigilo for realmente necessário para o exercício profissional. A possibilidade do livre acesso a qualquer dado ou fato ocorrido em espaço público não permite que a informação passe a ser propriedade somente dos que já estão informados, quaisquer que sejam eles. Os comunicadores sociais não podem reter em seu poder as informações de interesse geral. Os profissionais da comunicação fazem a ligação entre a fonte da notícia e seus destinatários, mas ninguém pode transformar-se em proprietário dessa informação.

*6.* A publicidade não só é um dos pilares da democracia, como representa a possibilidade de um sistema de governo onde haja moralidade e prestação de contas dos atos da Administração Pública. A publicidade abre as portas da Administração Pública, e a transparência vai conservar essas portas abertas e manter a circulação da informação. Os Poderes Públicos têm a obrigação de transmitir, sem demora, as informações de interesse geral, no qual estão incluídos constitucionalmente a saúde, a educação, a cultura e o meio ambiente.

*7.* Expressivo número de países escolheu introduzir a matéria "meio ambiente" em suas Constituições, mostrando o início de uma grande transformação do mundo político e jurídico. Em algumas Constituições não somente se afirmou o direito a um meio ambiente sadio e equilibrado ecologicamente, como foram sendo inseridos instrumentos jurídicos para obter e manter essa situação. Entre essas ferramentas está a afirmação de um direito à informação ambiental. Países que haviam estado sob um regime autoritário, na sua redemocratização, inseriram em suas Constituições o direito à informação ambiental. Como exemplo cito a Constituição da Ucrânia/1996: "A todos é garantido o direito de livre acesso à informação sobre a situação do meio ambiente, a qualidade dos alimentos e dos bens de consumo e o direito de divulgar essas informações. Tais informações não podem ser secretas".

*8.* Os empreendedores privados ou públicos devem informar a Administração Pública Ambiental. No caso de os referidos empreendedores não fornecerem as informações ou os dados devidos, a própria Administração deve exigir a prestação das informações sobre meio ambiente.

*9.* Há situações em que o Poder Público não detém as informações ambientais relevantes, e não só não as detém como não se propõe a coletá-las ou requisitá-las. Nessa situação, as pessoas e as associações podem organizar-se para a coleta e comunicação de informações, principalmente diante de emissões perigosas ou de possíveis radiações provindas de usinas nucleares. Não se trata de usurpar a atribuição dos governos, mas é o caso do exercício de uma competência subsidiária, para a sobrevivência.

*10.* O direito internacional do meio ambiente, analisado através de convenções, tratados, protocolos e declarações, registrava até o fim da década de 60 do século passado somente a troca de informações entre os governos dos países contratantes. Não se pensava na exteriorização da informação para o público. O Tratado da Antártica/1959 dá um passo nesse sentido e prevê que a troca de observações e dos resultados obtidos na Antártica que serão tornados livremente disponíveis. A Convenção Concernente à Proteção dos Trabalhadores contra as Radiações Ionizantes/1960 determina que as informações sejam transmitidas aos trabalhadores. A Convenção Nórdica/1974 (entre Suécia, Dinamarca, Noruega e Finlândia) apresenta uma inovadora troca de informações entre as autoridades do país em que se pretenda licenciar uma empresa e as autoridades de um dos países contratantes que vá sofrer ou poderá sofrer danos ambientais. A Convenção sobre Pronta Notificação de Acidente Nuclear/1986, assinada depois do acidente de Chernobyl, obriga a comunicação aos outros Estados quando o acidente "tenha resultado ou possa resultar em liberação internacional transfronteiriça para a segurança radiológica de outro Estado", omitindo-se, contudo, em afirmar o direito do Estado vítima de solicitar e obter informações.

*11.* As convenções passam a explicitar dados e informações que devam ser de conhecimento público ou expressam quais as informações que não são sigilosas. A Convenção sobre a Proteção e Utilização dos Cursos de Água Transfronteiriços e dos Lagos Internacionais (Helsinki/1992) determina quais informações devem ser transmitidas ao público. A Convenção sobre Procedimento de Consentimento Prévio Informado para o Comércio Internacional de Certas Substâncias Químicas e Agrotóxicos Perigosos/1998 estabelece as informações que não serão consideradas sigilosas. A Convenção sobre Poluentes Orgânicos Persistentes/2001 afirma que as informações sobre saúde e segurança humana e ambiental não serão consideradas confidenciais.

*12.* Na Convenção da Diversidade Biológica/1992 estabeleceram-se regras acerca das relações entre Estado exportador e Estado importador da biotecnologia. A parte contratante ou o Estado em que será introduzido organismo vivo modificado pela biotecnologia ou organismo geneticamente modificado – OGM têm o direito de exigir que o Estado de que provém referido organismo lhes preste informações. O Estado de que provêm os OGMs, se não detiver diretamente essas informações, deverá exigir que as pessoas físicas ou jurídicas as transmitam. Através do Protocolo de Cartagena sobre Biossegurança da Convenção sobre Diversidade Biológica/2000 a parte exportadora fiscaliza o exportador no cumprimento da obrigação legal de enviar informações exatas. O Poder Público intervém através da fiscalização no sentido de que o exportador envie a notificação, e verifica a veracidade do conteúdo das informações enviadas. Passa a haver uma corresponsabilidade pela completude e fidedignidade das informações, respondendo o Estado e o exportador.

*13.* A Convenção de Aarhus/1998 tem regras fundamentais sobre o acesso à informação ambiental: (a) as informações serão transmitidas sem que o público tenha que se valer de um interesse particular; (b) as informações devem ser transmitidas num prazo normal de 30 dias, dilatando-se o prazo para 2 meses nos casos complexos; (c) as informações sobre as emissões que sejam pertinentes para a proteção do meio ambiente devem ser divulgadas mesmo no caso em que haja segredo comercial e industrial; (d) os motivos da recusa ao atendimento das informações solicitadas devem ser interpretados de modo estrito, não comportando ampliação ou analogia, e levando-se em conta o interesse que a divulgação das informações tenha para o público.

*14.* A trajetória do direito internacional à informação sobre meio ambiente conseguiu chegar a um nível apreciável, pois as convenções passaram a inserir esse direito numa concepção integradora dos principais direitos ambientais. A Conferência Africana sobre Recursos Naturais, Meio Ambiente e Desenvolvimento/2003 previu que as partes contratantes adotem medidas legislativas e regulamentares para assegurar tempestivamente e de modo apropriado: a difusão de informações sobre o meio ambiente; o acesso do público às informações ambientais; a participação do público na tomada de decisões que possam ter impacto importante sobre o meio ambiente; e o acesso à Justiça no que concerne às questões ligadas à proteção do meio ambiente e dos recursos naturais. A Convenção para a Proteção do Meio Ambiente Marinho do Mar Cáspio/2003 agasalha três princípios: o princípio da precaução, o princípio do poluidor-pagador e o princípio do acesso à informação. Pelo princípio do acesso à informação sobre a poluição do meio ambiente marinho do Mar Cáspio, as partes contratantes devem providenciar as informações relevantes na maior quantidade possível. A informação passa a ser reconhecida internacionalmente como um dos elementos indispensáveis para a proteção e valorização do meio ambiente, numa aplicação da Declaração Rio/1992.

*15.* O direito ambiental brasileiro trata a informação como matéria relevante. A Lei de Política Nacional do Meio Ambiente/1981 insere o direito de acesso à informação e o dever de divulgação de todos os licenciamentos ambientais, em todas as suas fases. A Lei da Ação Civil Pública/1985 procura fazer circular a informação entre todos os protagonistas do processo e dá ao Ministério Público o direito específico de requisitar informações ambientais, tornando crime a recusa, o retardamento e a omissão de dados. A Constituição Federal/ 1988 cria o Estudo Prévio de Impacto Ambiental, a que se dará publicidade, e valoriza sobremaneira a educação ambiental e a conscientização do público. Pela Lei de Agrotóxicos/1989, na fase de registro do produto há a obrigação de publicar uma síntese do pedido. A Lei da Política Nacional de Recursos Hídricos/1997 e a Lei de Biossegurança/2005 criam sistemas de informações. A Lei 10.650/2003 tem como um de seus objetivos apontar a área de abrangência da informação ambiental, e – espelhando-se na Convenção de Aarhus – afirma que quem solicita a informação não precisa comprovar seu interesse. Ao dizer que o órgão público transmitirá a informação que tem sob sua guarda, a lei está apequenando o direito à informação diante da Lei de Política Nacional do Meio Ambiente/1981, pois esta garante a prestação das informações, "obrigando-se o Poder Público a produzi-las, quando inexistentes". É preciso evitar que os órgãos públicos fiquem inertes ou omissos na tarefa de coletar e organizar as informações sobre meio ambiente.

***16.*** O sigilo ou o segredo são limites à informação e constituem exceção ao princípio da publicidade. Devem ser expressos e motivados. Os segredos industrial e comercial diferem da patente, pois esta é pública e expressamente concedida, em cada caso. O Acordo dos Direitos de Propriedade Intelectual Relacionados ao Comércio – ADPICs/ 1994 e a Lei 10.603/2002 procuram tornar sigilosos informes relativos a produtos que dependam de autorização de órgãos governamentais nacionais. Só se pode conceder o direito ao sigilo quando ele não contrarie o interesse social e nem possa prejudicar a saúde humana e o meio ambiente. No licenciamento ambiental – procedimento, indiscutivelmente, de interesse geral – cabe ao requerente provar a legitimidade do sigilo pretendido, não podendo ser este concedido automaticamente pelo órgão público. Cabe sempre ao órgão público informar os motivos da autorização da existência de um segredo.

***17.*** Não vejo como antagônicos o direito à vida privada e o direito à informação. Compatíveis as duas faces da vida humana – a individualidade e a sociabilidade. A inviolabilidade constitucional da intimidade e da vida privada visa a proteger o indivíduo numa esfera em que não deve haver prejuízo ou potencialidade de dano à vida social. O indivíduo tem uma zona de ação reservada que lhe possibilita o desabrochamento de sua personalidade integral e de sua família, fator indispensável para o consequente fortalecimento da própria sociedade e das instituições públicas. A vida profissional ou a atividade empresarial não estão incorporadas na tutela da vida privada, ainda que com esta possam interagir.

***18.*** Na Constituição Federal de 1988 há uma manifesta opção pelo princípio do livre acesso à informação e pelo princípio da publicidade. É impossível proteger bem o que é de todos através do segredo. A proteção do meio ambiente só se tornará efetiva em todo o Planeta quando dois direitos caminharem juntos: o direito à informação e o direito à participação. Estes direitos possibilitam que os povos consigam viver, no presente e no futuro, com equilíbrio ecológico e com saúde integral, com democracia duradoura e fruição justa e equânime dos recursos ambientais.

# *BIBLIOGRAFIA*

ALEXY, Robert. *Teoría de los Derechos Fundamentales*. Madri, Centro de Estudios Constitucionales, 1997 (*Teoria dos Direitos Fundamentais*. Trad. de Virgílio Afonso da Silva, 2ª ed., 5ª tir. São Paulo, Malheiros Editores, 2017).

ALPA, Guido. *Il Diritto dei Consumatori*. Roma/Bari, Editori Laterza, 2002.

AMIRANTE, Carlo. "Cittadinanza (teoria generale)". *Enciclopedia Giuridica* ("Aggiornamento"). Roma, Istituto della Enciclopedia Italiana – Fondata da Giovanni Treccani, 2004.

ANGHER, Anne Joyce (org.). *Constituição da República Federativa do Brasil*. 11ª ed. São Paulo, Rideel, 2005.

ANTUNES, Luís Filipe Colaço. *A Tutela dos Interesses Difusos em Direito Administrativo*. Coimbra, Livraria Almedina, 1989.

ANTUNES, Paulo de Bessa. *Direito Ambiental*. 7ª ed. Rio de Janeiro, Lumen Juris, 2005.

ARCIDIACONO, L. "La persona nella Costituzione". In: ARCEDIACONO, L., CARULLO, A., e RIZZA, G. (orgs.). *Istituzioni di Diritto Pubblico*. Bolonha, Monduzzi Editore, 1993.

ARENDT, Hannah. *Condition de l'Homme Moderne*. *Collection Agora* (dirigida por François Laurent). Paris, Calmann-Lévy, 2005.

ARISTÓTELES. *A Política*. 3ª ed., trad., notas e apresentação de Mário da Gama Kury. Brasília, UnB, 1997.

ART, Henry W. (ed.). *Dicionário de Ecologia e Ciência Ambiental*. Trad. de Mary Amazonas Leite de Barros. São Paulo, Cia. Melhoramentos de São Paulo, 1998.

BAIL, Christoph, FALKNER, Robert, e MARQUARD, Helen. "Cartagena Protocol on Biosafety to the Convention on Biological Diversity". In: BAIL, Christoph, FALKNER, Robert, e MARQUARD, Helen (eds.). *The Cartagena Protocol on Biosafety – Reconciling Trade in Biotechnology with Environment and Development?*. Londres, Earthscan Publications, 2002.

BARACHO JR., José Alfredo de Oliveira. *Responsabilidade Civil por Dano ao Meio Ambiente*. Belo Horizonte, Del Rey, 2000.

BARBOSA, Denis Borges. *Proteção das informações confidenciais pela Lei 9.279/1996*, disponível na Internet: *http://denisbarbosa.addr.com/trabalhospi.htm* (acesso em 11.1.2006).

BARBOSA, Sandra Pires. "Direito à informação e controle social da atividade econômica". *RDA* 225/57-73. Rio de Janeiro, 2001.

BARROSO, Luís Roberto. "Colisão entre liberdade de expressão e direitos da personalidade. Critérios de ponderação. Interpretação constitucionalmente adequada do Código Civil e da Lei de Imprensa". *RDA* 235/1-36. Rio de Janeiro, janeiro-março/2004.

BASTOS, Celso Ribeiro, e MARTINS, Ives Gandra. *Comentários à Constituição do Brasil (Promulgada em 5 de Outubro de 1988)*. 2 vols. São Paulo, Saraiva, 1989.

BECK, Ulrich. *La Société du Risque: sur la Voie d'une Autre Modernité*. Paris, Aubier, 2001.

BELLUZZO, Luiz Gonzaga. "Prefácio". In: GRAU, Eros Roberto. *Ensaio e Discurso sobre a Interpretação/Aplicação do Direito*. 5ª ed. São Paulo, Malheiros Editores, 2009.

BENJAMIN, Antônio Herman de Vasconcelos e. "Das práticas comerciais". In: GRINOVER, Ada Pellegrini, e outros. *Código Brasileiro do Consumidor Comentado pelos Autores do Anteprojeto*. 8ª ed. Rio de Janeiro, Forense Universitária, 2004 (pp. 240-398).

BEURRIER, Jean-Pierre, e KISS, Alexandre. *Droit International de l'Environnement*. 3ª ed. Paris, Éditions A. Pedone, 2004.

BOBBIO, Norberto. *Estado – Governo – Sociedade: para uma Teoria Geral da Política*. 11ª ed. São Paulo, Paz e Terra, 2004.

——————. In: SANTILLÁN, José Fernández (org.). *Norberto Bobbio: o Filósofo e o Político – Antologia/Democracia e Segredo*. Rio de Janeiro, Contraponto, 2003 (pp. 300-313).

——————, e VIROLI, Maurizio. *Diálogo sobre a República: os Grandes Temas da Política e da Cidadania*. Trad. de Daniela Beccaccia Versiani. Rio de Janeiro, Campus, 2002.

BOZA, Beatriz. *Acceso a la Información del Estado – Marco Legal y Buenas Prácticas*. Lima, CAD e Honrad Adenauer Stiftung, 2004 (disponível na Internet: *http://www.ciudadanosaldia.org/pubs/kas/default.htm*, acesso em 23.6.2005).

BREDIN, Jean-Denis. "Secret, transparence et démocratie". *Pouvoirs – Revue Française d'Études Constitutionnelles et Politiques* 97/5-14. Paris, 2001.

BUSQUIN, Philippe (Commissaire Européen de la Recherche Culturale Scientifique, Citoyenneté et Gouvernance Européennes). "Biologie moderne et visions de l'Humanité" (conferência). *Gênes*, 22.3.2004 (disponível na Internet: *http://euro*

*pa.eu.int/rapid/start/cgl/guesttr.ksh?p_action.g.../143/0/RAPID&lg=FR&display*, acesso em 6.4.2004).

CAMPOS, Edmundo (org.). *Sociologia da Burocracia*. São Paulo, Zahar Editores, 1978.

CANOTILHO, José Joaquim Gomes. *Direito Constitucional e Teoria da Constituição*. 2ª ed. Coimbra, Livraria Almedina, 1998.

CARAMAZZA, Ignazio F. "Dal principio de segretezza al principio di trasparenza. Profili generali de una riforma". *Rivista Trimestrale di Diritto Pubblico* 4/941-958. Milão, 1995.

CARULLO, A., ARCEDIACONO, L., e RIZZA, G. (orgs.). *Istituzioni di Diritto Pubblico*. Bolonha, Monduzzi Editore, 1993.

CARVALHO, Luiz G. G. C. *Liberdade de Informação e o Direito Difuso à Informação Verdadeira*. 2ª ed. Rio de Janeiro, Renovar, 2003.

CASTELLS, Manuel. *A Sociedade em Rede*. 7ª ed. São Paulo, Paz e Terra, 2003.

————. *O Poder da Identidade*. 3ª ed., trad. de Klauss Brandini Gerhardt. Col. *A Era da Informação: Economia, Sociedade e Cultura*, vol. 2. São Paulo, Paz e Terra, 2002.

CECCHETTI, Marcello. *Principi Costituzionali per la Tutela dell'Ambiente*. Milão, Dott. A. Giuffrè Editore, 2000.

CEPIK, Marco. "Inteligência e políticas públicas: dinâmicas operacionais e condições de legitimação". *Security and Defense Studies Review. Interdisciplinary Journal of the Center for Hemispheric Defense Studies* 2/246-267. 2002/2003 (disponível na Internet: *http://www3.ndu/chds/journal/PDF/2002-3/Depik-Marco.pdf*, acesso em 26.5.2005).

CESARIS, Ada L. "Le politiche comunitarie in materia di ambiente". *Diritto Ambientale Comunitario*. Milão, Dott. A. Giuffrè Editore, 1995 (pp. 9-71).

CLÈVE, Clemerson Merlin. "Liberdade de informação – Acesso a arquivos públicos – Limites constitucionais e legais". *Boletim de Direito Administrativo* 4-8/510. São Paulo, 1998.

CORREDOIRA Y ALFONSO, Loreto, e MALLEN, Ignacio Bel (orgs.). *Derecho de la Información*. Barcelona, Editorial Ariel, 2003.

CRETELLA JR., José. *Dicionário de Direito Administrativo*. 3ª ed. Rio de Janeiro, Forense, 1978.

————, e ULHOA CINTRA, Geraldo. *Dicionário Latino-Português*. São Paulo, Cia. Editora Nacional, 1950.

CROZIER, Michel. *On ne Change pas la Société par Décret*. Paris, Bernard Grasset, 1979.

CUSTÓDIO, Helita Barreira. *Direito Ambiental e Questões Jurídicas Relevantes*. Campinas/SP, Millenium Editora, 2005.

————. "Direito ambiental e relevância da informação". *RDCivil* 57/58-66. Ano 18. São Paulo, Ed. RT, janeiro-março/1994.

DADER, José Luis. "La democracia débil ante el populismo de la privacidad: terror panóptico y secreto administrativo frente al periodismo de rastreo informático en España", disponível na Internet: *http://www.bib.uab.es/pub/analisi/02112175n26p145.pdf*, acesso em 23.6.2005.

DAHL, Robert A. *Sobre a Democracia*. Trad. de Beatriz Sidou. Brasília, UnB, 2001.

DALLARI. Dalmo de Abreu. "No combate ao terrorismo, liberdades individuais podem sofrer restrições? Não. Defesa, sim, mas com liberdade". *Folha de S. Paulo* de 16.7.2005. "Caderno A" (p. 3). São Paulo.

DAUZAT, Albert. *Dictionnaire Étymologique*. Paris, Larousse, 1938.

DE LA SERNA, Luis Escobar. "El proceso de configuración del derecho a la información". In: MALLEN, Ignacio Bel, e CORREDOIRA Y ALFONSO, Loreto (orgs.). *Derecho de la Información*. Barcelona, Editorial Ariel, 2003 (pp. 65-84).

"Declaração de Canela dos Presidentes dos Países do Cone Sul com vistas à Conferência das Nações Unidas sobre Meio Ambiente e Desenvolvimento". *O Estado de S. Paulo* de 21.2.1992. "Caderno Cidades" (p. 4). São Paulo.

DELL'ANNO, Paolo. *Manuale di Diritto Ambientale*. Pádua, Casa Editrice Dott. Antonio Milani (CEDAM), 2003.

DESANTES GUANTER, José María. *La Información como Derecho*. Madri, Editora Nacional, 1974.

DESPAX, Michel. *Droit de l'Environnement*. Paris, Librairies Techniques (LITEC), 1980.

DEVOTO, Giacomo, e OLI, Gian Carlo. *Vocabolario della Lingua Italiana*. 13ª ed. Florença, Felice Le Monnier, 1994.

*Diccionario de la Lengua Española – Real Academia Española*. 21ª ed., 2 vols. Madri, Editorial Espasa Calpe, 1997.

DOTTI, René Ariel. "A atuação do Ministério Público na proteção dos direitos difusos". *Revista do Ministério Público*. Edição Especial: "Ação Civil Pública – Tutela dos Interesses Difusos" (pp. 66-94). Porto Alegre, Procuradoria-Geral da Justiça, 1986.

————. *Proteção da Vida Privada e Liberdade de Informação*. São Paulo, Ed. RT, 1980.

DOUMBÉ-BILLÉ, Stéphane, e PRIEUR, Michel (dirs.). *Recueil Francophone des Traités et Textes Internationaux en Droit de l'Environnement. Déclaration de Stockholm*. Universités Francophones AUPELF-UREF. Bruxelas, Bruyant, 1998.

FALKNER, Robert, BAIL, Christoph, e MARQUARD, Helen. "Cartagena Protocol on Biosafety to the Convention on Biological Diversity". In: BAIL, Christoph,

FALKNER, Robert, e MARQUARD, Helen (eds.). *The Cartagena Protocol on Biosafety – Reconciling Trade in Biotechnology with Environment and Development?*. Londres, Earthscan Publications, 2002.

FALLIS, Don. "Epistemic value theory and information ethics". *Minds and Machines* 14/101-117. Netherlands, Kluwer Academic Publishers, 2004.

FEKETE, Elisabeth Edith G. Kasznar. *Perfil do Segredo de Indústria e Comércio no Direito Brasileiro: Identificação e Análise Crítica*. Tese de Doutorado em Direito. São Paulo, Universidade de São Paulo/Faculdade de Direito, 1999.

FERRAZ JR., Tércio Sampaio. "A liberdade como autonomia recíproca de acesso à informação". In: GRECO, Marco Aurélio, e MARTINS, Ives Gandra da Silva (coords.). *Direito e Internet: Relações Jurídicas na Sociedade Informatizada*. São Paulo, Ed. RT, 2001 (pp. 241-247).

FERREIRA, Aurélio Buarque de Holanda. *Novo Aurélio Século XXI: o Dicionário da Língua Portuguesa*. 3ª ed. (CD-ROM). Rio de Janeiro, Nova Fronteira, 1999.

FIGUEIREDO, Guilherme J. Purvin de. *A Propriedade no Direito Ambiental*. Rio de Janeiro, Esplanada, 2004.

FIGUEIREDO, Lúcia Valle. *Curso de Direito Administrativo*. 9ª ed. São Paulo, Malheiros Editores, 2008.

FILOMENO, José Geraldo Brito. "Dos direitos básicos do consumidor". In: GRINOVER, Ada Pellegrini, e outros. *Código Brasileiro do Consumidor Comentado pelos Autores do Anteprojeto*. 8ª ed. Rio de Janeiro, Forense Universitária, 2004 (pp. 128-162).

FIORILLO, Celso A. P. *Curso de Direito Ambiental*. São Paulo, Saraiva, 2000.

FRAGA, Jordano J. *La Protección de Derecho a un Medio Ambiente adecuado*. Barcelona, José Maria Bosch – Editor, 1995.

FRANGETTO, Flávia W. *O Direito à Informação e Desenvolvimento Sustentável*. Dissertação de Mestrado em Direito. São Paulo, Pontifícia Universidade Católica de São Paulo/Faculdade de Direito, 2004.

FREITAS, Gilberto Passos de. "Breves considerações sobre o crime de desobediência da Lei de Ação Civil Pública". In: MILARÉ, Édis (org.). *A Ação Civil Pública Após 20 Anos: Efetividade e Desafios*. São Paulo, Ed. RT, 2005 (pp. 185-193).

FREITAS, Juarez. *A Interpretação Sistemática do Direito*. 5ª ed. São Paulo, Malheiros Editores, 2010.

FREITAS, Vladimir Passos de. *Direito Administrativo e Meio Ambiente*. 3ª ed. Curitiba, Juruá, 2001.

FRIAS FILHO, Otávio. "O conservador visionário". *Folha de S. Paulo* de 31.7.2005. "Caderno Mais!" (p. 4). São Paulo.

FRYDMAN, Benoit, e HAARSCHER, Guy. *Philosophie du Droit*. 2ª ed. Paris, Dalloz, 2002.

FURTADO, Lucas Rocha. *Sistema de Propriedade Industrial no Direito Brasileiro: Comentários à Nova Legislação sobre Marcas e Patentes: Lei n. 9.279, de 14 de maio de 1996*. Brasília, Brasília Jurídica, 1996.

GALBRAITH, John K. "Ainda no ataque". *Veja*, São Paulo, 15.12.2004, p. 15.

GEORGE, Éric. "Du concept d'espace public à celui de relations publiques généralisées", disponível na Internet: *http://www.commposite.org./99.1/articles/george4.htm*, acesso em 25.5.2005.

GIAMPIETRO, Franco. *La Responsabilità per Danno all'Ambiente*. Milão, Dott. A. Giuffrè Editore, 1988.

GIANNINI, Massimo Severo. *Istituzioni di Diritto Amministrativo*. Milão, Dott. A. Giuffrè Editore, 1981.

GOYARD-FABRE, Simone. *O que É Democracia? A Genealogia Filosófica de uma Grande Aventura Humana*. Trad. de Cláudia Berliner. São Paulo, Martins Fontes, 2003.

GRAEBER, David. "O Carnaval está em marcha". *Folha de S. Paulo,* de 14.8.2005. "Caderno Mais!" (pp. 5-6). São Paulo.

GRAU, Eros Roberto. *A Ordem Econômica na Constituição de 1988*. 18ª ed. São Paulo, Malheiros Editores, 2017.

——————. *Ensaio e Discurso sobre a Interpretação/Aplicação do Direito*. 5ª ed. São Paulo, Malheiros Editores, 2009.

——————. "Prefácio". In: FREITAS, Juarez. *A Interpretação Sistemática do Direito*. 5ª ed. São Paulo, Malheiros Editores, 2010.

GRECO, Marco Aurélio, e MARTINS, Ives Gandra da Silva (coords.). *Direito e Internet: Relações Jurídicas na Sociedade Informatizada*. São Paulo, Ed. RT, 2001 (pp. 241-247).

GRINOVER, Ada Pellegrini, e outros. *Código Brasileiro do Consumidor Comentado pelos Autores do Anteprojeto*. 8ª ed. Rio de Janeiro, Forense Universitária, 2004.

HAARSCHER, Guy, e FRYDMAN, Benoit. *Philosophie du Droit*. 2ª ed. Paris, Dalloz, 2002.

HABERMAS, Jürgen. *Droit et Démocratie – Entre Faits et Normes*. Trad. do Alemão por Rainer Rochlitz e Christian Bouchindhomme. Paris, Éditons Gallimard, 1997.

——————. *Mudança Estrutural da Esfera Pública: Investigações quanto a uma Categoria da Sociedade Burguesa*. Trad. de Flávio R. Kothe. Rio de Janeiro, Tempo Brasileiro, 2003.

HARRISON, John. "Legislazione ambientale europea e libertà di informazione: la Convenzione di Aarhus". *Rivista Giuridica dell'Ambiente* 1/27-45. Ano XV. Milão, 2000.

HOUAISS, Antônio. *Dicionário Eletrônico Houaiss da Língua Portuguesa*. Versão 10.12.2001 (CD-ROM), Objetiva, 2001.

HUNGRIA, Nelson. *Comentários ao Código Penal*. 2ª ed., vol. VII. Rio de Janeiro, Revista Forense, 1958.

JAMBEIRO, Othon. "O Brasil na sociedade de informação: bases para um esquema de análise". In: JAMBEIRO, Othon, e outros (orgs.). *Comunicação, Informação e Cultura*. Salvador, EDUFBA, 2004 (p. 71).

JASMIN, Marcelo. "As Américas de Tocqueville: a comunidade e o auto-interesse". In: SOUZA, Jessé (org.). *Democracia Hoje: Novos Desafios para a Teoria Democrática Contemporânea*. Brasília, UnB, 2001 (pp. 201-211).

JÉGOUZO, Yves. "Quelques réflexions sur le projet de Charte de l'Environnement". *Les Cahiers du Conseil Constitutionnel* 15. Paris, Dalloz, 2003.

JUSTE RUIZ, José. *Derecho Internacional del Medio Ambiente*. Madri, McGraw-Hill/Interamericana de España, 1999.

KANT, Immanuel. *A Paz Perpétua e Outros Opúsculos*. Trad. de Artur Morão. Lisboa, Edições 70, 1990.

KESSLER, Denis. "L'entreprise entre transparence et secret". *Pouvoirs – Revue Française d'Études Constitutionnelles et Politiques* ("Transparence et Secret") 97/33-46. Paris, 2001.

KISS, Alexandre-Charles. "La notion de patrimoine commun de l'Humanité". Académie de Droit International, Separata do *Recueil des Cours* 175. The Hague, Martinus Nijhoff Publihers, s/d (pp. 103-256).

———— (ed.). *Recueil des Traités Multilatéraux Relatifs à la Protection de l'Environnement*. Nairobi, Programme des Nations Unies pour l'Environnement, 1982.

————, e BEURRIER, Jean-Pierre. *Droit International de l'Environnement*. 3ª ed. Paris, Éditions A. Pedone, 2004.

KRÄMER, Ludwig. *Manuale di Diritto Comunitario per l'Ambiente*. Milão, Dott. A. Giuffrè Editore, 2002.

LAARSSEN, Christine (ed.). *Dix Ans d'Accès à l'Information en Matière d'Environnement en Droit International, Européen et Interne: Bilan et Perspectives*. Bruxelas, Bruylant, 2003.

LASCH, Christopher. *Culture de Masse ou Culture Populaire?*. Trad. do Inglês por Frederic Joly. Castelneau-le-Lez, Editions Climats, 2001.

LE CARRÉ, John. "A Humanidade não avança". *Veja* 1.911/15. São Paulo, 29.6. 2005.

LEITE, José Rubens Morato. *Dano Ambiental: do Individual ao Coletivo Extrapatrimonial*. São Paulo, Ed. RT, 2000.

LETOURNEAU, Alain. "Espace public", disponível na Internet: *http://agora.qc.ca/mot.nsf/Dossiers/Espace_public*, acesso em 18.6.2005.

MACHADO, Paulo Affonso Leme. "A implementação da ação civil pública ambiental no Brasil". In: ALVES, Airton Buzzo, RUFINO, Almir Gasquez, e SILVA, José Antônio Franco da (orgs.). *Funções Institucionais do Ministério Público*. São Paulo, Saraiva. 2001 (pp. 371- 389).

————. *Ação Civil Pública e Tombamento*. 2ª ed. São Paulo, Ed. RT, 1987.

————. "Direito à informação ambiental". *Revista de Informação Legislativa* 84/221-232. Ano 21. Brasília, Senado Federal/Subsecretaria de Edições Técnicas, outubro-dezembro/1984.

————. *Direito Ambiental Brasileiro*. 12ª ed. São Paulo, Malheiros Editores, 2004; 25ª ed. São Paulo, Malheiros Editores, 2017.

————. "Information and participation: required instruments for the improvement of environmental rights". *Environmental Policy and Law* 27-4/285-288. Bonn, agosto/1997.

————. "L'environnement dans la Constitution Brésilienne". *Les Cahiers du Conseil Constitutionnel* 15/162-169. Paris, Dalloz, 2003.

————. "Nuove strade dopo Rio e Stocolma". *Rivista Giuridica dell'Ambiente* 1/169-177. Ano XVII. Milão, Dott. A. Giuffrè Editore, 2002.

————. "Prevention and information in the use of international water courses; UNO Convention/1997". *Recht und Um-Welt. Essays in Honor of Prof. Dr. Gerd Winter*. Ludwig Krämer Editor. Groningen, Europe Law Publishing, 2003 (pp. 253-280).

————. *Recursos Hídricos – Direito Brasileiro e Internacional*. São Paulo, Malheiros Editores, 2002.

MACKENZIE, Ruth, e SANDS, Philippe. "Prospects for international environmental law". In: BAIL, Christoph, FALKNER, Robert, e MARQUARD, Helen (eds.). *The Cartagena Protocol on Biosafety – Reconciling Trade in Biotechnology with Environment and Development?*. Londres, Earthscan Publications, 2002 (pp. 457-466).

MADDALENA, Paolo. *Responsabilità Amministrativa, Danno Pubblico e Tutella dell'Ambiente*. Rimini, Maggioli Editore, 1985.

MAFFEI, Maria Clara, PINESHI, Laura, SCOVAZZI, Tullio, e TREVES, Tullio (eds.). *Participation in World Treaties on the Protection of Environment. A Collection of Data*. Londres, The Hague-Boston/Kluwer Law International, 1996.

MALJEAN-DUBOIS, Sandrine. "La Convention Européenne des Droits de l'Homme et le Droit à l'Information en Matière d'Environnement". *Revue Générale de Droit International Public* 4/995-1.021. Paris, 1998.

MALLEN, Ignacio Bel, e CORREDOIRA Y ALFONSO, Loreto, (orgs.). *Derecho de la Información*. Barcelona, Editorial Ariel, 2003.

MANCUSO, Rodolfo de Camargo. *Ação Civil Pública*. 6ª ed. São Paulo, Ed. RT, 1999.

MARGUÉNAUD, Jean-Pierre. "Le droit à l'information supplanté par le droit au respect de la vie privée et familiale des voisins d'usines chimiques". *Revue Européenne de Droit de l'Environnement* 3/319-324. Limoges, 1998.

MARQUARD, Helen, BAIL, Christoph, e FALKNER, Robert. "Cartagena Protocol on Biosafety to the Convention on Biological Diversity". In: BAIL, Christoph, FALKNER, Robert, e MARQUARD, Helen (eds.). *The Cartagena Protocol on Biosafety – Reconciling Trade in Biotechnology with Environment and Development?*. Londres, Earthscan Publications, 2002.

MARQUES, Cláudia Lima. "A responsabilidade dos médicos e do hospital por falha no dever de informar ao consumidor". *RT* 827/11-48. Ano 93. São Paulo, Ed. RT, setembro/2004.

MARTÍN MATEO, Ramón. *Derecho Ambiental*. Madri, Instituto de Estudios de Administración Local, 1977.

————. *Tratado de Derecho Ambiental*. vol. I. Madri, Editorial Trivium, 1991.

MARTINS, Ives Gandra, e BASTOS, Celso Ribeiro. *Comentários à Constituição do Brasil (Promulgada em 5 de Outubro de 1988)*. 2 vols. São Paulo, Saraiva, 1989.

MARTINS, Ives Gandra da Silva, e GRECO, Marco Aurélio (coords.). *Direito e Internet: Relações Jurídicas na Sociedade Informatizada*. São Paulo, Ed. RT, 2001 (pp. 241-247).

MARTINS JR., Wallace P. *Transparência Administrativa: Publicidade, Motivação e Participação Popular*. São Paulo, Saraiva, 2004.

MATTEUCCI, Nicola, BOBBIO, Norberto, e PASQUINO, Gianfranco (orgs.). *Dicionário de Política*. 12ª ed., vol. 2, trad. de Cármen C. Varriale e outros (coord. da trad. de João Ferreira). Brasília, UnB, 2004.

MEDAUAR, Odete. *O Direito Administrativo em Evolução*. 2ª ed. São Paulo, Ed. RT, 2003.

MEIRELLES, Hely Lopes. *Direito Administrativo Brasileiro*. 42ª ed. São Paulo, Malheiros Editores, 2016.

MENDES, Gilmar Ferreira. "Colisão de direitos fundamentais: liberdade de expressão e de comunicação e direito à honra e à imagem". *Revista de Informação Legislativa* 122/298. Ano 31. Brasília, maio-julho/1994.

MILARÉ, Édis. *Direito do Ambiente*. 4ª ed. São Paulo, Ed. RT, 2005.

———— (coord.). *A Ação Civil Pública Após 20 Anos: Efetividade e Desafios*. São Paulo, Ed. RT, 2005.

MIRRA, Álvaro Luiz Valery. *Ação Civil Pública e a Reparação do Dano ao Meio Ambiente*. 2ª ed. São Paulo, Juarez de Oliveira, 2004.

MONDUCCI, Juri. *Diritti della Persona e Trattamento dei Dati Particolari*. Milão, Dott. A. Giuffrè Editore, 2003.

MONEDIAIRE, Gérard. "Les droits à l'information et à la participation du public auprès de l'Union Européenne (première partie)". *Revue Européenne de Droit de l'Environnement* 2/129-156. Limoges, 1999.

MORAES, Alexandre de. "No combate ao terrorismo, liberdades individuais podem sofrer restrições? Sim. Pela democracia e pelo Estado de Direito". *Folha de S. Paulo* de 16.7.2005. "Caderno A" (p. 3). São Paulo.

MORAND-DEVILLER, Jacqueline. *Le Droit de l'Environnement*. 6ª ed. Paris, Presses Universitaires de France (PUF), 2003.

MOREIRA, Luiz, e TOLEDO, Cláudia (orgs.). *Ética e Direito*. São Paulo, Landy Livraria, Editora e Distribuidora/Edições Loyola, 2002.

MORRIS, William (ed.). *The American Heritage Dictionary of the Language*. Nova York, American Heritage Publishing, 1970.

MOUNIER, Emmanuel. *Écrits sur le Personnalisme* ("Prefácio" de Paul Ricoeur). Paris, Éditions du Seuil, 2000.

MUKAI, Toshio. *Direito Ambiental Sistematizado*. 4ª ed. Rio de Janeiro, Forense Universitária, 2002.

MURASE, Shinya. "Perspectives from international economic law on transnational environmental issues". Académie de Droit International, *Recueil des Cours* 253/283-431. 1995.

NADAL, Jean-Louis, "Renouer la confiance publique". Rapport au Président de la République sur l'exemplarité des responsables publics. Paris, La Documentation Française, janeiro de 2015 (disponível na Internet: *http://www.ladocumentationfrancaise.fr/var/storage/rapports-publics/154000023.pdf*, acesso em 26.1.2016).

NERY JR., Nelson. "Alimentos transgênicos e o dever de informar o consumidor". In: TEIXEIRA, Sálvio de Figueiredo (org.). *Estudos em Homenagem ao Ministro Adhemar Ferreira Maciel*. São Paulo, Saraiva, 2001 (pp. 547-576).

————, e NERY, Rosa M. *Código de Processo Civil Comentado e Legislação Processual Civil Extravagante em Vigor*. 5ª ed. São Paulo, Ed. RT, 2001.

NUNES, Luiz Antônio Rizatto. *Curso de Direito do Consumidor: com Exercícios*. São Paulo, Saraiva, 2004.

OLI, Gian Carlo, e DEVOTO, Giacomo. *Vocabolario della Lingua Italiana*. 13ª ed. Florença, Felice Le Monnier, 1994.

OPPENHEIM, Felix E. "Liberdade". In: BOBBIO, Norberto, MATTEUCCI, Nicola, e PASQUINO, Gianfranco (orgs.). *Dicionário de Política*. 12ª ed., vol. 2, trad. de

Cármen C. Varriale e outros (coord. da trad. de João Ferreira). Brasília, UnB, 2004 (pp. 707-713).

PALAZZOLO, Salvatore. "Appunti di Teoria Generale del Diritto sul concetto di ambiente". In: POSTIGLIONE, Amedeo (org.). *Per un Tribunale Internazionale dell'Ambiente*. Milão, Dott. A. Giuffrè Editore, 1990 (pp. 479-513).

PASQUINO, Gianfranco, BOBBIO, Norberto, e MATTEUCCI, Nicola (orgs.). *Dicionário de Política*. 12ª ed., vol. 2, trad. de Cármen C. Varriale e outros (coord. da trad. de João Ferreira). Brasília, UnB, 2004.

PELOSI, Enzo. "Rafforzamento dell'acesso all'informazione ambientale alla luce della Direttiva 2003/4/CE". *Rivista Giuridica dell'Ambiente* 1/23-33. Milão, Dott. A. Giuffrè Editore, 2004.

PÉREZ, Alberto Pérez (org.). *Constitución Uruguaya de 1967*. 4ª ed. Montevidéu, Fundación de Cultura Universitaria, 1999.

PÉREZ ROYO, Javier. *Curso de Derecho Constitucional*. 4ª ed. Madri, Marcial Pons, 1997.

PINESHI, Laura, MAFFEI, Maria Clara, SCOVAZZI, Tullio, e TREVES, Tullio (eds.). *Participation in World Treaties on the Protection of Environment. A Collection of Data*. Londres, The Hague-Boston/Kluwer Law International, 1996.

PIOTRAUT, Jean-Luc. *Droit de la Propriété Intellectuelle*. Paris, Ellipses, 2004.

PIOVESAN, Flávia. *Direitos Humanos e o Direito Constitucional Internacional*. 7ª ed. São Paulo, Saraiva, 2006.

PIZZOL, Patrícia Miranda. *A Competência no Processo Civil*. São Paulo, Ed. RT, 2003.

POSTIGLIONE, Amedeo (org.). *Per un Tribunale Internazionale dell'Ambiente*. Milão, Dott. A. Giuffrè Editore, 1990.

PRIEUR, Michel. *Droit de l'Environnement*. 5ª ed. Paris, Dalloz, 2004.

——————. "La Convention d'Aarhus, instrument universel de la démocratie environnementale". *Revue Juridique de l'Environnement*. Numéro Spécial "La Convention d'Aarhus". Limoges, Société Française pour le Droit de l'Environnement, 1999 (pp. 89-113).

——————. "Le droit à l'information en matière d'environnement. Présentation de la Directive 90.313 CEE du 7 juin 1990". *Le Droit à l'Information en Matière d'Environnement dans les Pays de l'Union Européenne*. Limoges, Presses Universitaires de Limoges, 1997 (pp. 9-13).

——————. "Vers un droit de l'environnement renouvelé. Études et Doctrine: la Constitution et l'Environnement". *Les Cahiers du Conseil Constitutionnel* 15/130-139. Paris, Dalloz, 2003.

—————, e DOUMBÉ-BILLÉ, Stéphane (dirs.). *Recueil Francophone des Traités et Textes Internationaux en Droit de l'Environnement. Déclaration de Stockholm.* Universités Francophones AUPELF-UREF. Bruxelas, Bruyant, 1998.

RAWLS, John. *O Direito dos Povos.* 2ª tir., trad. de Luís Carlos Borges, revisão técnica de Sérgio Sérvulo da Cunha. São Paulo, Martins Fontes, 2004.

RIZZA, G., ARCEDIACONO, L., e CARULLO, A. (orgs.). *Istituzioni di Diritto Pubblico.* Bolonha, Monduzzi Editore, 1993.

ROBERT, Jacques. *La Garde de la République.* Paris, Plon, 2000.

RODENHOFF, Vera. "The Aarhus Convention and its implications for the 'institutions' of the European Community". *Reciel* 11(3)/343-357. Blackwell Publishers, 2002.

RODGERS JR., William. *Environmental Law.* St. Paul/Minn., West Publishing, 1977.

RODRIGUEZ ZEPEDA, Jesús. *Estado y Transparencia: un Paseo por la Filosofía Política.* Cidade do México, Instituto Federal de Acceso a la Información Pública, Cuadernos de Transparencia 04, 2004.

RUFINO, Almir Gasquez, ALVES, Airton Buzzo, e SILVA, José Antônio Franco da (orgs.). *Funções Institucionais do Ministério Público.* São Paulo, Saraiva. 2001.

SADELEER, Nicolas de. *Essai sur la Genèse et la Portée Juridique de quelques Principes de Droit de l'Environnement.* Tese de Doutorado. Bruxelas, Facultés Universitaires Saint-Louis/Faculté de Droit, setembro/1998.

SAMPAIO, Francisco J. M. *Evolução da Responsabilidade Civil e Reparação de Danos Ambientais.* Rio de Janeiro, Renovar, 2003.

SAMPAIO, José A. L. *A Constituição Reinventada pela Jurisdição Constitucional.* Belo Horizonte, Del Rey, 2002.

—————. *Direitos Fundamentais: Retórica e Historicidade.* Belo Horizonte, Del Rey, 2004.

SÁNCHEZ FERRIZ, Remedio. "El derecho de la información como ordenación". In: MALLEN, Ignacio Bel, e CORREDOIRA Y ALFONSO, Loreto (orgs.). *Derecho de la Información.* Barcelona, Editorial Ariel, 2003 (pp. 31-46).

SANTILLÁN, José Fernández (org.). *Norberto Bobbio: o Filósofo e o Político – Antologia/Democracia e Segredo.* Rio de Janeiro, Contraponto, 2003.

SANTINI, Andrea. *Il Principio di Trasparenza nell'Ordinamento dell'Unione Europea.* Milão, Dott. A. Giuffrè Editore, 2004.

SÃO PAULO (Estado de). Procuradoria-Geral do Estado/Grupo de Trabalho de Direitos Humanos. *Sistema Interamericano de Proteção dos Direitos Humanos: Legislação e Jurisprudência.* São Paulo, Centro de Estudos da Procuradoria-Geral do Estado de São Paulo. 2001.

SARTORI, Giovanni. "La parola-chiave per garantire il futuro dell'Occidente: democrazia". *Corriere della Sera* 5.10.2004. "Cultura".

SCHMIDT, Caroline A., e FREITAS, Mariana A. P. *Tratados Internacionais de Direito Ambiental*. Curitiba, Juruá, 2004.

SCOVAZZI, Tullio. *Corso di Diritto Internazionale*. Parte I. Milão, Dott. A. Giuffrè Editore, 2000.

——————. "La Convention sur la Protection du Patrimoine Culturel Subaquatique". *Annuaire Français de Droit International* XLVIII/579-591. Paris, CNRS Éditions, 2002.

——————. "La protection du patrimoine culturel sous-marin de la Méditerranée. Le droit de la mer. En l'honneur du Professeur Claude Imperiali". *L'Observateur des Nations Unies* 16/81-92. Aix-Marseille, 2004.

——————. "The application of 'salvage law and other rules of admiralty' to the underwater cultural heritage: some relevant cases". In: GARABELLO, Roberta, e SCOVAZZI, Tullio (eds.). *The Protection of the Underwater Cultural Heritage*. Leiden, Martinus Nijhoff Publishers, 2003 (pp. 19-77).

——————, e GARABELLO, Roberta (eds.). *The Protection of the Underwater Cultural Heritage*. Leiden, Martinus Nijhoff Publishers, 2003.

——————, MAFFEI, Maria Clara, PINESHI, Laura, e TREVES, Tullio (eds.). *Participation in World Treaties on the Protection of Environment. A Collection of Data*. Londres, The Hague-Boston/Kluwer Law International, 1996.

SEN, Amartya K. "Democrazia, l'Ocidente non ha il monopolio – Noi e il mondo arabo". *Corriere della Sera*.

——————. *Desenvolvimento como Liberdade*. Trad. de Laura Teixeira Motta, revisão técnica de Ricardo Doniselli Mendes. São Paulo, Cia. das Letras, 2000.

——————. "Por que é necessário preservar a coruja pintada". *Folha de S. Paulo* de 14.3.2004. "Caderno Mais!" (p. 18). São Paulo (disponível na Internet: *http://www.corriere.it./edicola/index.jsp?path=PRIMA_PAGINA&doc=ASEN*, acesso em 16.5.2005).

SILVA, Geraldo E. N. *Direito Ambiental Internacional*. Rio de Janeiro, Tehx Editora/Biblioteca Estácio de Sá, 1995.

SILVA, José Afonso da. *Comentário Contextual à Constituição*. 9ª ed. São Paulo: Malheiros Editores, 2014.

——————. *Direito Ambiental Constitucional*. 10ª ed. São Paulo, Malheiros Editores, 2013.

——————. "Interpretação da Constituição e democracia". *Interesse Público* 34/13-25. Ano 7. Novembro-dezembro/2005.

SILVA, José Antônio Franco da, ALVES, Airton Buzzo, e RUFINO, Almir Gasquez (orgs.). *Funções Institucionais do Ministério Público*. São Paulo, Saraiva. 2001.

SILVA, Pedro Paulo de Lima e, e outros. *Dicionário Brasileiro de Ciências Ambientais*. 2ª ed. Rio de Janeiro, Thex Editora, 2002.

SOARES, Guido Fernando Silva. *Direito Internacional do Meio Ambiente: Emergência, Obrigações e Responsabilidades*. São Paulo, Atlas, 2001.

SOARES, José Carlos Tinoco. *Tratado da Propriedade Industrial (Patentes e Sucedâneos)*. São Paulo, Editora Jurídica Brasileira, 1998.

SORIA, Carlos. "La responsabilidad ética en el campo de la información". In: MALLEN, Ignacio Bel, e CORREDOIRA Y ALFONSO, Loreto (orgs.). *Derecho de la Información*. Barcelona, Editorial Ariel, 2003 (pp. 211-221).

SOUZA, Jessé (org.). *Democracia Hoje: Novos Desafios para a Teoria Democrática Contemporânea*. Brasília, UnB, 2001.

STEWART, Richard. "A new generation of environmental regulation? The National Symposium on Second Environmental Policy and the Law". *Capital University Law Review* 21/21-182. 2001.

STRENGER, Irineu. *Marcas e Patentes*. Rio de Janeiro, Forense Universitária, 1996.

TEIXEIRA, Sálvio de Figueiredo (org.). *Estudos em Homenagem ao Ministro Adhemar Ferreira Maciel*. São Paulo, Saraiva, 2001.

TESORO, José Luis, e IMPALA, Dario. *Transparencia Pública y Tecnologías de Gestión. La Viabilidad de sistemas con Transparencia Inmanente en la Administración Pública*. Buenos Aires, INAP – Instituto Nacional de la Administración Pública, 1999.

THOMPSON, John B. *A Mídia e a Modernidade: uma Teoria Social da Mídia*. 6ª ed., trad. de Wagner de Oliveira Brandão (revisão da trad. de Leonardo Avritzer). Petrópolis, Vozes, 2004.

TOCQUEVILLE, Alexis de. *A Democracia na América: Leis e Costumes – De Certas Leis e Certos Costumes Políticos que Foram Naturalmente Sugeridos aos Americanos por seu Estado Social Democrático*. Trad. de Eduardo Brandão, prefácio, biografia e bibliografia de Francos Furet. São Paulo, Martins Fontes, 1998.

—————. *A Democracia na América: Sentimentos e Opiniões: de uma Profusão de Sentimentos e Opiniões que o Estado Social Democrático Fez Nascer Entre os Americanos*. Trad. de Eduardo Brandão. São Paulo, Martins Fontes, 2000.

TOLEDO, Cláudia, e MOREIRA, Luiz (orgs.). *Ética e Direito*. São Paulo, Landy Livraria, Editora e Distribuidora/Edições Loyola, 2002.

TREVES, Tullio, MAFFEI, Maria Clara, PINESHI, Laura, e SCOVAZZI, Tullio (eds.). *Participation in World Treaties on the Protection of Environment. A Collection of Data*. Londres, The Hague-Boston/Kluwer Law International, 1996.

ULHOA CINTRA, Geraldo, e CRETELLA JR., José. *Dicionário Latino-Português*. São Paulo, Cia. Editora Nacional, 1950.

USERA, Raul Canosa. "Aspectos constitucionales del derecho ambiental". *Revista de Estudios Políticos* 94/79. Madri, Centro de Estudios Constitucionales, 1996.

VARELLA, Marcelo Dias. *Direito Internacional Econômico Ambiental*. Belo Horizonte, Del Rey, 2003.

VAZ, Cláudio Henrique de Lima. "Democracia e dignidade humana". In: TOLEDO, Cláudia, e MOREIRA, Luiz (orgs.). *Ética e Direito*. São Paulo, Landy Livraria, Editora e Distribuidora/Edições Loyola, 2002 (pp. 353-366).

VIGNUDELLI, Aljs. "Genesi fenomenologica della comunicazione pubblica dello Stato Autoritario 'secretante' alla trasparenza dello Stato Democratico". *Il Diritto dell'Informazione e dell'Informatica* 2/237-244. Ano XXI. Milão, Dott. A. Giuffrè Editore, março-abril/2005.

VIROLI, Maurizio, e BOBBIO, Norberto. *Diálogo sobre a República: os Grandes Temas da Política e da Cidadania*. Trad. de Daniela Beccaccia Versiani. Rio de Janeiro, Campus, 2002.

WEBER, Max. "Os fundamentos da organização burocrática: uma construção ideal". In: CAMPOS, Edmundo (org.). *Sociologia da Burocracia*. São Paulo, Zahar Editores, 1978 (pp. 15-18).

WINISDOERFFER, Yves. "La jurisprudence de la Cour Européenne des Droits de l'Homme et l'environnement". *Revue Juridique de l'Environnement* 2/213-228. Limoges, Société Française pour le Droit de l'Environnement, 2003.

WINTER, Gerd. "Freedom of environmental information". In: WINTER, Gerd (ed.). *European Environmental Law – A Comparative Perspective*. Aldershot, Dartmouth Publishing Co., 1996 (pp. 81-94).

YOSHIDA, Consuelo Yatsuda Moromizato. "Ação civil pública: judicialização dos conflitos e redução da litigiosidade". In MILARÉ, Édis (coord.). *A Ação Civil Pública Após 20 Anos: Efetividade e Desafios*. São Paulo, Ed. RT, 2005 (pp. 111-138).

ZAFFORE, Jorge J. *Información Social: Derecho y Regulación*. Buenos Aires, Editorial Depalma, 2000.

# *ÍNDICE ALFABÉTICO-REMISSIVO*

*(Os números referem-se aos itens, ou há indicação de todo o capítulo.)*

te à Proteção do Patrimônio Mundial, Cultural e Natural (Paris, 23.11. 1972), 4.18; • Convenção Concernente à Proteção dos Trabalhadores Contra as Radiações Ionizantes (Genebra, 22.6.1960), 4.13; • Convenção Concernente à Proteção dos Trabalhadores Contra os Riscos Profissionais Devidos à Poluição do Ar, do Ruído e das Vibrações nos Locais de Trabalho, 4.24; • Convenção da Diversidade Biológica (Rio de Janeiro, 5.6. 1992), 4.33; • Convenção das Nações Unidas sobre o Direito do Mar (Montego Bay, 10.12.1982), 4.27; • Convenção de Basileia sobre o Controle de Movimentos Transfronteiriços de Resíduos Perigosos e seu Depósito (Basileia, 22.3.1989), 4.29; • Convenção de Minamata sobre Mercúrio (Kumamoto/Japão, 10.10.2013), 4.51; • Convenção Fitossanitária para a África do Sul do Saara (Londres, 29. 7.1954), 4.10; • Convenção Interamericana para a Proteção e a Conservação das Tartarugas Marinhas (Caracas, 1.12. 1996), 4.37; • Convenção Internacional Concernente às Pescarias Realizadas em Alto-Mar no Oceano Pacífico Norte (Tóquio, 9.5. 1952), 4.8; • Convenção Internacional de Combate à Desertificação nos Países Afetados por Seca Grave e/ou Desertificação, Particularmente na África (Paris, 15.10.1994), 4.36; • Convenção Internacional para a Prevenção da Poluição das Águas do Mar pelos Hidrocarbonetos (Londres, 12. 5.1954), 4.9; • Convenção Internacional para a Proteção de Vegetais (Roma, 6.12. 1951), 4.7; • Convenção Internacional para a Regulamentação da Caça à Baleia (Washington, 2.12.1 946), 4.3; • Convenção Nórdica sobre a Proteção do Meio Ambiente (Estocolmo, 19.2.1974), 4.21; • Convenção para a Proteção da Flora, da Fauna e das Belezas Panorâmicas Naturais dos Países da América (Washington, 12. 10.1940), 4.2; • Convenção para a Proteção do Mar Mediterrâneo Contra a Poluição (Barcelona, 16.2.1976), 4.22; • Convenção para a Proteção do Meio Ambiente Marinho do Mar Cáspio (Teerã/Irã, 5.11.2003), 4.50; • Convenção para o Estabelecimento da Organização Europeia e Mediterrânea para a Proteção das Plantas (Paris, 27.4. 1955), 4.6; • Convenção Relativa à Conservação da Fauna e da Flora no Estado Natural (Londres, 8.11. 1933), 4.1; • Convenção Relativa à Criação da Comissão Interamericana do *Thon* Tropical (Washington, 31.5. 1949), 4.4; • Convenção sobre a Conservação e Gestão dos Recursos Pesqueiros no Sudeste do Oceano Atlântico (Windhoeck, 20.4.2001), 4.43; • Convenção sobre a Interdição da Utilização de Técnicas de Modificação do Meio Ambiente para Fins Militares ou Quaisquer Outros Fins Hostis (Genebra, 18.5.1977), 4.23; • Convenção sobre a Poluição Atmosférica Transfronteiriça a Longa Distância (Genebra, 13.12.1979), 4.26; • Convenção sobre a Proteção do Patrimônio Cultural Subaquático (Paris, 6.11.2001), 4.46; • Convenção sobre a Proteção e Utilização dos Cursos de Água Transfronteiriços e dos Lagos Internacionais (Helsinki, 17.3.1992), 4.31; • Convenção sobre as Medidas a Serem Adotadas para Proibir a Importação, Exportação e Transferência de Propriedade Ilícita de Bens Culturais (Paris, 14.11.1970), 4.17; • Convenção sobre as Pescarias no Atlântico Nordeste (Londres, 24.1.1959), 4.11; • Convenção sobre Avaliação de Impacto Ambiental no Contexto Transfronteiriço (Espoo, 25.2.1991), 4.30; • Convenção sobre o Acesso à Informação, a Participação do Público no Processo Decisório e o Acesso à Justiça em Matéria de Meio Ambiente (Aarhus, 25.6.1998), 4.40; • Convenção sobre o Comércio Internacional de Espécies Selvagens da Fauna e da Flora Ameaçadas de Extinção (Washington, 3.3.1973), 4.20; • Convenção sobre o Direito dos Usos dos Cursos de Águas Internacionais para Fins Distintos da Navegação (Nova York, 21.5.1997), 4.38; • Convenção sobre Poluentes Orgânicos Persistentes (Estocolmo, 22.5. 2001), 4.44; • Convenção sobre Procedimento de Consentimento Prévio Informado para o Comércio Internacional de Certas Substâncias Químicas e Agrotóxicos Perigosos (Roterdã, 11.9. 1998), 4.41; • Convenção sobre Pronta Notificação de Acidente Nuclear (Viena, 26.9.1986), 4.28; • Convenção sobre Zonas Úmidas de Importância Internacional, Especialmente como "Habitat" de Aves Aquáticas (Ramsar, 2.2.1971), 4.15; • Convenção-Quadro das Nações Unidas sobre Mudança do Clima (Nova York, 9.5. 1992), 4.32; • Convenção-Quadro sobre a Proteção e o Desenvolvimento dos Cárpatos (Kiev, 25.5.2003), 4.48; • Declaração do Rio sobre Meio Ambiente e Desenvolvimento (Rio de Janeiro, 14.6.1992), 4.34; • Protocolo à Convenção sobre Avaliação de Impacto Ambiental em um Contexto Transfronteiriço Relativo à Avaliação Estratégica Ambiental (Kiev, 21.5. 2002), 4.47; • Protocolo de Cartagena sobre Biossegurança da Convenção sobre Diversidade Biológica (Montreal, 29.1.2000), 4.42; • Protocolo de Kioto à Convenção-Quadro das Nações Unidas sobre Mudança do Clima (Kioto, 11.12. 1997), 4.39; • Protocolo Relativo à Cooperação em Matéria de Luta Contra a Poluição do Mar Mediterrâneo pelos Hidrocarbonetos e Outras Substâncias em Casos de Situação Crítica (Barcelona, 16.2.976), 4.19; • Tratado de Cooperação Amazônica, 4.25; • Tratado sobre a Antártica (Washington, 1.12.1959), 4.12

**Direitos da Propriedade Industrial**

– *e informação*: • v.: Meio Ambiente (*e segredo*)

– *limites ao direito de informação*: • v.: Acordo dos Direitos de Propriedade Intelectual Relacionados ao Comércio (ADPICs)

**Diretiva 2003/4 da Comunidade Europeia**, 3.1.6.2

**Educação Ambiental**

– *na Constituição Federal Brasileira*, 5.3.2

**Empresa**

– *função social e desenvolvimento sustentado*, 7.2

**Espaços Público e Privado**

– *e direito à informação*, 2.4

**"Estado da Informação Democrática de Direito"**, 1.4

**Estatuto da Cidade (Lei 10.257/2001)**

– *e direito à informação*, 5.8

**Estudo Prévio de Impacto Ambiental**

– *e informação*, 5.3.1

**Função Social da Empresa**

– *e desenvolvimento sustentado*, 7.2

**Informação**

– *ação civil pública*: • v.: Lei da Ação Civil Pública (Lei 7.347/1985)

– *conceitos*, 1.1

* * *

**GRÁFICA PAYM**
Tel. [11] 4392-3344
paym@graficapaym.com.br